江西省社会科学"十四五"（2022年）基金项目"贸易摩擦加剧背景下农业数字化保障江西省粮食安全的机理与路径研究"（项目编号：22YJ32）

粮食贸易网络
对中国粮食安全的影响研究

Research on the Influences of Grain Trade Network
on China's Grain Security

和聪贤◎著

中国社会科学出版社

图书在版编目（CIP）数据

粮食贸易网络对中国粮食安全的影响研究/和聪贤著 .
—北京：中国社会科学出版社，2024.1
ISBN 978-7-5227-3088-2

Ⅰ.①粮…　Ⅱ.①和…　Ⅲ.①粮食安全—研究—中国
Ⅳ.①F326.11

中国国家版本馆 CIP 数据核字（2024）第 037485 号

出　版　人	赵剑英	
责任编辑	刘晓红	
责任校对	阎红蕾	
责任印制	戴　宽	

出　　版	中国社会科学出版社	
社　　址	北京鼓楼西大街甲 158 号	
邮　　编	100720	
网　　址	http://www.csspw.cn	
发 行 部	010-84083685	
门 市 部	010-84029450	
经　　销	新华书店及其他书店	

印　　刷	北京君升印刷有限公司	
装　　订	廊坊市广阳区广增装订厂	
版　　次	2024 年 1 月第 1 版	
印　　次	2024 年 1 月第 1 次印刷	

开　　本	710×1000　1/16	
印　　张	16.5	
字　　数	248 千字	
定　　价	89.00 元	

凡购买中国社会科学出版社图书，如有质量问题请与本社营销中心联系调换
电话：010-84083683

前　　言

粮安天下，农稳社稷。党的二十大报告提出，要"全方位夯实粮食安全根基"；"确保粮食、能源资源、重要产业链供应链安全"。中国作为世界人口大国，国内粮食消费量逐年增加，但粮食产能增长较缓，供需缺口导致粮食进口依赖度较高。当前世界面临百年未有之大变局，而气候灾害频发、资源环境约束、公共卫生事件等"灰犀牛""黑天鹅"事件进一步加强全球粮食危机爆发的风险，我国粮食安全形势依然严峻。党的十八大以来，习近平总书记多次强调："粮食安全是国家安全的重要基础"；"中国人的饭碗任何时候都要牢牢端在自己手上"。这些重要指示为粮食安全研究提供了理论遵循。立足于地少人多的国情，中国利用"国际市场、国际资源"调剂补充国内粮食供给具有必然性。

世界各国在空间上形成了相互影响的复杂网络。近年来，"逆全球化"趋势明显，粮食贸易受到贸易保护主义的直接影响，贸易格局的变化会直接或间接影响到粮食安全。在此背景之下，粮食供给及贸易将会遭遇前所未有的挑战，粮食不安全因素将大大增加。有鉴于此，如何平衡利用好国际国内粮食市场，确保中国粮食安全稳得住、压得实，是值得深入研究的重大课题。本书选取1988—2019年为研究时间范围，旨在探究世界粮食贸易网络的时空演变特征，尝试虚拟全景展示中国在贸易网络中的地位变迁规律，剖析粮食贸易网络演变对中国粮食安全的影响机理并进行验证，以期为中国粮食安全发展提出针对性建议。

在本研究过程中，取得了一些成果，其中多篇学术论文发表于《国际贸易》《江西社会科学》《世界农业》等期刊，部分研究报告获得省级领导肯定性批示。本书相关研究工作得到了江西财经大学李秀香教授、哈尔滨商业大学关兵教授、宜春学院冯馨副教授、辽宁师范大学许淑婷讲师等专家学者的指导。本书的出版还要感谢江西师范大学苏区振兴研究院的推荐。同时，本书参考了大量国内外文献资料和数据，在此向文献资料的作者表示感谢。

限于笔者水平，本书难免存在不妥之处，敬请广大读者批评指正。

2023 年 6 月 2 日于江西南昌

摘　要

　　"仓廪实，天下安。"粮食安全是经济社会发展的"定海神针""压舱石"，粮食贸易是粮食安全的"调节阀""稳压器"。联合国粮农组织（FAO）于2020年9月发布《2020年农产品市场状况》指出，贸易是粮食和农业发展进程的核心。中国作为人口大国，应高度关注粮食安全和粮食贸易。自2004年开始，党中央连续20年发布中央一号文件，高度关注"三农"问题，多次对粮食安全和粮食贸易提出重要指导意见。党的二十大报告中提出，要"全方位夯实粮食安全根基""确保粮食、能源资源、重要产业链供应链安全"。近年来，在百年未有之大变局、疫情，以及国内外资源环境硬约束的背景下，中国粮食供需处于"紧平衡"状态。因此，探讨世界粮食贸易网络演变对中国粮食安全的影响及应对策略意义重大。

　　本书以贸易网络理论、产业安全理论和市场均衡理论为研究基础，将1988—2019年作为研究时间范围，以世界粮食贸易网络演变与中国粮食安全水平之间的关系为研究主线，采用社会网络分析法、二次指派程序法（QAP）、向量自回归（VAR）及普通最小二乘法（OLS）等研究方法，深入研究了世界粮食贸易网络对中国粮食安全的影响，并基于历史数据进行了多层面验证。全书共分九章。第一章是绪论。第二章是文献综述与理论基础。第三章是粮食贸易网络演变对中国粮食安全的影响机理。第四章是粮食贸易网络演变与中国粮食贸易地位变迁。探究粮食贸易网络的整体网络特征与个体网络特征，验证地理、经济、制度与文化因素对粮食贸易网络的影响机制，并尝试虚拟全景展示中国在贸易网络中的地位变迁规律。第五章是中国粮食安全水平评估。基于系统性、科学性原则构建指标评价体系，对

1988—2019 年中国粮食安全水平进行评估。厘清中国粮食安全面临的问题。第六章是粮食贸易网络演变对中国粮食安全影响的基础分析。在第四章、第五章测算结果的基础上，构建 VAR 模型，初步分析粮食贸易网络对中国粮食安全水平的影响。第七章与第八章则在第六章的基础上，从粮食种类与省域层面进一步验证粮食贸易网络演变对中国粮食安全水平的影响。第九章是研究结论，政策建议及研究展望。

通过理论与实证分析，得出以下主要结论：

基于 1988—2019 年世界粮食双边贸易数据，运用社会网络分析法，构建粮食贸易无权网络与加权网络，可知粮食贸易网络格局特征体现在整体网特征和个体网特征两方面。整体网特征主要有网络扩张趋势明显、贸易互惠性不断增强、网络中心势波动性较大等方面；个体网特征主要有贸易空间分布不均衡、贸易网络集中度较高、贸易网络异质性较强等方面。通过扩展传统引力模型，采用 QAP 分析法，可知距离差异网络（DIST）、经济规模差异网络（GDP）、产量差异网络（PRO）、物流绩效差异网络（LPI）、法制水平差值网络（RL）等变量与世界粮食贸易网络（W_g）均显著相关，但是在不同时期的相关程度迥异。GDP、PRO、POP、DIST、CONT、LPI 对于 W_g 的影响程度较强，其中，GDP、PRO、CONT 的影响系数为正，其他变量则为负。

中国作为贸易网络的重要参与者之一，其粮食贸易地位经历了"持续波动—显著提升—明显下滑—稳中向上"的阶段，且粮食贸易地位优势并不显著。具体表现有出度中心度较高、入度中心度偏低、出强度处于较低水平、入强度增长迅猛、结构洞指数波动幅度不大等特征，这也印证了中国粮食贸易面临的国际环境复杂性增加、进口来源地集中、进口依赖性较强等问题亟待解决。

从可供性、可得性、稳定性及可持续性 4 个一级维度，运用熵权法构建指标评价体系，对 1988—2019 年中国粮食安全水平进行评估，可知中国粮食安全水平在不断变化，其中，谷物安全综合指数的变化趋势可分为缓降（1988—1994 年）、平稳（1994—2004 年）和陡增（2004—2019 年）三个阶段。大豆安全综合指数的变化趋势可分为波动（1988—1995 年）、下降（1995—2003 年）和上升（2003—2019年）三个阶段。目前，中国粮食安全在可得性、可供性、稳定性及可持续性方面暴露出产能提升难度加大、科技力量介入程度不高、产需空间分布不平衡、进口结构不合理等亟待解决的安全隐患。

　　基于 1988—2019 年中国粮食安全水平与世界粮食贸易网络演变的关键指标，构建 VAR 模型深入分析，可知粮食贸易网络演变与中国粮食安全水平具有格兰杰因果关系。从短期动态视角出发，以谷物为研究对象，可知粮食入度中心度、入强度变动均是引起中国粮食安全水平变动的格兰杰原因。以大豆为研究对象，可知大豆贸易网络密度、出度中心势与中国粮食安全水平具有单向格兰杰因果关系。同时，中国粮食安全依赖稳定的世界贸易网络，而中国在粮食贸易网络的关键地位又会改变或重塑整体网络格局。

　　采用 1988—2019 年中国主要粮食种类的安全水平与主要粮食种类的贸易网络演变关键指标，构建固定效应模型，可知基于粮食细分种类，粮食贸易网络演变对中国粮食安全水平有显著影响。粮食贸易网络密度对中国粮食安全水平具有显著的正向影响效应，贸易网络的出度中心度对国内粮食安全具有显著的负向影响效应，且影响程度前者大于后者。中国粮食贸易入度中心度对国内粮食安全水平具有显著的正效应，入强度对国内粮食安全水平具有显著的负效应，且前者的影响程度大于后者。通过机制检验可知，粮食贸易整体网络会通过替代效应、极化效应对粮食安全水平有显著影响，中国粮食贸易地位则会通过挤出效应和传导效应对粮食安全产生显著影响。

　　基于 2000—2019 年中国各省（市、区）的粮食安全水平与世界粮食贸易网络演变的关键指标，构建固定效应模型，可知世界粮食贸易网络演变对中国各省（市、区）粮食安全水平有显著影响。世界粮食贸易网络密度、出度中心势对中国省级层面粮食安全水平的影响效应为一正一负，中国粮食贸易的入度中心度、入强度对中国省级层面的粮食安全水平均有显著正效应。进一步对粮食种类异质性分析可知，网络密度对主要粮食种类安全水平的影响显著为正，影响程度由大到小分别是玉米、稻谷、大豆、小麦，出度中心度对主要粮食种类

3

安全水平的影响显著为负，影响程度由大到小分别是大豆、稻谷、小麦与玉米；中国入度中心度对主要粮食种类安全水平的影响显著为正，影响程度由大到小分别是玉米、小麦、稻谷、大豆，入强度对于小麦安全水平的影响方向为负，对稻谷与玉米安全水平的影响方向为正，对玉米的安全水平影响程度最大，谷物次之，小麦最小。对粮食生产区域异质性分析可知，世界粮食贸易网络密度对粮食主产区与非主产区安全水平的影响均显著为正，但是，对于主产区的影响程度要低于非主产区，网络出度中心度对粮食主产区与非主产区安全水平的影响均显著为负，但对粮食非主产区的影响程度较大；中国贸易入度中心度与入强度对于主产区与非主产区粮食安全水平的影响均显著为正，但对非主产区的影响程度较大。

综上所述，世界各国在空间上形成的复杂网络深刻影响着中国粮食安全水平。同时，中国作为世界贸易网络的重要节点国家，提升粮食安全水平有利于粮食贸易格局的稳定与扩展，两者"同频共振"。因此，为确保中国粮食安全稳得住、压得实，应以平衡利用好国际国内两大市场、两种资源为目标，以提升中国粮食贸易地位为手段，全面打出保障粮食安全的组合拳。比如，加快粮食安全立法修规进程，提高粮食供给质量，挖掘粮食贸易潜力，扩大贸易朋友圈，增强网络参与度等。

关键词：粮食安全；粮食贸易；贸易网络；网络演变

Abstract

When the granaries are full, the world is safe. Grain security is the "Stabilizing Force" and "Ballast Stone" of economic and social development, meanwhile, grain trade is the "control valve" and "pressure regulator" of grain security. The Food and Agriculture Organization (FAO) of the United Nations released "the State of Agricultural Commodity Markets 2020" in September 2020 and pointed out that trade is the core of the grain and agricultural development process. As a country with a large population, China must pay close attention to grain security and grain trade. Since 2004, the Party Central Committee has issued the No. 1 document of the Central Committee for 20 consecutive years, paying close attention to agriculture, farmers, and rural areas, and has repeatedly put forward important guiding opinions on grain security and grain trade. In the report of the 20th National Congress of the Communist Party of China, it is necessary to "comprehensively consolidate the foundation of grain security" and "ensure the security of food, energy and resources, and important industrial and supply chains". In recent years, under the background of unprecedented changes in a century, epidemic, and hard constraints of domestic and foreign resources and environment, China's grain supply and demand have faced a "tight balance". Therefore, it is of great significance to discuss the impact of the evolution of the grain trade network on China's grain security and the countermeasures.

This book is based on Trade Network Theory, Industrial Security Theory and Market Equilibrium Theory, taking 1988-2019 as the research time range, taking the relationship between the evolution of grain trade network and China's grain security level as the main line of research, this research uses Social Network Analysis, QAP Analysis, VAR Modeling and the other research methods such as the OLS regression model, in order to conduct in-depth studies on the impact of the grain trade network on China's grain security, in the meantime, multi-level verification has been carried out based on historical data.

The book is divided into 9 chapters for systematic elaboration. Chapter 1 is the introduction. Chapter 2 is literature review and theoretical basis. Chapter 3 is the influence mechanism of the evolution of grain trade network on China's grain security. Chapter 4 is the evolution of grain trade network and the change of China's grain trade status. Explore the overall network characteristics and individual network characteristics of the grain trade network, verify the influence mechanism of geographical, economic, institutional and cultural factors on the grain trade network, and try to show the change of China's position in the trade network in a virtual panorama. Chapter 5 is the evaluation of China's grain security level. Based on systematic and scientific principles, an index evaluation system was established to assess the level of grain security in China from 1988 to 2019. To clarify the problems facing China's grain security. Chapter 6 is the basic analysis of the impact of the evolution of grain trade network on China's grain security. Based on the calculation results in the Chapter 4 and Chapter 5, the VAR model is constructed to preliminary analyze the impact of grain trade network on China's grain security level. Chapter 7 and Chapter 8, further verify the influence of the evolution of grain trade network on China's grain security level from the perspectives of grain types and provinces on the basis of Chapter 6. Chapter 9 is the research conclusion.

Through theoretical and empirical analysis, the following conclusions are drawn:

Based on the world's grain bilateral trade data from 1988 to 2019, the book constructs the network of food trade without authority and the network of weight by using social network analysis method. It can be seen that the pattern of grain trade network is embodied in the overall network and the individual network. The main characteristics of the whole network include the obvious trend of network expansion, the increasing trade reciprocity, the greater volatility of the network center, etc., the characteristics of individual networks include the uneven distribution of trade space, the high degree of concentration of the trade network, the strong heterogeneity of the trade network, etc. By extending the traditional gravity model and using QAP analysis, we can see that the distance difference network ($DIST$), the economic scale difference network (GDP), the output difference network (PRO), the logistics performance difference network (LPI), the legal level difference network (RL) and other variables are significantly correlated with the grain trade network (W_g), but the degree of correlation differs in different periods. GDP, PRO, POP, $DIST$, $CONT$ and LPI have a strong influence on W_g, among which, the influence coefficient of GDP, PRO and $CONT$ are positive, and other variables are negative.

As one of the important participants in the trade network, China's grain trade status has gone through a stage of "continuous fluctuation—significant improvement—significant decline—stable and upward", and its grain trade position advantage is not significant. More specifically, it shows high out−degree centrality, low in−degree centrality, low−level out−intensity, rapid growth in in−out intensity, and small fluctuation in structural hole index, which also confirms that China's grain trade is facing an international environment with increasing complexity, concentrated sources of imports, and strong import dependence, problems among which need to be resolved urgently.

Along with the four first−level dimensions of availability, access, stability and sustainability, the entropy weight method is used to construct an evaluation index system to evaluate China's grain security level from 1988 to

2019. It can be seen that China's grain security level was constantly chan-ging. Furthermore, the change trend of the comprehensive cereals safety index can be divided into three stages: slow decline (1988-1994), steady (1994-2004), and steep increase (2004-2019). The change trend of the compre-hensive soybean safety index can be divided into three stages: fluctuation (1988-1995), decline (1995-2003), and rise (2003-2019). At present, the availability, access, stability, and sustainability of China's grain secu-rity have exposed the urgent need to resolve security issues such as increased difficulty in increasing production capacity, low level of involvement of sci-entific and technological forces, unbalanced spatial distribution of produc-tion and demand, and irrational import structure.

Based on the key indicators of China's grain security level and the evo-lution of the grain trade network from 1988 to 2019, an in-depth analysis of the VAR model shows that the evolution of the grain trade network has a Granger causality relationship with China's grain security level. From a short-term dynamic perspective, taking cereals as the research object, it can be seen that changes in the centrality and intensity of grain input are the Granger reasons for the changes in China's grain security level. Taking soy-beans as the research object, it can be seen that the soybean trade network density and the out-degree centralization has a one-way Granger causality relationship with China's grain security level. At the same time, China's grain security relies on a stable world trade network, and China's key posi-tion in the grain trade network will change or reshape the overall network structure.

The research constructed a fixed effects model which using the key indi-cators of the security level of China's main grain types and the evolution of the major types grain trade network from 1988 to 2019, it can be seen that based on the subdivision of grain types, the evolution of the world's grain trade network has a significant impact on China's grain security level. The density of the grain trade network has a significant positive effect on China's grain security level, and the export centrality of the trade network has a sig-nificant negative effect on domestic grain security, and the degree of influ-ence of the former is greater than that of the latter. The in-degree centrality of China's grain trade has a significant positive effect on the level of domes-tic grain security, and income intensity has a significant negative effect on the level of domestic grain security, and the former has a greater degree of influence than the latter. Through mechanism testing, it can be seen that the overall grain trade network will have a significant impact on grain security through substitution and polarization effects, and China's grain trade status will have a significant impact on grain security through crowding out and transmission effects.

Based on the key indicators of the grain security level of China's prov-inces (cities, districts) and the evolution of the world grain trade network from 2000 to 2019, a fixed-effect model is constructed. It can be seen that the evolution of the grain trade network has a significant impact on the level of food security in China's provinces (cities, districts). The influence of the density and the out-degree centralization of the grain trade network on China's provincial-level grain security is positive and negative. The centrali-ty and intensity of China's grain trade have significant positive impacts on China's provincial-level grain security. Further analysis of the heterogeneity of grain types and production areas shows that the network density has a sig-nificant positive impact on the main grain types, with the degree of influ-ence, from large to small, which are corn, rice, soybeans, and wheat. Out-degree centralization has a significant negative impact on the main grain types, from large to small, which are soybeans, rice, wheat, and corn. China's in-degree centralization has a significant positive impact on major grain types, and the degree of influence in descending order is corn, wheat, rice, and soybean. The direction of influence of the input in-tensity on wheat is negative, and the direction of influence on rice and corn is positive, with the greatest degree of influence on corn, followed by cereals, and wheat the least. The density of the grain trade network has a significant positive impact on the main grain producing areas and non-main grain producing areas, but the degree of influence on the main grain producing areas is lower than that of the non-primary grain producing areas; the influence of the out-degree centralization of the network on main grain producing areas and non-main producing areas is significantly negative, but it has a greater degree of influence on non-main grain producing areas. The effects of main producing areas are all significantly positive, but the impact on non-main producing areas is greater.

In summary, the complex networks formed in space by countries of the world have a profound impact on China's grain security level. At the same time, as China is an important node country in the world trade network, improving the level of grain security is conducive to the stability and expansion of the grain trade pattern, and the two "resonate at the same frequency". Therefore, in order to ensure that China's grain security is stable and compact, it is necessary to balance the use of the two major international and domestic markets and two resources as the goal, and to enhance China's grain trade status as a means to fully play a combination of ensuring grain security. For example, it is recommended to accelerate the process of grain security legislative amendments, improve the quality of grain supply, tap the potential of grain trade, expand the circle of trade friends, and enhance network participation, etc.

Key words: Grain security, Grain trade, Trade networks, Network evolution

目　录

第一章 绪 论

"民以食为天，食以粮为先。"由于中国作为世界人口大国，也是粮食消费大国，保障粮食安全便成为经济社会发展的"定海神针""压舱石"，粮食贸易便成为粮食安全的"调节阀""稳压器"。那么，在世界面临"百年未有之大变局"的当下，粮食贸易的空间格局如何变化？中国在粮食贸易网络中的地位怎样？如何充分利用好国际国内"两个市场、两种资源"以确保粮食安全的底线不被突破？这些问题亟待结合世情、国情与粮情，运用科学的分析方法，进行深入、系统的研究。

第一节 研究背景与意义

一 研究背景

粮食作为基础性战略物资，在世界范围内备受关注。联合国粮农组织（FAO）早在 2017 年就提出，"粮食安全是一个复杂问题，涉及所有形式的营养不良、小型粮食生产者的生产力和收入、粮食生产系统的抵御力，以及生物多样性和遗传资源的可持续利用等要素，需要采取整体方法加以解决"。[①] FAO 在 2020 年发布的《2019 年农产品市场状况》中指出，在粮食和农业领域，贸易是其发展进程的核心，并在经济增长与可持续发展中起到关键作用。

[①] 联合国粮食及农业组织（FAO）：2017 年世界粮食安全与营养状况：增强抵御能力，促进和平与粮食安全，联合国粮食及农业组织官方网站，http://www.fao.org/3/I7695c/I7695c.pdf。

中国将粮食安全作为国家安全的重要基础，并把保障粮食安全置于治国理政的战略高度。中国自古以来就有"洪范八政，食为政首""民为国基，谷为民命"等说法。中华人民共和国成立 70 多年以来，党中央高度重视粮食安全问题，特别是自 2004 年开始，已连续 20 年发布中央一号文件，对国内"三农"工作进行指导，并于 2014 年提出以"立足国内，适度进口"为核心的国家粮食安全战略，2016 年将"统筹利用国际国内两个市场、两种资源"作为保障粮食安全的重要措施之一。党的十八大以来，习近平总书记多次强调"中国人的饭碗任何时候都要牢牢端在自己手上""坚持以我为主、立足国内、确保产能、适度进口、科技支撑的国家粮食安全战略"[①]，这些重要指示为粮食安全研究提供了理论遵循。党中央分别于 2018 年、2020 年先后提出以粮食贸易、粮食安全为重要内容的"六稳""六保"任务，充分体现了党抓本质、务实效的"中国心""中国力量"。

立足于人多地少的国情，中国利用"国际市场、国际资源"调剂补充国内粮食供给具有必然性。近年来，中国在促进粮食产业发展、保障粮食安全方面，多方施策、久久为功。自 2003 年起，从取消农业税到加大农业政策性补贴等一系列"三农"领域保障措施的实施，促使农民种粮积极性倍增，粮食产量整体上升。截至 2021 年，粮食生产取得"十八连丰"的好成绩，国内人均粮食占有量高达 483.00kg[②]，相较 2003 年，增长了 44.92%。

虽然粮食生产已取得巨大成就，但粮食产能出现"天花板效应"。同时，国内粮食消费量逐年增加，供需缺口导致粮食进口依赖度较高，粮食贸易出现净进口"常态化"。自 2009 年起，中国已成为三大主粮（小麦、玉米、稻谷）的净进口国，截至 2021 年，粮食净进口量达到 14365 万吨，较 2009 年增长了 1.94 倍[③]。粮食进口贸易特征

---

① 新华社：中央农村工作会议举行习近平、李克强作重要讲话，中华人民共和国农业农村部，http://www.moa.gov.cn/ztzl/nygzh2013/2013nian/201312/t20131225_3723455.htm。

② 资料来源：Wind/经济数据库/行业数据/农林牧渔/主要农产品人均占有量/人均占有量：粮食。

③ 资料来源：根据 Wind/经济数据库/宏观数据/中国宏观/进出口贸易：出口（进口）主要商品量值/粮食进出口数量计算得出。

主要体现在进口来源国集中与依赖度不断上升等方面。从进口来源国地理分布情况看，美国、澳大利亚、越南、泰国和加拿大多年来一直是中国粮食进口的前五大来源国，且来自前五大进口来源国的进口总额占中国进口市场份额的80%以上，其中美、澳占一半以上。从进口依赖度看，2008—2015年，中国谷物进口依赖度呈波动上升趋势，2015年达到5.03%①，与"谷物基本自给"②的要求有一定差距，2015年后，自给率略微上升，增长幅度不明显。

世界各国在空间上形成了相互影响的复杂网络。贸易格局的变化会直接或间接影响到粮食安全。自第二次世界大战以来，世界政治格局发生深刻变化，世界经济格局也由两极向多极演化，国际贸易网络演变在经济格局变化中起着举足轻重的作用。在国际贸易网络中一国或地区的经济增长或波动、贸易政策的颁布或改变，都会直接或间接地影响网络中其他国家的贸易地位，进而影响国际经济格局演变。

近年来，"逆全球化"趋势明显，粮食贸易受到贸易保护主义的直接影响。与此同时，粮食贸易还深受干旱、水灾、蝗灾等极端灾害，疫情等全球突发事件，以及地缘政治冲突的严重干扰。2019年，巴基斯坦、埃塞俄比亚、埃及等国遭遇蝗灾，澳大利亚发生过波及面积达到1200万公顷的罕见火灾，这些极端事件都影响国际粮价波动。2020年初，全球暴发新冠疫情，恐慌情绪弥漫各国，部分粮食出口国纷纷采取限制出口措施：哈萨克斯坦、越南等多国都采取封关、禁航、货物禁运等措施暂停小麦、大米等粮食品种出口；阿根廷宣布将提高大豆、豆油、豆粕等出口关税3个百分点至33%；俄罗斯、哈萨克斯坦等11个独联体国家宣布在6月前停止对中国出口大豆。俄罗斯和乌克兰是小麦、玉米、葵花籽油的主要生产国和出口国，是全球重要的"粮仓"。2022年，俄乌冲突爆发并不断升级，导致多种农产

---

① 资料来源：根据Wind/宏观数据/中国宏观/主要进（出）口：农产品（年）/进（出）口数量：谷物及谷物粉（年）与主要农产品产量（年）/产量：谷物（年）计算得出。

② 根据国家发改委会同有关部门编制的《国家粮食安全中长期规划纲要（2008—2020年）》，"谷物基本自给"指谷物自给率在95%以上。

品出口受阻：为保证国内供应，俄罗斯表示在 6 月 30 日前禁止向邻近的欧亚经济联盟国家出口小麦、黑麦、大麦和玉米；乌克兰政府 3 月 9 日宣布禁止出口小麦、燕麦等主食农产品以及粟米、荞麦等。正因如此，粮食进口价格大幅抬升，粮食加工企业成本增加，利润下降；能源价格上升，粮食生产成本上升，粮农收益空间被严重挤压。在此背景之下，由于中国粮食具有较强进口依赖性，国家粮食安全、粮食贸易安全将令人担忧，粮食供给及贸易将会遭遇前所未有的挑战，粮食不安全因素将大大增加（王济民等，2018；尹成杰，2021）。

有鉴于此，如何平衡利用好国际国内粮食市场，确保中国粮食安全稳得住、压得实，是值得深入研究的重大课题。由于粮食生产高度依赖自然及地理条件，运用传统线性思维对粮食贸易及粮食安全的研究，会忽略时空维度的影响。因此，本书从贸易网络视角，基于贸易网络时空变化格局，分析世界粮食贸易网络的演变规律，并在较宽时间尺度上展示中国粮食贸易的地位变迁，探究世界粮食贸易网络与粮食安全之间的影响机制，有利于全面梳理保障国内粮食安全应高度关注的重要节点，为系统把握保障粮食安全的国际大背景和寻找问题解决的关键点提供决策参考。

二 研究价值

（一）理论价值

一是从粮食安全视角出发，将经济地理学与国际贸易学结合，通过构建较宽时间尺度的世界粮食贸易网络，试图为国际贸易理论研究行业贸易（粮食）提供一个多角度的理论支撑和研究框架，以期为国际粮食贸易研究引入一些新视角和新思维，对自由贸易理论的外延扩展及多维度验证，提供一个范例。二是通过研究世界粮食贸易网络演变对粮食安全的影响机制，拓展产业安全理论的适用领域，从而丰富产业安全理论研究视域。三是拓展了粮食安全与粮食贸易研究的理论支撑，探索了交叉学科、综合研究的一些思维逻辑，为未来粮食贸易、粮食安全领域的跨学科、广视角研究尽一些抛砖引玉的努力。

（二）实践价值

一是世界贸易环境复杂，粮食贸易格局不断变化，厘清世界粮食贸易格局变化及中国的地位变迁，具有积极现实意义。本书基于1988—2019年的世界粮食双边贸易数据，试图从贸易网络视角出发，在贸易网络时空变化的格局下，多角度考察和分析世界粮食贸易网络特征，尝试虚拟全景展示中国在整体网络中的地位变迁，有利于从全局视角探索中国粮食贸易亟待解决的问题，有利于为中国制定相关贸易战略提供数据支撑，有利于为更好地应对世界贸易格局的变化提供决策参考。二是粮食安全是国家稳定及经济发展的基础，而中国多年来粮食处于净进口状态，探讨影响中国粮食安全的贸易因素，并提出具体建议，具有一定的探索意义。通过剖析粮食贸易网络关键指标对中国粮食安全水平的影响路径，考察粮食贸易网络变化与粮食安全水平之间的关系，探索未来保障粮食安全应高度关注的节点，以期系统把握保障粮食安全的国际大背景，预防和减轻粮食贸易网络波动对中国粮食安全的冲击，为中国粮食安全保障体系建设提供有力的实证依据和决策参考。

第二节　概念界定

一　粮食及粮食安全

（一）粮食

国内外对于粮食的定义差异较大，不同定义涉及的范畴及统计口径不同。因此，厘清粮食概念的内涵和外延，是研究粮食贸易和粮食安全问题的基础。

古时行道曰粮，止居曰食。中国一般将供食用的谷类、豆类和薯类等原粮和成品粮，归为粮食范畴。具体划分为，麦类、豆类、稻类、粗粮类及瓜果蔬菜类等。麦类包括小麦、大麦、青稞、黑麦、燕麦等；豆类包括大豆、红豆、绿豆等；稻类包括粳稻、籼稻、糯稻、陆稻、深水稻等；粗粮类包括玉米、高粱、荞麦、粟、黍等；瓜果蔬菜则包括南瓜、黄瓜、木薯、番薯、马铃薯、白菜、菠菜等。

在中华人民共和国成立初期，国内物资严重短缺，谷物总产量及人均占有量都较低，为从数量及结构方面补充主食，将豆类、薯类等农产品纳入粮食范畴。在此之后，粮食的内涵有所变化，但是统计口径一直从1953年沿用至今。1953年，中国国家统计局将粮食统计口径确定为谷物、豆类以及薯类的总和，并按此口径公布年度粮食产量。因此，中国传统意义上的"粮食"范畴较为广泛，包括谷物、豆类及薯类，其中，稻谷、小麦、玉米三大主粮几乎占到粮食总产量的9成。

国际上，与"粮食"对应的词主要有两个：Food（食物）与Cereal（谷物）。FAO每年在其出版的生产年鉴中所列"Food"目录包括谷物类8种，豆类5种，蔬菜及瓜类20种，水果浆果24种，家畜、家禽、畜产品类20种等八大类共106种。可见，FAO定义的"食物"比中国的"粮食"范畴更广。Cereal（谷物）则主要包括稻谷、小麦、玉米、高粱、燕麦、黑麦等禾本科植物，不包含豆类（大豆、杂豆）和薯类，"谷物"与中国的"粮食"也不一致。因此，将Food、Cereal都译成"粮食"是一种约定俗成，但从专业研究的角度来衡量，它们在统计口径上有很大区别，如表1-1所示。

表1-1　　　　　　　　　　粮食范围的界定及说明

使用范围	名称	定义
世界	食物 Food	狭义农产品，包括：谷物类，豆类，蔬菜及瓜类，水果浆果，家畜、家禽、畜产品类等共八大类
	谷物 Cereal	稻谷、小麦、玉米、高粱、燕麦、黑麦等八类禾本科植物
中国	粮食	谷物、豆类、薯类等作为主食的农产品
本书	粮食	国内粮情分析依据中国传统的"粮食"定义，实证分析选择谷物、三大主粮（小麦、稻谷、玉米）及大豆品种

资料来源：根据FAO官网及《中国统计年鉴》等资料整理获得。

为确保研究结论的客观性与准确性，本书在涉及归纳演绎研究与国内粮情分析时候，提到的"粮食"是中国传统意义上的范畴。基于数据的可得性以及统计口径的一致性，在数理统计与实证分析中，将

"粮食"细分为谷物、三大主粮（小麦、玉米、水稻）、大豆进行研究。简言之，如果只涉及国内粮情的分析，则按照中国约定俗成的粮食概念，而讨论国际贸易问题时，考虑数据可得性，则以小麦、稻谷、玉米、大豆等细分种类或谷物为研究对象。

随着时代发展，当前粮食具有多重属性，包括政治属性、经济属性、社会属性及能源属性等。基辛格曾说过，"谁掌握了石油，谁就控制了世界；谁掌握了粮食，谁就控制了人类；谁掌握了货币发行权，谁就掌握了世界"。而中国自古就有"洪范八政，食为政首""民为国基，谷为民命"之说。可以看出，粮食作为战略物资、国家命脉，其重要性不言而喻。"民以食为天，食以粮为先"表明，粮食作为人们生存或生活的必需品，关系国计民生。粮食的经济属性决定其是可在市场上进行交换的商品。粮食直接影响一国居民的生存与生活质量，具备社会属性。"仓廪实而知礼节，衣食足而知荣辱""手中有粮，心中不慌"均表明，粮食安全有助于社会稳定。只有同时高度关注粮食数量和质量，才能妥善解决最直接关系民生的"吃饭"问题，保证社会安定。此外，粮食可作为生产生物质能源的原材料，具备能源属性。随着科学技术水平的提高，生物质能源的发展，粮食能源化趋势明显。目前，全球能源储备量减少，能源市场竞争加剧，生物质能源在未来的使用范围更广，粮食作为生物质能源的生产原料，需求将会增加。

（二）粮食安全

关于粮食安全的概念，需从国际与国内的角度进行详细解析。国际上，由于研究视角的不同，目前还没有统一的定义。1974年为应对世界粮食危机，世界粮食大会通过《世界粮食安全国际约定》，从粮食数量满足人们需求的角度，首次提出"粮食安全"的概念，即何时何地任何人均可获得足够的粮食来保证生存和身体健康。1983年，世界粮食首脑会议上通过了新的粮食安全概念，将消除贫困、国际贸易等考虑在内，强调"买得到、买得起"的概念，认为无论是谁在何时何地均可获得并能担负起维持基本生活所需要的粮食即为粮食安全。1996年，《世界粮食安全罗马宣言》《世界粮食首脑会议行动计划》

将粮食安全的内涵从数量安全提升到质量安全及营养健康，认为每个人在何时何地都能在物质上获得并在经济上负担得起足够的粮食来满足基本生活和喜好的需要则为粮食安全。2001年，FAO将粮食安全的概念阐述为"所有人在任何时候都能够在物质、经济和社会上获得足够、安全和富有营养的粮食来满足其积极和健康生活的饮食需求和食物喜好"，突出粮食的可供性、可获得性、稳定性和利用性。此后，国际组织对粮食安全的界定基本围绕该概念进行丰富和扩充。

国内关于粮食安全的概念也在不断丰富。1992年，中国在《中国世纪议程》上首次对粮食安全做出界定，将其解释为能够向全体居民提供在数量上充足、在结构上合理、在质量上达标的各种食物。这里的"食物"包括粮食在内，既强调数量安全，又强调质量安全和结构安全。1996年发布的《中国的粮食问题》白皮书，将"立足国内资源，实现粮食基本自给"作为解决粮食安全问题的基本方针。2004年以来，党中央连续多年以中央"一号文件"形式高度关注粮食安全问题，并于2014年提出"以我为主、立足国内、确保产能、适度进口、科技支撑"的国家粮食安全新战略，制定"谷物基本自给、口粮绝对安全"的国家粮食安全新目标。之后，不断有学者丰富粮食安全的内涵，包括数量、质量、资源、生态、健康等维度（胡岳岷、刘元胜，2013；杨建利、雷永阔，2014；戴晓鹏，2015；王国敏、张宁，2015）。近年来，部分学者认为粮食安全的内涵及目标应该随社会发展进行动态调整（王大为、蒋和平，2017）。

根据国际组织定义以及学术界研究成果，粮食安全的内涵涉及诸多层面，主要包括：一是政治内涵。纵观历史，粮食可当作外交博弈的重要战略武器，有些国家会通过粮食禁运、限制进出口等手段来干预外交，或是制裁别国。保障粮食安全始终是治国安邦的基础及首要任务，这是亘古不变的历史规律。二是经济内涵。破解"谷贱伤农，谷贵伤民"的难题，使粮食产业链条处于健康有序的良好运行状态尤为重要。粮食的上下游是生产者和消费者，粮食价格的科学制定直接关系农民的收益及居民的消费，而确保粮食安全可以稳定粮价。粮食产业作为基础产业部门，只有粮食产业平稳，供需平衡，价格较为稳定，才能抑制通货膨胀，促进其他产业有序发展，有助于国民经济的发展及繁荣。20 世纪 60 年代初的自然灾害以及 90 年的代粮食价格暴涨引发的通货膨胀，都对国家经济造成了严重影响。三是社会内涵。粮食作为重要农产品，农业属于第一产业，是第二、第三产业的基础，粮食安全目标的实现能够促进工业化、城镇化进程，有助于解决城乡二元结构问题，实现乡村振兴战略的总目标。四是能源内涵。国际货币基金组织（IMF）与联合国粮农组织（FAO）均提出，部分发达国家实施生物燃料政策，而玉米等粮食种类是乙醇等生物燃料的生产原料，导致全球粮食储备急剧减少，威胁世界粮食安全。因此，生物质能源作为一种可持续利用的能源，随着其使用范围和比重不断扩大，全球粮食供需格局可能因此而改变。

二　粮食贸易网络

社会网络分析属于社会学学科的范畴，通过"节点""连线""线的权重"等方式，量化行动者间关系。目前关于社会网络分析的研究成果，多是建立在学科交叉的基础上，体现出学科领域多元化的特点，而国际贸易网络是其在经济学领域的重要应用之一。通过构建二值矩阵网络，重点关注网络的拓扑结构特征，验证全球贸易网络的"小世界""无标度"及度相关性等性质。通过构建加权有向网络模型，将网络的边线赋予双边贸易流量。与无权贸易网络的统计特性不同的是，加权贸易网络可量化不同国家或地区之间的贸易联系强度，有助于分析网络中的点强度、连通性、层级性、集聚性等特征，更科学、客观地刻画出贸易网络结构的演变规律，兼顾网络的系统性及复杂性。

粮食贸易网络是将粮食作为研究对象，基于世界粮食双边贸易数据，运用社会网络分析法，将粮食贸易活动中的参与国作为网络"节点"，国家（地区）之间的进出口关系作为"边"，将"边"赋予不同的权重代表贸易联系的强弱，即可构建出粮食贸易网络系统。世界粮食贸易网络可以分为无权网络及加权有向网络。无权网络主要描述粮食贸易国之间是否存在贸易关系及整体网络的相关特征，而加权网络则侧重刻画粮食贸易国之间的贸易强度及个体网的其他特征。

第三节　研究目标与内容

一　研究目标

（一）理论目标

一是考察世界粮食贸易网络演变特征，以及中国在世界粮食贸易网络中的地位变迁。以贸易网络理论为基础，构建世界粮食贸易无权网络与加权网络，刻画整体网络与行动者网络两方面的演变特征，包括网络密度、平均路径、网络联系强度、网络异质性等。从阶段性及关键指标两方面，阐述中国在粮食贸易网络中的地位变迁特征。

二是客观评价中国粮食安全水平。基于产业安全理论，从可供性、可得性、稳定性及可持续性4个维度构建评价指标体系，运用熵权法确定各个指标对于粮食安全的影响程度，并对中国粮食安全水平进行评估，进而从可供性、可得性、稳定性及可持续性方面探究中国粮食安全面临的难题。

三是剖析世界粮食贸易网络演变对中国粮食安全的影响机制。以国际贸易理论为基础，结合传统引力模型，厘清地理、经济、制度与文化等因素对粮食贸易网络的影响路径，运用 QAP 分析法进行验证，进而以市场均衡等理论为基础，剖析贸易网络演变对粮食进口大国的影响机制，并通过构建 VAR 模型、OLS 回归模型，实证分析世界贸易网络演变对中国粮食安全水平的影响，从国际贸易新视角拓展粮食安全的研究视域。

（二）实践目标

一是把握中国提升其粮食贸易地位的关键节点。国际环境面临"百年未有之大变局"，中国作为粮食贸易大国，受其影响明显。通过分析世界粮食贸易网络演变特征，以及中国在其中的地位变迁，从而系统掌握复杂多变的世界粮食贸易格局，寻找提升中国贸易地位的关键环节，为制定对外贸易战略提供新思路。

二是厘清中国粮食安全面临的棘手难题。在 FAO 现有的粮食安全评价体系基础上，结合中国国情、粮情，兼顾经济发展与资源环境保护、国际与国内市场，构建符合中国特色的粮食安全评价体系，从可供性、可得性、稳定性及可持续性四个维度拓展粮食安全内涵，从而准确掌握中国粮食安全急需解决的难题。

三是为中国粮食安全保障体系建设提供有力的实证依据。通过剖析世界粮食贸易网络演变对粮食安全水平的影响机制及具体路径，延伸粮食安全的研究边界，丰富粮食安全保障体系，探索怎样预防和减轻未来粮食贸易网络波动可能会带给中国粮食安全的影响，并找到应对措施。

二 研究内容

本书将保障中国粮食安全作为研究目标，在社会网络理论、产业安全理论与市场均衡理论等研究基础上，以世界粮食贸易网络变动与中国粮食安全之间的关系为研究主线，采用社会网络分析法、QAP 分析法、熵权法、VAR 建模法、OLS 回归模型等为研究工具，厘清世界粮食贸易网络对于中国粮食安全的影响机制及具体路径，分析世界粮食贸易网络演变特征和探究粮食贸易网络演变机制，考察中国粮食贸易地位变迁规律并评估粮食安全水平，以及利用历史数据对世界粮食贸易网络与中国粮食安全水平进行实证研究。本书总共分为 9 章进行论述。

第一章，绪论。提出需研究的问题，阐述研究背景、相关概念、研究意义和研究概述。

第二章，文献综述与理论基础。一是从文献研究方法入手，梳理了粮食安全的影响因素以及粮食安全水平的测度方法。阐述了社会网络理论的提出与发展历程，分析了国际贸易网络的理论提出、构建方法、演化规律、影响因素、研究对象，以及目前粮食贸易网络的研究进展。此外，从粮食贸易可行性、必要性以及国内外市场协整性、不确定性等角度分析了粮食贸易与粮食安全之间的关系。二是简要梳理了社会网络理论、产业安全理论与市场均衡理论主要内容及研究扩展，并且具体分析了这三大理论在粮食经济活动中的运用。

第三章，粮食贸易网络演变对中国粮食安全的影响机理。先分析世界粮食贸易的发展现状，在此基础上，阐述了世界粮食贸易网络演变的内在机理，探究了世界粮食贸易网络整体演变以及中国贸易地位变化对中国粮食安全水平的影响机理。

第四章，粮食贸易网络演变与中国粮食贸易地位变迁。一是通过构建无权及加权网络总结国际粮食贸易网络整体演变特征。具体方法包括：分析无权网络得出网络拓扑结构的群聚性（密度）、中心势、聚类系数，并探究其演变规律；分析加权网络得出网络节点中心度、强度及结构洞指数等。此外，总结粮食贸易网络时空分异特征，并构建粮食贸易网络并生成可视化结构图。二是实证分析世界粮食贸易网络的影响机理。扩展传统引力模型，厘清地理、经济、制度与文化因素对世界粮食贸易网络的影响机理，运用 QAP 分析法，检验经济规模差值网、粮食产量差值网、法制水平差值网等变量与粮食贸易网络之间的关系。三是分析中国在世界粮食贸易网络中的地位变化特征。研究中国在粮食贸易网络的度数中心度、点度数（出度及入度）、点强度（入强度及出强度）、聚集系数及结构洞等指标的变化，并总结归纳中国在世界粮食贸易网络中的地位变化特征。

第五章，中国粮食安全水平评估。一是评估方法及评价体系维度的确定。以 FAO（2014）发布的粮食安全评价体系为基础，结合中国发展现状，兼顾经济增长、产业优化、社会发展及生态效益等维度之间的平衡及统一，将可供性、可得性、稳定性、可持续性作为评价体系一级维度。二是指标体系的建立。围绕可供性、可得性、稳定性、可持续性 4 个一级维度，确定数量安全、质量安全、结构安全、资源投入及生态治理等 8 个二级维度及 27 个具体指标构建中国粮食供给安全指标体系。三是 1988—2019 年粮食安全水平的评估。将指标数据整理，进行标准化处理，利用熵权法对每个指标赋权，并对粮食安全系统的四个维度及综合指数进行合成，通过构建指标等级评价标准的模型，确定中国粮食安全水平。四是中国粮食安全趋势演变及问题分析。根据评价结果结合现实，从可供性、可得性、稳定性及可持续性四个方面分阶段具体分析。

第六章，粮食贸易网络演变对中国粮食安全影响的基础分析。一是研究方法的确定及变量选取。构建向量自回归模型即 VAR 模型，采用多方程联立的形式,解释各种冲击对系统变量形成的影响。二是实证分析。运用 ADF 检验来考察模型数据的平稳性,确定最优滞后期并进行模型构建,然后对世界粮食贸易网络演变与中国粮食安全水平等变量进行格兰杰因果分析,通过脉冲响应函数分析模型内各个变量间的动态影响,运用方差分解法分析系统中每个冲击对内生变量变化的贡献差异。三是实证结论分析。

第七章,粮食贸易网络演变对中国粮食安全影响的分类分析。一是选择谷物、三大主粮(小麦、玉米、稻谷)及大豆作为研究对象,并基于 1988—2019 年各粮食种类相关面板数据,运用 OLS 回归模型,探讨世界粮食贸易网络演变、中国粮食贸易地位变迁对中国粮食(细分种类)安全水平的影响程度。二是运用多种方法进行稳健性检验,并采用工具变量进行内生性检验。三是实证检验世界粮食贸易网络对中国粮食安全水平的影响机制。

第八章,粮食贸易网络演变对中国粮食安全影响的区域分析。一是选择 1988—2019 年各省(市、区)相关面板数据,运用 OLS 回归模型,研究世界粮食贸易网络演变与中国贸易地位变迁对中国各省(市、区)粮食安全水平的影响程度。二是运用多种方法验证模型的稳健性。三是依据不同的粮食生产区域与不同的粮食细分种类进行异质性分析。

第九章,研究结论、政策建议与研究展望。

第四节 技术路线与研究方法

一 技术路线

本书按照"逻辑起点—逻辑深入—逻辑延展"的纵向思维方式,通过文献梳理、归纳演绎提出"世界粮食贸易网络如何影响中国粮食安全水平"的问题,运用规范分析与实证分析等方法探究本书的重点,即世界粮食贸易网络的演变规律、中国在网络中的地位变迁及中国粮食安全水平的变化趋势,进而考察世界粮食贸易网络演变对中国粮食安全水平的影响程度，从粮食细分种类及省域层面进一步验证其影响路径及机制。最后，根据研究结论并结合现实背景，提出针对性政策建议。

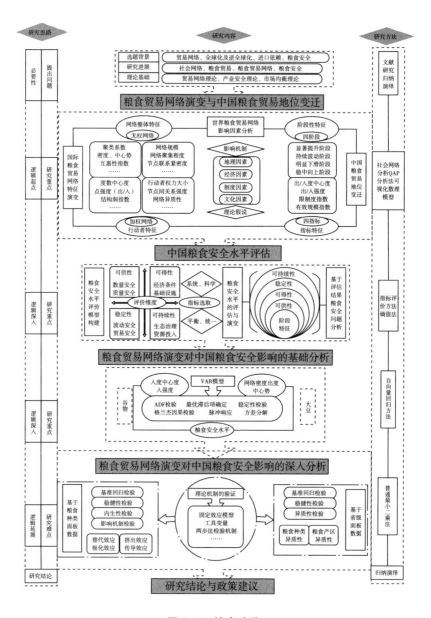

图1-1　技术路线

二 研究方法

文献研究与归纳演绎相结合。通过阅读研究国内外研究文献，包括国际贸易、全球化与逆全球化、粮食安全和社会网络等相关文献、著作，并对其有针对性地梳理与分析，从中获取有价值的信息，为本书寻找理论支撑。通过总结归纳国际经验，进而提出提升中国粮食安全水平的保障措施。

学科交叉与系统研究相结合。运用社会学、国际贸易学等学科的理论、方法与成果，通过学科交叉形成新的研究视野。尝试构建国际粮食贸易网络理论体系，从全球（宏观层面）、社团（中观层面）和中国（微观层面）多维角度进行对比分析，将粮食安全战略的提出与落实贯穿其中，形成具有一定意义的研究成果。

规范分析与实证研究相结合。采用社会网络分析方法与数理统计分析等定量分析法，测度了世界粮食贸易网络的密度、节点中心度、网络异质性等相关指标，以及中国粮食贸易网络的点度数、点强度及结构洞等指标。通过可视化工具描绘出世界粮食贸易网络格局演变过程及中国地位变迁特征。利用 QAP 分析法对世界粮食贸易整体网络结构的影响因素进行相关和回归分析。采用 VAR 模型与 OLS 回归模型实证分析粮食贸易网络演变对中国粮食安全的影响，对中国粮食安全保障体系的建设提供理论依据。

第五节　创新之处

一 研究视角创新

通过跨学科交叉融合，将国际贸易学与社会学、经济地理学结合，在一定程度上丰富了农业贸易理论。在粮食数量及质量安全研究成果基础上，兼顾了国际、国内市场与经济、资源环境，试图从多维度构建粮食安全评价体系，将中国粮食安全纳入全球贸易网络中进行动静结合的系统研究。

二 研究内容创新

目前关于贸易网络影响因素的研究多是基于传统引力模型，本书则将地理、经济、制度及文化等因素也纳入影响粮食贸易网络演变的范畴，拓展了国际贸易网络研究边界。当前国际贸易格局变动频繁，中国作为粮食消费与贸易大国必受影响，但是关于粮食贸易网络演变与中国粮食安全之间关系的研究较少。因此，通过厘清粮食贸易网络演变对粮食安全的影响机理，丰富传统粮食安全的研究成果，可以为保障国家粮食安全措施的制定提供理论支撑。

三 研究方法运用创新

采用社会网络分析，测度粮食贸易网络的相关指标，并通过可视化工具准确地描绘粮食贸易网络格局演化过程。运用 QAP 分析法等定量研究粮食贸易网络的影响因素，突破传统的统计分析方法中各变量相互独立性的约束条件，处理各变量关系间的相关性问题。构建 VAR 模型，克服传统经济理论难以说明变量间动态联系的弊端，建立联立方程组，将所有影响因素都作为内生变量，并估计变量间的动态关系。运用 OLS 方法，通过固定效应模型进一步验证世界粮食贸易网络对中国粮食细分种类及省级层面粮食安全水平的影响，从经济学意义上论证两者之间的关系机理。

第二章 文献综述与理论基础

本章从粮食贸易网络、粮食安全、粮食贸易与粮食安全相关性三方面的现有文献进行梳理与评述。对本书运用的理论，如社会网络理论、产业安全理论与市场均衡理论进行阐述，并对各理论在粮食经济活动中的运用进行详细分析。

第一节 文献综述

一 粮食贸易网络相关研究

（一）关于社会网络的相关研究

社会网络分析法主要考察社会关系，通过图论、数学模型等方法研究网络节点之间、节点与所处网络之间以及不同网络之间的关系。1954年，人类学家John. Barnes首次提出"社会网络"的概念。他通过分析挪威岛上居民间的相互联系，以居民作为网络的节点，"来往次数"作为边线，构建"关系的网络"。1956年，Cartwright和Harary提出了用点、线集合代表群体关系的基本思想。总之，由于群体的一致性，个体行为集合就会形成社会网络。在社会网络结构中，行动者通过彼此的关系进行连接，形成关系纽带即网络边线。此后，对于社会网络的概念分析及相关研究，基本都是以"节点""边线""线的权重"这几个基本部分为出发点。很多学者通过研究一系列节点及节点之间连线形成的关系，并赋予边线不同的权重，进而构建出具体的网络（Pappi and Scott，1993；Wellman and Berkowitz，2003；Mohrman et al.，2003）。

　　社会网络分析方法是在多种学科共同研究的基础上形成的。1967年，心理学家 Stanley Milgrorn 提出了著名的六度空间理论，他通过"信函转寄实验"得出任何两个个体均可通过多个紧密联系的中介者产生联系，而这两个互不相识的陌生人最多可通过 6 个人建立联系。该实验就是将社会网络分析方法与社会学、心理学进行融合而完成的。

　　国外对于社会网络的研究较早且相对成熟，现已逐步形成完善的理论和方法体系，研究领域更具多元化。Barabási 等（2002）针对1991—1998 年的期刊电子数据，运用社会网络分析方法构建共同作者网络，揭示该网络拓扑结构特征及演化规律。Hafner – Burton 等（2009）归纳出网络分析方法在国际关系研究中已经显现出潜在的作用，并且与传统国际关系研究方法进行了对比研究。Carvalho（2014）、Caie 等（2015）和 Alatas 等（2012）将中心度等社会网络指标用于人际网络知识技术溢出、风险传递等问题的研究。Freddy 等（2017）采用社会网络分析法对 1995—2014 年的世界贸易进行研究，发现各国为获得贸易利益，最终形成了一个相互交织、日益密集、相互依存、互相影响的网络，而贸易联系在各国之间的分布基本均匀，但强度较大的边线则高度集中在少数国家之间。Hayati 等（2017）基于社会网络分析方法，考察了销售队伍的领导风格与同伴效应在实施销售战略时的相互作用。除此之外，社会网络分析法还被广泛运用在政治学（Baxter et al.，2018）、心理教育（Rouquette et al.，2018）等方面。

　　中国对于社会网络的研究起步较晚，近年来社会网络分析方法才逐渐受到学术界的重视，相关研究成果较为丰富。王宗水等（2015）将社会网络研究概括为产生及初步发展、统计模型快速发展、复杂网络兴起及移动互联繁荣三个阶段，同时将社会网络研究范式概括为社会实体关系研究和社会网络分析研究两种范式。目前，社会网络分析方法已成为一种制度化的跨学科研究方向，其基本概念和测量方法在多个领域都有涉及。康伟等（2014）运用社会网络分析方法，深入分析公共组织的结构特征，探究网络指标在公共管理领域的意义，丰富社会网络分析的理论功能，强化公共管理领域的量化分析和实践应用价值。郭宝宇等（2020）将社会网络分析方法运用在大学影响力测算方面，基于 57 所世界一流大学的新闻数据，构建相关大学品牌影响的网络矩阵，对其网络特征及关键指标进行测算，并将结果与大学名次、分项指标得分进行相关性分析。刘赛红等（2020）以中国各省份的农村金融发展水平为考察对象，采用社会网络分析方法，突破地理邻近效应的局限，探讨了各地区农村金融发展的空间关联特征及其溢出效应。孙才志、郑靖伟（2020）采用多区域投入产出模型，结合社会网络分析法，基于 2002 年、2007 年和 2012 年的多区域投入产出表的相关数据，分析中国水资源流动网络的空间关联性与拓扑结构特征。此外，社会网络分析方法还被广泛应用于情报学（朱庆华、李亮，2008）、数字图书馆资源聚合（贯君等，2014）、地缘政治（潘峰华等，2015）、文献计量（黎恒等，2019）等方面。

总之，社会网络理论的应用性逐渐增强，研究内容更加丰富，涉及领域更加广泛。社会网络分析方法不仅在传统领域始终保持较高的关注度，还被充分利用到不同阶段具有时代特性的热点问题研究中。

（二）关于国际贸易网络的相关研究

贸易网络经典理论的提出。国际贸易网络（International Trade Network，ITN）又称世界贸易网络（World Trade Network，WTN），是运用网络分析方法对国际贸易关系进行研究的方法，发起人是 Snyder 和 Kick（1979）、Smith 和 White（1992）。他们论证了贸易网络中各国是以"核心、半边缘以及边缘"分布的，为贸易集聚和贸易分布等问题研究，提供了广阔视角和动态方法。世界贸易网络模型是依据社会网络分析方法，将网络中的参与国作为节点，彼此之间的贸易关系作为边线，进出口贸易流向作为方向，贸易额或贸易量作为边线权重，以求更全面地反映一国或地区在全球贸易网络中的表现特征、相对地位及演化趋势（Serrano and Boguã，2003）。

贸易网络构建方法的研究。部分学者在早期通过构建无权无向贸易网络即二值网络，考察贸易网络简单的拓扑结构性质。如 Wilhite（2001）认为各国之间贸易关系的确定，取决于各国的信息搜索、多轮谈判与条件交换等环节，最终演化而成的国际贸易网络具有小世界特征。Serrano 和 Boguā（2003）构建了全球贸易网络，并验证了全球贸易网络具有与复杂网络相似的特征，如"小世界"、无标度、高度集聚类及相关性等。Li 等（2003）按条件选取全球 179 个国家，并对它们构成的贸易网络进行了出入度分布研究，分析了美、日等发达经济体在研究期内的同步性特征。Garlaschelli 和 Loffredo（2004、2005）运用隐含变量对 2000 年全球贸易网络进行了拟合模型分析，结果表明，贸易网络存在等级性，即等级较低的国家倾向于与联系紧密的贸易伙伴交易，而等级较高的国家却无此倾向，多选择相对松散的节点作为贸易伙伴。汪云林等（2007）则是运用结构洞理论的中介性考察贸易网络中各经济体在国际贸易活动中的角色和地位，并进行比较静态分析。随着贸易网络理论的发展，部分学者逐渐考虑双边贸易流量，构建加权有向网络模型。Garlaschelli 和 Loffredo（2005）、Serrano 和 Boguā（2003）、Bhattacharya 等（2007）指出世界贸易加权有向网络与传统无权网络有不同的统计特性。Bhattacharya 等（2008）、Chakraborty 和 Manna（2010）通过构建国际贸易加权网络模型，量化不同国家或地区间的贸易强度来深入研究全球贸易格局。Fagiolo 等（2008、2009）通过构建国际贸易加权有向网络来分析整体网结构特征，并深入探究连通性、层级性、集聚性和中心性等拓扑性质的演变规律，研究发现，贸易网络存在"核心—边缘"结构，且发达国家间的联系更加稳固。刘宝全（2007）采用贸易流量值对国际贸易网络的边赋予权重，构建加权贸易网络，从点强度与度的关系、边的权重差异度、集聚性、顶点度相关性等角度对加权国际贸易网络的结构特征进行研究。李振福等（2017）应用社会网络理论及结构洞理论的中介性作比较静态分析，表明传统发达经济体在掌握贸易网络中的结构洞方面占绝对优势。

贸易网络结构演化规律的研究。通过考虑贸易网络边线的流向，并对边线赋予权重，使贸易网络结构演变规律的研究体现出系统性及复杂性。如 Squartini 等（2011）、Baskaran 等（2011）基于一些商品双边贸易数据，系统分析贸易网络的拓扑结构及演化特征。Benedictis

和 Tajoli（2011、2013）运用网络分析和图论的方法，对 1950—2000 年的世界贸易网络结构进行了比较，图解和分析了世界贸易的特征，发现并解释了各国之间的贸易关系模式。Andrés 等（2018）通过网络分析不同类型商品的全球贸易活动，并将 20 世纪 90 年代中期与近些年进行比较，发现全球化使国际贸易发生了重大变化，各国之间的联系日益密切，世界贸易网络（WTN）的密度、互惠性和集群性进一步增强，其中，中国在全球贸易中的崛起是近年来最重要的发展之一。虽然中国学者对于贸易网络研究起步较晚，但近年来关于贸易网络演变规律及结构特征的研究越来越丰富。赵国钦和万方（2016）基于世界双边贸易总额，构建国际贸易网络，针对网络特征进行研究。刘志高等（2019）采用 1980—2018 年的世界贸易数据，运用社会网络分析法，考察了世界贸易发展的三大历史阶段特征、国际政治经济局势的转变、发达国家与发展中国家之间地位更替的长尺度变化，揭示了世界贸易网络的中长期演变趋势。乔小勇等（2019）通过构建增加值贸易及反倾销两类网络，基于社会网络分析法探究增加值贸易网络和反倾销网络的结构变化，并使用 QAP 分析法对两个网络之间的关联效应进行假设检验，并认为中国在增加值贸易网络中的地位不断提升，但高端价值链领域参与度不足。更多的研究者（马述忠等，2016；董迪等，2016；成丽红等，2016；陈丽娴，2017；陆一流等，2017；苗媛媛等，2019；杨焕璐等，2019）则对大类产品或具体商品的贸易网络拓扑结构特征及演变规律进行了研究。

　　贸易网络影响因素的研究。GDP、地理距离、国家大小、边境效应、贸易协议、要素票赋差异、民族文化、金融危机等都是国际贸易网络的重要影响因素。Rauch 和 Trindade（2002）、Feenstra 等（2001）、Wagner 等（2002）等学者探讨了移民或国际直接投资等驱动因素在跨国网络中对国际贸易的促进作用。之后，Garlaschelli 等（2004、2005）与 Almog 等（2017、2019）均认为基于 GDP 的引力模型（GM）是驱动贸易网络形成的主要因素之一。Fagiolo（2009）、Baskaran 等（2011）、Ruzzenenti 等（2012）、Benedictis 等（2013）认为 GDP、地理距离、国家大小、边境效应、贸易协议、要素票赋差异、互惠信息等因素较大程度地决定了国际贸易网络的拓扑结构，但也有学者研究得出，传统引力模型的影响因素在一定程度对贸易网络的解释力度在逐渐减弱，新要素如民族文化、金融危机、政治经济格局、技术进步对国际贸易网络的影响呈上升趋势（杨文琴等，2015；赵哲，2016；孙天阳等，2018；刘志高，2019）。

区域内贸易网络研究。国外学者偏向于研究欧盟（Krapohl and Fink，2013；Schütz and Palan，2016；Basile et al.，2017）或是多个区域之间的合作或对比分析（Subrahmanyam，2009；Reyes，2010；Krapohl and Fink，2013）。而国内学者偏重于研究与中国相关的区域，如"一带一路"沿线国家（刘卫东，2016；李敬等，2017；宋周莺等，2017；詹淼华，2018；赵景瑞，2019；倪娜、杨丽梅，2019）、东盟（姚梦汝等，2018）、金砖国家（陈少炜、Patrick Qiang，2018）、中国周边地区（潘峰华，2015）或者是中国与其他经济组织成员的贸易网络（肖伶俐、李尚文，2019；周政可、梁育填，2019；袁红林、辛娜，2019）。詹淼华（2018）基于 UN Comtrade 数据库的农产品贸易数据，运用社会网络分析方法分析了"一带一路"沿线国家农产品贸易的出口关系、竞争关系和互补关系网络及其变化，表明三大网络密度日趋增加，但是互补性大于竞争性。赵景瑞和孙慧（2019）基于 2003—2017 年"一带一路"沿线国家贸易数据，运用社会网络分析方法探索中国与"一带一路"沿线国家双边贸易互动关系，发现该网络由多核心向以单一核心的格局转变，中国在网络中的中心度和核心度持续提升。倪娜和杨丽梅（2019）采用社会网络分析法，通过对比"一带一路"倡议实施前后贸易格局的改变，发现网络"核心—边缘"结构弱化，倡议的实施存在阻力，中国仍需加强同欧洲国家的联系，同时做好"一带一路"物流服务。肖伶俐和李敬（2019）运用社会网络分析方法（Social Network Analysis）研究2005—2017 年中国与中东欧国家的贸易竞争与贸易互补关系及动态变化。研究表明，中国与中东欧国家之间贸易互补大于贸易竞争，存在较大的经贸合作空间。

产业或产品内贸易网络研究。大部分学者在研究国际贸易网络时，往往选择某一类或者某一种商品作为切入点。如高端制造业（袁红林、辛娜，2019）、葡萄酒产业（Cassi，2009）、能源矿产业（Ji et al.，2014；An et al.，2014；杨青龙、刘培，2015；张仲芳等，2015；刘劲松，2016；刘立涛，2017；马远、雷会妨，2019；何则等，2019；邱语等，2019）、虚拟水产品（Sartori and Schiavo，2014）、汽车业（Blázquez and González-Díaz，2016）、金融业（Chinazzi，2013）、农产品（蔡宏波等，2018）、体育用品（陈颀、刘波，2020）等行业均运用社会网络分析法进行研究。还有部分学者对两个及以上产业的贸易网络进行比较研究，如将纺织业与高科技产业进行对比（Cingolani et al.，2015）；甚至全行业进行对比（Benedictis and Tajoli，2011；Barigozzi et al.，2011；Ikeda et al.，2014）。通过研究不同行业的贸易网络结构特征发现，由于产业之间的复杂度、技术性均有差别，不同行业的网络结构特征存在明显的差异，这恰恰验证了部分学者的初始假设：相对简单的同质商品会导致贸易网络密度的降低（Benedictis and Tajoli，2010）。但是，商品的异质性是否与贸易网络复杂程度成正比，商品贸易网络特征是否与国际分工理论相吻合还需验证。

（三）关于粮食贸易网络的相关研究

学者多以农产品整体贸易网络作为研究对象。马述忠等（2016）基于1996—2013年国家农产品贸易数据，刻画了全球农产品贸易网络的中心性、联系强度和异质性特征。颜志军（2016）运用复杂网络分析方法，从小麦国际贸易网络的拓扑结构和权重结构角度分析了国际贸易关系的演化规律。蔡宏波等（2018）基于小麦贸易数据和复杂网络几何框架将国际贸易网络映射到双曲空间，结果表明小麦贸易具有"核心—边缘"结构。詹森华（2018）、张莲燕和朱再清（2019）、苏昕和张辉（2019）基于"一带一路"沿线65个国家和地区的农产品贸易数据，构建农产品贸易整体网络，运用网络密度、中心性、块模型及QAP方法等整体网络分析法分析"一带一路"沿线国家和地区农产品贸易整体网络结构及其影响因素，并分析了农产品出口关系、竞争关系及互补关系等。杨焕璐等（2019）基于2008—2017年国际大豆进口贸易数据，采用社会网络分析法，分析国际大豆进口贸易网络的整体密度、相对点度数、邻接距离以及聚类系数，并用 QAP 分析法研究国家间贸易情况与边境和使用货币之间的相关关系，表明网络密度呈逐年上升趋势，聚类系数较高，中国、美国、荷兰、加拿大、德国在贸易网络中占重要地位。陈艺文和李二玲（2019）将社会网络分析与空间计量分析相结合，基于 1993—2016 年联合国商品贸易数据，分析了"一带一路"国家和地区间粮食贸易网络的空间结构特征及其演化机制，表明该区域粮食贸易网络密度不断提高，呈现"无核—多核—重塑"的演化历程，而粮食贸易网络的演化是受资源禀赋、经济环境、文化认同和政治博弈 4 个因素共同作用的结果。

二 粮食安全相关研究

（一）关于粮食安全内涵的研究

国际方面，粮食安全概念在不断完善。"粮食安全"的概念是联合国粮农组织（FAO）于 1974 年公布的《世界粮食安全国际约定》中首次提出的，该概念强调"保证任何人在任何时候都能够得到为了生存和健康所需的足够食品"，突出了从粮食数量方面满足人们的需求。1983 年，FAO 在世界粮食首脑会议上对"粮食安全"概念进行修订，即"确保所有的人在任何时候既能买得到又能买得起所需要的基本食品"，将粮食在物质及经济方面的获取能力纳入安全体系中。1996 年，FAO 在世界粮食首脑会议上通过《世界粮食安全罗马宣言》《世界粮食首脑会议行动计划》将"粮食安全"内涵进行完善，即"所有人在任何时候都能够在物质上和经济上获得足够、安全和富有营养的粮食来满足其积极和健康生活的膳食需要及食物喜好"，强调粮食质量安全及营养健康。2001 年，FAO 在《世界粮食不安全状况》报告中将粮食安全的概念阐述为"所有人在任何时候都能够在物质、经济和社会上获得足够、安全和富有营养的粮食来满足其积极和健康生活的饮食需求和食物喜好"，突出粮食的可用性、可获得性、稳定性和利用性。此后，国际上对粮食安全概念的界定基本遵循了该思路。

国内方面，中国政府及学者赋予了"粮食安全"更丰富的内涵。1992 年，中国政府首次对粮食安全做出定义，同时关注粮食的数量、质量和结构三个维度的安全。1996 年，中国政府发布《中国的粮食问题》白皮书，提出"立足国内资源，实现粮食基本自给"的 14 字基本方针。2004 年以来，连续多年以中央一号文件形式高度关注粮食安全问题，并于 2014 年提出"以我为主、立足国内、确保产能、适度进口、科技支撑"的粮食安全新战略，制定粮食安全新目标。同时，在学术界不断有学者丰富粮食安全的内涵，包括数量、质量、资源、生态、健康等维度（胡岳岷、刘元胜，2013；杨建利、雷永阔，2014；戴晓鹏，2015；王国敏、张宁，2015）。近年来，越来越多的学者认为粮食安全的内涵以及预期目标不是一成不变的，应随着时空变化，结合经济社会发展现实，进行动态调整（王大为、蒋和平，2017）。

（二）关于粮食安全影响因素的研究

影响粮食安全的因素一直是学术界的关注焦点，但目前并没有得出一致结论。国内外学者多认为影响粮食安全的因素主要包括生物质能源的发展、资源短缺、供求不平衡、价格波动、转基因技术、贸易等。

Ignaciuk 等（2006）、Macauslan 和 Farhat（2013）、仇焕广等（2013）认为生物质能源的发展使粮食市场和能源市场紧密联系，并带动世界粮食价格上涨，加剧粮食危机。Thompson 等（2012）认为目前全球粮食短缺，粮食安全受到威胁，而人口增长、耕地减少、气候变化、水资源减少、食物结构升级、生物能源开发等因素均会对粮食安全有直接或间接影响。Nonhebel（2012）则认为全球谷物的需求会对粮食安全造成巨大压力，并指出谷物需求量将在 2030 年增至 55 亿吨。徐振伟和张晓龙（2015）认为全球人口膨胀和消费需求的不断增加打破了供需之间的平衡，而美国推行的生物燃料政策和美元霸权加剧了这种不平衡。Utsa（2009）强调新自由主义是引起粮食危机的根本原因，发达国家对肉类、瓜果、生物能源等产品的需求旺盛，发展中国家为了与全球资本体系接轨，不断挤压本国生产粮食的用地，导致粮食产量下降。该学者认为如果放弃新自由主义，发展中国家重建粮食补贴和储备体系，有助于缓解粮食危机。

国内学者侧重研究中国粮食安全的影响因素。高帆和龚芳（2012）研究了国际粮食价格波动对中国粮食贸易安全的影响机理。王宏宇（2013）、肖琴等（2015）认为掌握转基因技术的跨国农业企业利用资金、技术和专利优势，对中国粮食市场带来冲击，对粮食安全构成威胁。Baldos 和 Hertel（2015）等认为粮食贸易在抵抗粮食安全风险方面有积极作用，但程国强和朱满德（2014）、刘林奇（2015）、王祥等（2018）则认为进口来源国（地区）集中程度较高，使中国粮食安全面临风险。李显戈和周应恒（2015）利用 Copula 模型刻画了粮食危机期间，政策干预对国际粮价向国内传导的影响，发现这种政策干预对于大豆的效果显著，主要因为中国大豆进口量巨大，国际大豆市场稍有风吹草动都会对国内市场产生很大影响。

（三）关于粮食安全水平测度的研究

国际组织构建了粮食安全评价指标体系。2014 年 FAO 发布了《世界粮食不安全状况报告》，从粮食的可供性、获得性、稳定性及可利用性 4 个维度确定 31 个具体指标，从多方位角度系统构建粮食安全指标评价体系，并测算各国的粮食安全水平。2019 年经济学人智库（EIU）发布了《全球粮食安全指数》，从粮食获取承受力、可得性、粮食质量及安全性、自然资源及恢复力 4 个维度选取 26 个具体指标，对世界 113 个国家和地区的粮食安全状况进行了评价。

国内外学者根据研究侧重点构建粮食安全评价模型。Kadir 等（2013）基于产量、生产和经济增长三个方面的详细指标，运用模糊逻辑建立了食品安全风险等级评估体系，并采用 1988—2008 年英国的谷物数据进行实证分析，验证该体系对目前粮食安全风险的预期，并指出未来食物供给压力较大的具体地区。Kleshchevskiy 等（2014）制定了估计粮食安全水平的平衡计分卡系统，并对 FAO 及国际其他组织提供的粮食安全评估方法比较分析，旨在解决粮食安全问题。Rosen 和 Meade（2015）则以经济研究局（ERS）对世界粮食首脑会议（WFS）目标的研究结果为前期基础，通过使用世界粮食安全评估模型（IFSA）来估计全球粮食供给数量，结果显示基于 ERS 分析的 76 个国家（地区）的粮食不安全指数和总体粮食安全水平均有所下降。

中国学者不断丰富粮食安全评价体系的内容和具体研究方法。在指标选取方面，研究成果较为丰富。马述忠和屈艺（2013）从生产、贸易、流通及储备、消费和营养4个方面构建指标体系分析国家粮食安全水平。杨建利和雷永阔（2014）、王国敏和张宁（2015）指出应结合数量安全、质量安全、资源安全和生态安全等维度，系统地对粮食安全进行客观研究。王彦（2015）则强调中国粮食安全的目标体系可细分为功能性、供给性以及公共性安全目标三部分，应用多维度考察粮食安全。李腾飞和亢霞（2016）提出，新常态下的粮食安全应包括数量安全、质量安全和价格安全，不仅要保证三者之间的平衡体系，还要从时间上兼顾长期与短期安全。在方法选择方面，较为多元化。杨磊（2014）、蔡文香等（2015）、姚成胜等（2015）、王瑞峰等（2018）采用加权平均法、单方程总合法、层次分析法、模糊综合评价法、经济周期法、超效率DEA模型等研究方法，对中国粮食安全进行定量评价，并建立了预警体系。

综上所述，各国学者试图丰富粮食安全的内涵，关注对象逐渐从"粮食"（粮食的数量、质量、结构），转变为"人"（人们对于粮食的需求、获得），以及"资源环境"（资源的永续性、环境的可持续性）。对于粮食安全影响因素的分析，囊括了技术、经济、社会及资源环境等方面，研究视角逐渐丰富。此外，学者对粮食安全水平的评价，从单指标判定、多指标分项评价逐渐转变为综合评估，评估结果更加科学、客观。

三　粮食贸易与粮食安全相关性研究

部分学者从国内粮食供需角度、资源保护、购买力、需求多样性等角度分析，认为从国际市场进口粮食具有必要性。李艳君（2012）的研究表明，中国粮食供需缺口不断扩大，适度进口有利于降低中国粮食安全风险，整体利大于弊。黄季焜等（2012）强调中国未来粮食自给率将会总体下降，但是只要保证大米和小麦能够自给有余，同时实施与时俱进的粮食安全战略，那么其他饲料粮需求的上升以及个别粮食品种的供需缺口，并不会威胁国内粮食安全和社会稳定。黄季焜

（2019）认为到 2030 年中国粮食的自给率将下降到 85% 以下，粮棉油糖肉奶供需缺口都将显著扩大，促进全球农产品贸易和保障全球粮食安全都极为重要。

在中国农业发展面临严重资源约束的背景下，越来越多的学者研究农产品通过贸易所产生的资源节约效应（林桂军等，2012）以及环境保护效应（匡远配、谢杰，2011；张相文、黄娟，2012）。张秀生和张树森（2015）提到农业发展过程中，水资源、耕地资源的过度使用，导致粮食增产背后潜伏着更大的生态危机。因此，应积极开辟新的贸易区域，解决中国土地和水资源严重短缺的问题，保障中国粮食安全。杨军等（2013）基于比较研究及时间序列趋势变化分析，认为中国未来将遵循日韩谷物消费变动的趋势，谷物的人均消费比重将会下降，但对水果、肉蛋奶等产品的需求将不断提升。熊启泉和邓家琼（2014）针对中国农产品贸易结构的失衡问题，提出中国应该坚持不断开放，摒弃自给自足的思维，通过实施农业"走出去"战略，优化农业种植结构及贸易结构。

部分学者认为，粮食国内市场和国际市场存在协整性，且联系日益紧密，国际粮食市场的波动，会通过贸易途径传导至国内市场。张利庠和张喜才（2011）研究发现大豆、肉鸡和生猪等市场化程度较高的农产品，其国内价格变动更容易受到国际贸易等外部冲击的影响。王孝松和谢申祥（2012）提出世界各国的贸易往来，导致国际粮食市场价格波动对中国国内粮食价格的变化有较大影响。张立杰等（2012）则认为由于输入性通胀等因素的客观存在，利用国际贸易手段调节粮食余缺、稳定国内价格等做法，其效果并不显著。吕学朝（2014）通过对世界市场玉米供给，中国玉米生产和消费、贸易及相关贸易政策实施的情况分析，表明当国内托市价格高于配额外进口价格后，从国际市场进口玉米会进一步冲击国内市场。王君芳（2013）基于粮食自给率测算以及依赖指数方法，对中国小麦进口依赖性与安全系数分析，发现中国对澳大利亚、加拿大及美国的进口依赖性较强。同时，中国国内小麦种植结构不合理，工业使用的弱筋小麦基本依赖进口供应。何树全和高昱（2014）通过构建数据模型研究国内外粮价波动对中国粮食进出口的影响，认为中国大多数粮食种类在国际贸易活动中均不具备比较优势，因此对于粮食贸易的调控手段应该加强。肖琴等（2015）认为掌握转基因技术的跨国农业企业利用资金、技术和专利优势，对中国粮食市场带来冲击，对粮食安全构成威胁。蒋和平（2018）提出，中国粮食安全应突出"有效进口"，对于产能强、库存大的粮食品种，要尽量少进口或不进口。

综上所述，多数学者从粮食供需角度、资源保护、多样化需求等方面论证了粮食贸易的必要性，并从购买力、对国内外市场影响方面分析了粮食贸易的可行性，认为粮食贸易会促进粮食安全水平的提升。同时，也有部分学者从国内外市场协整性、转基因食品的不确定性、粮食的战略属性等角度分析，认为过度依靠粮食贸易，会对国内粮食安全造成威胁。目前，贸易网络对粮食安全影响的研究成果不多见。Wu 和 Gudu（2013）通过建立玉米贸易网络模型，发现贸易网络集群度的高低会直接影响进口国的粮食安全。Sartori 和 Schiavo（2014）通过构建粮食贸易网络，证明粮食贸易全球化有利于粮食安全。Distefano T.（2018）通过研究贸易网络的冲击传导机制，说明全球粮食市场的扩张会带来粮食危机，且发展中国家受到贸易冲击的消极影响偏大。

四 文献评述

梳理相关研究文献发现，自 20 世纪 90 年代以来，国际贸易网络研究已成为社会网络理论研究的前沿领域。目前，针对粮食安全的相关研究成果较为丰富。一是社会网络分析方法的运用范围越来越广泛。社会网络作为研究方法的应用性增强，研究内容更加丰富，涉及领域范围更广，不仅在传统的领域始终保持较高的关注度，还被充分利用到不同阶段具有时代特性的热点问题研究中。二是对国际贸易网络的构建、影响因素、结构演变规律等方面的认识比较清晰，观点比较一致。学者通过运用二值矩阵网络或加权有向网络，构建国际贸易网络，进而深入研究贸易网络的影响因素，以传统贸易引力模型的驱动因素为基础，拓展出了世界政治格局、技术进步、社会人文等方面的因素。对于国际贸易网络演变规律的研究，不仅关注自身整体网络与节点特征，还逐渐探讨不同网络之间的关系，使研究更加深入且更有针对性。三是关于粮食安全的概念、影响因素、指标评价体系构建、粮食安全测度方法等研究成果较为丰富。不仅考虑其数量、质量安全，还加入资源、生态及健康等维度，丰富了粮食安全的维度，充实了粮食安全的内涵。通过构建科学、合理的指标体系，进行定量分析，从宏观趋势上对粮食安全水平科学分析和客观评价。四是关于粮食贸易对粮食安全的影响研究，学者从不同角度进行了论证。部分学者从粮食贸易的必要性、可行性进行研究，部分学者则从市场波动性、粮食属性等方面对粮食贸易带来的不确定性风险进行分析，为粮食贸易与粮食安全关系的进一步探讨提供了多重思路。

现有研究成果对本书具有重要的借鉴意义，但从力所能及的文献梳理情况看，目前的研究仍存在进一步拓展的空间。一是对粮食贸易网络的研究多从农产品区域贸易的视角出发，对网络的特征刻画相对简单，对网络内部具体国家地位及发展变化情况的研究成果较少，对能够涵盖完整时间尺度、能反映演化过程的数据选取不够全面。二是关于粮食安全的研究多从国内供给的视角进行，而从国际市场角度对其分析的研究较为薄弱。三是目前学者多从线性思维出发关注粮食贸易"量"或"额"对粮食安全的影响，鲜有学者兼顾时空维度来研究粮食贸易网络变化对于粮食安全水平的影响机制及具体路径。因此，本书尝试从全球视角出发，尽可能涵盖较长的时间尺度，分析世界粮食贸易网络演变特征及中国在其中的地位变迁规律，尽力厘清世界粮食贸易网络演变与中国粮食安全之间的关系，以期为丰富农产品贸易理论与拓展粮食安全内涵作出点滴贡献。

第二节　理论基础

一　社会网络理论

（一）社会网络理论

网络（Network）的概念来源于数学学科的一个门类，即图论。

它将现实世界中的对象都看作点和线的组合，而网络就是将多个彼此相关的个体进行有效连接，并对这种由多个相互关联的个体组成的复杂系统进行建模分析的方法（宋青、汪小帆，2012）。从18世纪欧拉提出的"科尼斯堡七桥问题"、Erdos 和 Renyi（1959）的随机网络模型，到 Watts 和 Strogatz（1998）提出的"小世界网络"、Barabasi 和 Albert（1999）提出的无标度网络，网络理论经历了"图论—随机图—复杂网络"由简单到复杂的发展过程，已成为统计物理、计算机网络、社会学、生物学以及经济学众多学科的研究热点。

现实世界中存在大量的复杂系统可以通过网络来描述并解释。根据网络的图式表达可分为两类：空间网络与非空间网络（冷炳荣，2011）。目前，针对非空间网络的研究成果较多，包括统计物理学、计算机科学、社会学和生物学等。具体来说，主要有人际关系网络（Newman and Ej et al.，2001；Barrat et al.，2004）、生物网络（Schwedler et al.，2003）和复杂网络分形算法（邢长明、刘方爱，2010）等研究。空间网络则包括铁路、电力等基础设施网络（Wang et al.，2008）、城市网络（蒋小荣等，2017）和国际贸易网络（Serrano and Boguã，2003）等，现有成果基本都与地理学等学科密切相关。之后在复杂网络的实证分析中，部分学者提出大多数的网络均存在"小世界"、无标度等特征（周胜利，2009）。

目前，针对社会网络的研究主要集中在整体网的拓扑结构、演变规律及个体网的异质性等方面。在构建社会网络时，多是以"点"来代表行动者，以"边线"来表示行动者间的关系，进而选取度分布、聚类系数、平均路径长度、网络密度和社团等关键指标来描述网络结构的特征及演化规律（刘军，2004）。一般地，学者会将权重和方向赋予网络的"边线"，用来反映行动者间的关系强弱或相互作用的方向，以期达到深入研究加权有向网络的目标。在社会网络的实际研究中，学者特别关注的是网络中行动者的位置与角色（李梦楠、贾振全，2014），网络中的某些行动者具有较大的连通度而成为枢纽（Hub），而有的行动者却不属于关键节点，各个行动者在社会网络中发挥不同的作用，促使网络整体呈现"核心—边缘"结构。从中介中心度角度来分析的话，虽然有些节点处于网络边缘，但却以"桥梁"的角色占据"结构洞"位置（Burt, 2000）。一般而言，网络都不会是均匀分布的，无论是泊松分布的随机网络还是幂律分布的无标度网络，都可能存在一些联系较为紧密的节点集合，称为"凝聚子群"（Subgroup）或"小社团"（Community）。从网络的空间组织结构与演化规律方面来看，节点通常更加倾向于与高度值节点发生连接，即择优连接效应。因此，网络的演化模式并非均衡增长，而是表现为"富者越富，穷者越穷"的"马太效应"（Barabasi and Albert, 2009）。

（二）社会网络理论在粮食贸易活动中的应用

在世界粮食贸易活动中，参与国是网络"节点"，两国之间的粮食进出口关系则为"边"，"点"与"边"可共同构建出粮食贸易网络系统。如果将"边"看作无方向性的，且不赋权重，则该网络为无权网络，即二值网络。如果将两国的贸易关系细分为进口或者出口，并且将进出口量赋予各"边"，那么形成的网络就是加权有向网络。不同的整体网络在规模、密度、中心势等方面会有区别，而网络中的行动者则在点度中心度、点强度等方面有所差别。粮食贸易国在网络中的位置以及关键指标的表现，在一定程度上反映了该国的贸易地位。

粮食贸易网络中的行动者即参与国的贸易地位主要体现在度数中心度、点强度与结构洞指数方面。中心度是测度网络中节点拥有的权力，衡量一国在网络中的中心地位。绝对度数中心度（Point centrality）是指与网络中的某个行动者相连的其他行动者的总数，值越大，说明该点越处于中心位置，拥有的权力越大。绝对中心度在实际运用中具有局限性，该指标只能在同一个网络的行动者或同等规模的网络之间进行才有意义，而在不同规模的网络中，该指标就会失效。Freeman（1979）提出相对中心度，网络中实际点度数与最大可能的度数之比，克服了绝对中心度的局限性。在全球经济一体化背景下，仅仅讨论绝对中心度已失去意义。因此，本书度数中心度指标都采用相对度数中心度进行衡量。对于网络中的行动者而言，中心度只考虑行动者在网络中的关系多少，点强度（Point strength）衡量的是行动者在网络中的关系强度，值越大，说明该点与别的行动者关系越紧密，在网络中地位越重要。一般地，运用相对点强度即各节点的点强度与网络中最大节点的比值衡量各个国家在网络中的重要性。点强度包括出强度和入强度，其中出强度表示两国之间出口量，入强度表示两国之间贸易量或者贸易额。Burt Ronald（2000）提出结构洞理论，是指行动者之间非冗余的联系。网络中的行动者拥有的结构洞越多，其信息优势及控制优势越显著。一般地，运用有效规模、效率、限制度和等级度来衡量结构洞指数，其中有效规模及限制度相对重要。有效规模，指行动者的个体网规模减去在网络中的冗余度，值越大，说明行动者的自由性越大，受网络限制越小。

整体网络一般选取网络规模、密度、中心势等关键指标进行衡量，不同网络会体现出不同的特性。网络规模是指网络中包含的所有节点（行动者）的数量。网络规模越大，其内部结构越复杂，内部倾向于形成派系。整体网的中心势表示网络作为一个整体的中心度（趋势）。中心势越大，说明网络较为集中，行动者之间的联系较为紧密。网络密度是指网络中实际存在的贸易关系数与理论上最大贸易关系数的比例。密度取值介于0—1，其取值越大，说明网络中节点间的联系较为紧密，参与国的行动较为积极。互惠性指数一般运用网络中具有进出口双向贸易流的连线数量与总连接线数的比例来表示。互惠性取值介于0—1，其取值越大，说明网络中节点间贸易关系的相互依赖性越强，彼此之间属于互惠贸易关系。聚类系数是指网络包含的节点的聚类系数的平均值，体现了国际粮食贸易网络的聚集性。平均距离用来描述网络中任意两个节点间最短路径长度的平均值，该值越大，说明网络节点间合作的难度越大，不容易建立贸易合作关系。

二 产业安全理论

（一）产业安全理论

产业安全是由英国古典经济学家亚当·斯密在《国民财富的性质和原因研究》中首次提出。他认为在自由放任的市场竞争时，应该顾及国家安全保障，对于国计民生的战略性产业，政府应注重保护和支持，尤其不能过分依赖国外单一或极少数市场。针对产业安全的内涵，主流解释有两种：一是在生产过程中，防范生产事故，提高生产安全性，该含义注重的是生产安全；二是在国际市场中，某国的某产业在与同行竞争活动中处于绝对优势的地位，对于突发冲击或外部风险有一定的防御能力，不容易被其他国家牵制。为保障国内产业安全，早期各国学者提出一些理论，归纳起来主要有三种。

产业保护理论。产业保护理论最早是指由美国经济学家汉密尔顿提出的"幼稚产业保护理论"。他主张对于初创期的国内产业，应该在政策等方面予以适当支持与扶植。那么，当该产业发展壮大之后，在国际市场具有一定的竞争力，就会对国民经济的发展具有积极的推动作用。到19世纪中叶，该理论被李斯特系统化，成为国际贸易中的保护主义基础理论。总之，产业保护理论最早研究产业安全，并随着时间推移，该理论对产业安全的研究较为成熟。

产业控制理论。第二次世界大战以后，世界上各个国家都热衷于参与国际经济、贸易等相关研究基础合作，外商直接投资是一种普遍形式。关于外商投资理论的研究，较为主流的包括垄断优势理论与国际生产折中理论。垄断优势理论，由美国学者 Hymer（1960）在其博士论文《国内企业的国际化经营：对外直接投资》中首次提出。之后金德尔伯格对该理论进行充实与完善，形成较为经典的垄断优势理论。在之后的研究与运用中，不断有学者对该理论进行丰富、发展与完善。垄断优势理论的核心观点是，对外直接投资的动因是市场的缺陷，而跨国公司的垄断优势如技术优势、规模经济优势、资本和货币优势、组织管理优势等，是对外投资获利的根源，也是与本地企业能够有效竞争的优势。国际生产折中理论是由英国经济学家 Dunning 和 John（1993）提出，他们强调企业只有具备所有权优势、区位优势、市场内部化优势三个条件，在外商直接投资过程中才不会处于劣势地位。一旦外资掌握的控制力大于国内，如利用其拥有的资金、生产规模、科学技术、先进管理经验等优势，占据并控制国内市场，进而产生垄断性（万俊毅、曾丽军，2015），那么国内产业将会处于被控制状态即劣势地位。

产业国际竞争力。以上阐述的产业保护理论与产业控制理论，均是研究国内产业在面对外部冲击时，应如何提高自身防御力，以保证国内产业能够持续发展。但在全球经济一体化迅猛发展的背景下，为了在国际市场竞争的环境中有立足之地，某一产业必须具备一定的国际化优势，才能保障国家产业的安全。关于产业国际竞争力的代表性理论是波特提出的"钻石模型"，他认为产业国际竞争力是由要素条件、需求条件、相关和支持性产业，企业战略，结构和竞争等主要要素与机会、政府两个辅助因素决定的。之后，Dunning 和 John（1993）对"钻石模型"进行了补充，引入"跨国公司商务活动"等开放因素作为外生变量，最终形成更加完善的产业国际竞争力理论，被称为"波特—邓宁模型"。产业国际竞争力是处于国家竞争力（宏观）和企业竞争力（微观）之间的中观层面的概念，对客观评价产业安全具有一定的现实意义。

（二）产业安全理论在粮食安全研究中的应用

粮食安全问题可以运用产业安全理论进行解释。目前，中国经济社会发展迅速，在工业化进程中，第二、第三产业更容易引起重视，粮食产业的发展将面临不确定因素更多及外部风险更大的局面。一是粮食安全面临的风险不仅来源于自然界，还包括市场方面。生产资源更倾向于流出粮食生产领域，流入第二、第三产业，致使粮食产量面临下降的趋势，在供给方面威胁粮食产业的发展。同时，在粮食流通及加工等产业环节中，国内企业或者改革尚待深化，相关产业集中度低、竞争力差，在强大的国际跨国粮企侵入时，将面临生存的威胁。二是对粮食供给的数量及质量方面提出更加迫切的要求。中国人口持续增长，人们对美好生活的不断向往，对于食物消费结构优化升级的需求逐渐强烈。同时，经济社会不断发展，工业用粮持续增加。因此，在粮食数量的增长及品质结构的改善方面，均对粮食产业的发展提出更为迫切的要求。三是中国粮食产业在国际市场的竞争中处于劣势地位。大豆等粮食品种的劣势尤为突出，由于受到国外转基因、抗虫害能力较强等低成本和高技术含量产品的严重冲击，直接导致国内生产力受到严重损害。同时，随着跨国粮商在中国粮食流通及加工领域逐渐布局成熟，国内粮食产业链的关键环节均缺乏足够的竞争力，导致国内的中小型涉粮企业承受较大的生存及发展压力。四是外部环境的不确定性日益增强。农产品市场不断开放，中国已深度参与到国际贸易活动中，那么，中国作为人口大国和粮食消费大国，国际粮食市场的波动势必会影响到国内粮食市场的稳定，对粮食价格的主导权和宏观调控的有效性均会造成影响。值得注意的是，国际粮食市场上的价格波动通过粮食相关产业（贸易、金融）的传导效应，对其他产业的发展及国民经济的稳定带来不利影响。

2014 年 FAO 发布的《世界粮食不安全状况》的分析框架中，将粮食安全的评价体系按照 3 个一级指标，即粮食不安全确定因素、后果以及脆弱性/稳定性进行分析。同时，又细分为 7 个二级指标，即可供量、物质上的获取、经济上的获取（或经济承受能力）和利用、食物获取不足等。基于系统性、科学性等原则，结合中国国情、粮情以及居民消费习惯，应该兼顾国内产业、经济、社会及生态效益等维度之间的平衡、统一，将中国粮食安全从粮食可供性、可得性、稳定性、可持续性 4 个方面进行考虑。可供性方面主要从国内供给角度，考察粮食的数量与质量；可得性方面则侧重考察居民粮食的获取能力，包括经济条件及基础设施建设水平；稳定性从国内与国际两个视角出发，不仅考察国内粮食供需、价格的稳定性水平，还关注粮食对外依赖度；可持续性考察的既包括现有资源的可利用程度，又包括中国政府的积极有效干预手段。

三　市场均衡理论

（一）局部均衡理论

1920 年，英国著名经济学家马歇尔在《经济学原理》中提出局部均衡理论，该理论的前提假设是只有一个市场、一种产品，即不受其他市场以及产品的供需、价格影响，着重考察某一产品在单一市场供求与价格之间的关系以及所达到的均衡状态。当该种产品市场供求均衡的时候，即市场出清的状态下，达到均衡状态，对应的价格为均衡价格。

在局部均衡模型中，价格的变化使得市场供需数量，沿着供给曲线以及需求曲线移动。但是，当受到收入变化、替代品增减、政府补贴、贸易税收等外生变量的影响时，供给曲线与需求曲线会发生位置的水平移动。当需求变动的时候，均衡价格与均衡数量同方向移动，当供给变动的时候，均衡价格与均衡数量向相反的方向移动。如图2-1（a）所示，需求曲线为 D，供给曲线为 S_1，此时的均衡点为 A，对应的均衡价格为 P_1，均衡数量为 Q_1，当需求曲线不变时，供给曲线向右平移 ΔS，将导致均衡价格下降为 P_2，均衡数量增加到 Q_2，并形成新的均衡点 B。如图2-1（b）所示，供给曲线为 S，需求曲线为 D_1，此时的均衡点为 A，对应的均衡价格为 P_1，均衡数量为 Q_1，当供给曲线不变时，需求曲线向右平移 ΔD，将导致均衡价格与均衡数量都增加，分别为 P_2、Q_2，形成新的均衡点 B。当供给与需求同时变化时，均衡价格与均衡数量的变动取决于供给与需求变动的幅度大小。

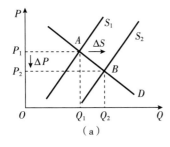 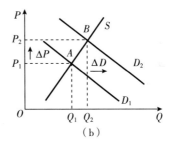

图 2-1　局部均衡理论模型

（二）中国粮食市场均衡理论

中国是世界人口大国，同时也是粮食生产和消费大国，其粮食贸易一直受到世界的关注。美国学者莱斯特·布朗于1994年发表论文，提出"谁来养活中国"的问题，他认为，中国作为人口大国在世界市场大量购入粮食，会导致粮价上涨。这是"大国效应"理论的雏形，即一国进出口某种商品的数量在世界进出口总量中的占比较大时，该国的需求变动势必对国际市场价格产生较大程度的影响。

在"大国"假设下，研究中国粮食市场均衡的状况。大国进口粮食的情形如图2-2所示。中国在国际市场上作为进口贸易大国，不仅仅是价格的接受者，也是价格的影响者。假设国内市场是封闭的，则模型主要包括国内供给S_d、国内需求D_d，两者共同决定了国内均衡价格P_d与均衡数量Q_d即均衡点E_d。假设在开放对外贸易的环境下，原来的均衡模型将引入国际市场的供给与需求，中国粮食市场为净进口，则模型主要包括国内供给S_d、国内需求D_d、进口供给S_i、进口需求S_d、国内价格P、国际价格P'。如果此时国际市场价格P'小于国内价格P，那么粮食进口增加将是必然趋势。只要价格低于国内原先价格P，就会产生超额需求，在国际市场表示为曲线D_d。原本的国际市场的需求曲线为D_w，供给曲线为S_w，均衡点为E_w，对应的均衡价格为P_w，均衡数量为Q_w。由于中国进口量增加，国际市场的供给量不变，供给曲线不变，而需求量增加，需求曲线向上倾斜为D'_w，形成新的均衡点E'_w，对应的新的均衡价格上升为P'_w，新的均衡数量为Q'_w。对于中国国内市场来说，由于增加了来自世界市场的进口粮食，所以形成新的供给曲线S'_d，需求曲线不变，此时形成新的均衡点E'_d，对应的均衡价格为P'_d，均衡数量为Q'_d，其中$P'_d = P'_w$。此时，国内供给量为Q_d，进口量为$Q'_d - Q_d$，总的来看，由于中国增加进口，使得国内供给增加，国内价格下降，同时由于进口增加，国际市场需求扩大，拉动了国际市场价格的上升。在自由贸易的情况下，对于贸易大国，国内外的价格趋于一致。

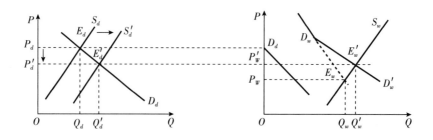

图2-2　中国粮食市场均衡理论模型

本章小结

　　本章通过对粮食贸易网络、粮食安全，以及粮食贸易与粮食安全相关性的研究文献进行梳理，发现已有成果对本书有重要的借鉴意义。现有文献目前在研究视角、研究方法等方面还有拓展空间，如从国际视角对国内粮食安全进行考察分析，兼顾时空维度研究粮食贸易网络对粮食安全水平的影响机制等。

　　本章梳理和介绍了社会网络、产业安全与市场均衡等相关的理论研究，具体分析各个理论在粮食经济活动中的运用。在经济贸易研究领域中，社会网络理论已被广泛运用，该理论可作为构建粮食贸易网络的理论基础。粮食产业是第二、第三产业发展的基础，但在工业化进程中，第二、第三产业更容易引起重视，而粮食产业往往被忽视。粮食产业的发展面临不确定因素较多且外部风险较大，运用产业安全理论进行解释具有必要性。中国是世界人口大国，同时也是粮食生产、消费和贸易大国。中国的粮食安全与国际粮食市场密切相关，所以市场均衡理论是本书研究的理论支撑之一。

第三章　粮食贸易网络演变对中国粮食安全的影响机理

从力所能及的文献梳理情况看，立足于国际视角对粮食安全的分析较少，且多从线性思维关注粮食贸易"量"或"额"对粮食安全的影响，但目前国际形势日趋复杂，贸易网络格局不断变化，贸易关系彼此交织、相互依存，中国作为粮食贸易大国，在参与到全球贸易大循环的过程中，会受到直接影响。因此，兼顾时空维度研究粮食贸易网络变化对粮食安全水平的影响机制及具体路径具有一定的理论意义及现实意义。有鉴于此，本章主要总结归纳了目前世界粮食贸易与中国粮食供求现状，同时，详细解释了世界粮食贸易网络演变的内在机理，进一步探究了世界粮食贸易网络整体演变、中国贸易地位变化与中国粮食安全的关系机理，为全文研究提供了理论支撑。

第一节　世界粮食贸易发展现状

一　贸易数量持续上升

1988—2019 年，受益于农业技术进步、化肥施用及播种面积增大，世界粮食产量持续增加，相应的世界粮食贸易规模不断扩张。由 FAO 相关统计数据可知，1988 年世界谷物产量为 17.28 亿吨，截至 2019 年，谷物产量增长至 28.79 亿吨，增长了 72.43%，年均增长率为 2.34%。1988 年世界谷物贸易量为 4.38 亿吨，截至 2019 年，谷物贸易量增长至 9.01 亿吨，增长了 105.71%，年均增长率为 5.03%。可见，在此期间，谷物贸易规模不断扩张，且其增长率远大于产量增长率。

从粮食细分品种进行分析，根据美国农业部（USDA）公布的数据可知，小麦、玉米、稻谷、大豆在 2019 年的产量分别为 7.62 亿吨、11.20 亿吨、4.99 亿吨及 3.40 亿吨，较 1992 年的 5.62 亿吨、5.33 亿吨、3.53 亿吨及 1.17 亿吨，分别增长了 35.66%、110.08%、41.39%及 189.93%。2019 年，小麦、玉米、稻谷、大豆的贸易量分别为 3.83 亿吨、3.40 亿吨、0.86 亿吨及 3.30 亿吨，较 1992 年的 2.47 亿吨、1.34 亿吨、0.29 亿吨及 0.60 亿吨，分别增长了 55.15%、152.69%、193.60%及 451.61%。由此可见，从粮食细分种类来看，小麦、玉米、水稻与大豆的贸易量增速均大于产量的增速，尤其是水稻与大豆，两者的贸易增速分别是其产量增速的 4.68 倍与 2.37 倍。

二　贸易价格波动较大

国际粮食价格持续波动，不仅受全球气候环境、资源约束等自然因素的影响，也会受到供需变动、国际关系、贸易环境等市场及政治因素的影响。此外，由于粮食"金融化""能源化"趋势明显，加剧了国际粮食市场的不确定性，进而影响粮食价格。

从粮食细分种类来看，1988—2019 年，小麦、玉米、稻谷及大豆的价格呈不同程度的波动变化趋势。整体来看，四种粮食种类的价格均呈波动上升趋势。在此期间，粮食价格在 1996 年、2008 年及 2012 年出现峰值，其中，大豆除这三次峰值外，还在 2004 年出现过一次峰值。具体分品种来看，小麦与玉米的走势较为相似，在 1996 年对应的价格峰值是 197.23 美元/公吨、164.52 美元/公吨，在 2008 年对应的价格峰值是 292.97 美元/公吨、223.36 美元/公吨，在 2012 年对应的价格峰值是 276.33 美元/公吨、298.44 美元/公吨。大豆在 1996 年、2004 年、2008 年、2012 年所对应的价格峰值分别是 277.46 美元/公吨、276.63 美元/公吨、452.94 美元/公吨及 537.76 美元/公吨。2012 年以来，三大主粮及大豆的价格均有下降趋势，其原因可能是自 2012 年以来，世界粮食产量大于消费量，粮食整体累计过剩。相对于 2008 年的价格峰值，2019 年，小麦、玉米、稻谷及大豆的价格分别下降了 44.27%、23.81%、43.37%及 27.80%。

三 进出口地区空间错位

粮食作为农作物，其自然属性使粮食生产受资源禀赋和自然条件的影响显著。由于世界各地区气候、劳动力、耕地等资源禀赋差异较大，农产品供需具有空间偏离特征，贸易手段已成为平衡全球供需的必要措施。目前全球主要粮食进口国有日本、中国、伊朗、沙特阿拉伯、埃及、阿尔及利亚、印度尼西亚等，主要粮食出口国有美国、澳大利亚、加拿大、阿根廷及法国等。对比可知，粮食进口国大多为发展中国家，而粮食出口国多为发达国家，两者经济规模及发展水平差距较为悬殊。

由于粮食生产高度依赖自然资源，如土地、气候等，因此自然资源优渥的国家更有利于发展为农产品生产大国，也更倾向于作为出口方参与到贸易活动中。目前，世界粮食生产格局及出口优势逐渐向美国和南美洲的巴西、阿根廷等自然资源优势显著的国家集中。东亚、中东及北非等粮食短缺国家，多是因为气候、地理及其他自然条件不利于谷物的种植及生长，导致国内供求不平衡，需要利用国际市场调节余缺。自然资源禀赋与技术差距，导致目前粮食进出口国分布逐渐呈现"两极分化"现象。大豆进出口情况最为典型，主要出口国集中在美国、阿根廷和巴西，三国出口总量占全球大豆出口总量的96%以上。中国作为全球大豆最大进口国，长期以来，国际市场60%以上的大豆均流入中国国内市场。由于世界少数发达国家集中了绝大部分的粮食出口总量，掌握主动权，而粮食进口国却十分分散且多为发展中国家，较为被动，这种不平衡的贸易格局导致以少数发达国家为主的粮食出口国掌控了国际粮食贸易定价权和出口数量。而这种不平衡的贸易格局，在市场粮食紧缺的情况下，很容易被利用于贸易控制。

第二节 粮食贸易网络演变的影响机理

一 基于经济地理分析

地理方面的因素决定了最初贸易格局。古典贸易理论及新古典贸易理论解释了最初的产业间贸易形成的原因。他们普遍认为，国家

（地区）之间发生国际贸易的前提是专业分工，进行分工的基础是各国的要素禀赋，如土地、资源、劳动力等，而要素禀赋差异的决定性因素是该国所处的地理位势。各国所处地理位势的差异，导致各国气候、资源、地形、交通的优势各不相同，进而影响到该国的经济发展，甚至人口规模与结构、文化价值等的差异。

传统贸易引力模型中，将双边贸易与经济规模和双边距离联系在一起，认为距离的远近直接影响两国贸易。从 Tinbergen（1962）、Pöyhönen（1963）和 Linnemann（1966）为引力模型理论基础的发展研究拉开序幕，之后将近 60 年，涌现出大量实证研究运用引力模型对现实双边贸易数据进行了拟合，为距离这一因素对贸易的影响提供了强大的解释力。距离越远，一方面意味着更高的运输成本，另一方面意味着出口所面临的市场信息壁垒也更高，即沟通成本的提高（Anderson and Wincoop，2003；Chaney，2017）。

粮食作为农作物，其自然属性使粮食生产受资源禀赋和自然条件的影响显著。另外，粮食属于大宗散货，贸易过程中，必须考虑到运输成本，包括运输距离及过程中的风险与不确定性。因此，粮食贸易关系更倾向于在地理邻近、交通方便的成员之间建立。虽然目前科技发展迅速，交通工具愈加多样化且便捷，但空间距离对贸易的阻滞作用并没有发生本质变化，尤其是实物贸易，依然遵循"地理衰减规律"。Barigozzi 等（2011）、Massimo 等（2012）发现与数字服务贸易相比，地理距离在构成实体商品贸易网络中发挥着更加重要的作用。地理位置越靠近、交通越便捷、运输途中风险越小，贸易联系才会更频繁、贸易流量才会更大。此外，国际上粮食运输方式多为海运，会受到天气、航期，甚至途径海域的暴动、战争及海盗等不确定因素的影响，风险较高。如果陆地接壤的邻国之间，除选择海运方式，还可以选择铁路运输方式，不确定性及风险相对较小。因此，根据理论提出如下假说。

命题一：国家或者地区之间距离越近，贸易联系越多，贸易流量越大。

命题二：陆地接壤的邻国之间，更倾向于进行粮食贸易。

　　双赢或多赢是国际贸易合作的原动力。Anderson（1979）以引力模型为研究基础，以阿明顿假设（Armington Assumption）为前提，即每个国家或地区对应的需求函数一致且只专业化生产一种完全分工的产品，可基于贸易品和非贸易品的支出方程推导出简易的引力模型，并认为简化的引力模型是 Cobb-Douglas 支出系统的重组。此研究说明了两国间贸易流量与经济规模成正比，为引力模型提供了微观基础。Cobb-Douglas 函数作为可计算的一般均衡模型，虽然可作为经济规模对贸易影响的理论支撑，但是国际贸易理论为此做出了更全面的解释。新贸易理论指出，通过规模报酬递增可以促进产业内贸易，最终实现资源的优化配置。那么，即使地理距离较远但资源禀赋相似的贸易国之间仅仅因为规模经济的存在也会发生分工与贸易，且两国之间的双边贸易额与国家 GDP 呈正相关关系。因此，较大的国家之间贸易量将会较大，相对规模接近的国家之间也是如此。之后，Helpman 和 Krugman（1987）用一组 OECD 国家的数据来验证模型，并用图形表示了离散指数和贸易量相对于 GDP 的关系，结果表明这两个变量确实是随时间推移而增大，即国家规模变得更接近，贸易量也在增加。

　　以世界粮食贸易为例，规模报酬递增的存在不仅促进了非农产业的空间集聚和产业内贸易（Krugman，1991），对农业集聚（Li et al.，2017）和农业内部的粮食贸易也起作用。Garlaschelli 和 Loffredo（2005）通过研究发现国家 GDP 在贸易网络的拓扑结构中起到重要作用，国际贸易网络中存在着富者愈富机制。因此，经济的发展对粮食贸易的影响是显而易见的。经济规模相似的国家，往往经济发展水平也相近，国内消费者也拥有相似的需求偏好，需求结构的相似性对粮食贸易存在促进作用。此外，国内人口规模，一方面能够直接影响到该国的有效需求，即粮食需求量；另一方面又是劳动分工多元化的基础，有利于增加双边贸易的机会。所以，人口规模相似的国家之间会产生更多的贸易联系。

　　命题三：国家或者地区之间经济发展规模相似，促进粮食贸易的发展。

　　命题四：人口规模越相似的国家之间，越容易产生贸易联系。

粮食产量相对大的国家更愿意出口粮食，而产量小的国家为满足自身需求选择进口粮食，贸易双方粮食产量的较大差异会促进贸易往来。粮食的自然属性决定了其贸易必然需要运输，因此对于物流的要求较高。完善的基础设施、便利的贸易条件以及开放的市场，都会直接影响到粮食贸易的顺利进行。物流绩效指数作为一个衡量国内物流条件的综合性指标，两国物流绩效指数差异衡量的是供应链属性的对接性，其差值越小，供应链的可靠性越高，越有利于降低贸易成本。

命题五：国家或者地区之间粮食产量差距对粮食贸易有正向影响作用。

命题六：物流绩效指数差距较小的国家之间，更倾向于进行粮食贸易。

二　基于制度文化分析

制度属于两国之间的"虚拟距离"之一。制度因素会影响经济体之间的生产率，最终会影响一国的比较优势和进出口贸易格局。Kostova（1997）最早开始研究制度与贸易方面的内容，并提出制度距离是指各国之间在管制、规范和认知制度等方面的差异度。之后，很多学者都认为制度对贸易关系的建立和贸易规模的大小有直接或间接的影响（Levchenko，2007；Nunn，2007；Costinot，2009）。Wei 等（2000）依托于经合组织（OECD）国家的数据进行研究，结果表明制度距离会显著抑制国际贸易。有学者提出，不同行业对契约实施制度的依赖程度不同，依据比较优势，契约质量高的地区将会生产和出口契约密集度高的产品（Levchenko，2007）。部分制度因素，如经济自由度、政府治理等，对国家间的双边贸易影响显著，且相对于同质产品，契约实施质量对差异化产品的影响更大（Anderson and Douglas，2002）。此外，制度距离还有可能引发或升级贸易摩擦，不利于双边贸易和区域贸易合作的顺利开展。

根据世界经济论坛发布的《2018 年全球竞争力报告》可知，某个国家的制度质量会直接影响其物质水平、人力资本和技术进步，良好的制度环境是促进一国生产率不断提升和经济长期增长的催化剂。稳定、有效的制度质量可以从很大程度上降低市场不确定性并减少契约摩擦，进而通过降低协调成本来提高生产效率，促进国际投资和贸易，最终实现国家枢纽地位的提升（Antràs，2003；Costinot，2009）。Levchenko（2007）的研究表明，知识产权保护、契约执行质量和投资者法律保护程度等制度因素均会通过直接或间接途径影响到国家比较优势和国际分工地位。国内学者对于制度和贸易关系的研究也表明，制度质量高的国家，有利于吸收资源和贸易流，从而提升国家在贸易活动中的地位。许和连和李爱萍（2015）指出政府效率的提升等制度因素有利于促进高端制造业贸易的发展。戴翔和郑岚（2015）的研究表明，国内制度质量的不断完善有助于中国的全球价值链地位攀升。杜运苏和彭冬冬（2019）强调一国的制度质量可以通过企业专用性投资、交易成本以及技术创新多渠道影响其制造业在价值链中的分工地位。因此，制度对于贸易的重要性不言而喻，其直接影响生产与交易等方面，并在较大程度上影响了贸易进出口的方向和强度，最终导致国家、区域乃至全球贸易格局的形成或重塑。

命题七：制度差异越小的国家之间，越容易建立粮食贸易联系。

开放的对外经济政策有助于国家更加积极地参与到全球分工中。贸易协定，因为其排他性，使得协定内的成员国之间得以享受低关税或者零关税，从而带来贸易量的增加，显著影响各国贸易伙伴的选择。Tinbergen（1962）最早分析了 FTA 对贸易流量的影响，之后产生了大量的研究文献，虽然理论上贸易协定应该促进成员国之间的贸易，但在实证过程中得出的结论却不尽相同。主要有三种观点：一是贸易协定促进了成员之间的贸易往来（Urata and Kiyota，2005）；二是贸易协定对促进成员之间贸易的影响不显著（Tinbergen，1962）；三是认为贸易协定对于成员国之间的贸易有负向效应（Magee，2008）。显而易见，贸易协定明显促进成员之间贸易发展的观点占据主导地位。

命题八：贸易协定会促进成员国之间的粮食贸易发展。

文化差异属于非正式制度，是"虚拟距离"的另外一层含义。文化差异是指国家之间文化特征的差异化程度，反映出不同国家或地区之间价值观、准则、制度、宗教信仰等方面的差异。文化距离与国际贸易之间的关系，其实与地理距离相似，会影响国家之间的贸易成本（Söderström and Jannice，2008；Lankhuizen et al.，2009；White and Tadesse，2010）。两国之间的文化距离越大，信息交流难度越大，价值、信仰差别越大，心理距离也越远，贸易成本通常越高。因此，文化距离与贸易应该具有反向关系。

基于国际贸易学的比较优势理论，两国之间的文化距离越大，两国产品的差异性通常越大，从而有利于双方形成各自的比较优势，开展产业间和产业内贸易。相反，文化距离越小，两国之间文化产品的差异性越小，越具有替代性特征，从而不利于双方进行贸易联系（Mattoscio and Furia，2010）。这意味着文化距离对贸易具有正向关系。对于文化产品的贸易，文化属于投入要素，显然文化差异越大意味着两国要素禀赋不同，产品的差异化越大，越有利于满足国内消费者个性化需求。但是文化并不属于粮食生产过程中的投入要素，且作为农产品，粮食在全世界范围内的差异化水平不高。因此，文化距离与粮食贸易应该不具有正向关系。

新经济地理学强调了文化作为经济中介要素之一，其重要性不言而喻。语言的相似性或者其他方面文化的积极交流，均会减少双方贸易活动中的认知盲区，同时降低信息获取成本，从而促进出口贸易的发展（康继军等，2019）。Melitz（2008）指出，两国语言若有部分交叉或重叠，那么有助于两国贸易关系的形成与发展。Selmier 和 Oh（2013）研究得出，语言上的差异性会造成贸易交流成本的产生，语言互通在一定程度上会降低贸易成本。谢孟军（2017）则强调，文化的积极传播对资本输出具有正向推动的影响作用，有助于中国对外直接投资的持续发展。同时，中间产品贸易双方的合作交流的重要性远大于一般对外贸易，信任要素在中间产品贸易活动中很重要，而文化和语言是影响两国信任度的直接因素。此外，不难发现，很多跨国企业在全球范围布局生产时，更倾向于选择使用同种语言的国家和地区。

命题九：使用同一种官方语言，会促进两国的贸易发展。

总之，在国际贸易发展过程中，各国发展阶段和所承担角色各异。国际贸易网络无论是在时间维度方面，还是在地理空间方面，都在不断演变。随着时间的推移，在不同时期的各类产品贸易网络中，国家或地区作为网络主体所处的地位不会一成不变，各个要素产生的影响程度也不同，不同优势要素显示出不同的重要性。在不同历史时期，对于不同国家、不同产品贸易网络，各优势要素也会产生不同程度的作用。影响世界粮食贸易网络演变的逻辑框架如图3-1所示。

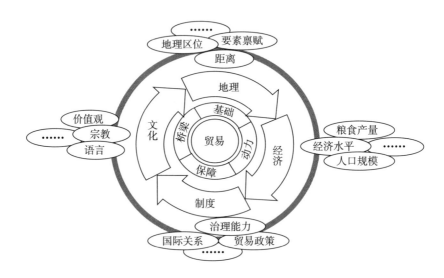

图 3-1　影响机制的逻辑框架

第三节　粮食贸易网络演变对粮食安全的影响机理

　　全球经济一体化快速发展，国际贸易联系紧密，国家之间"牵一发而动全身"，世界各国贸易关系的有无或强弱，决定了贸易网络的形态。参与粮食贸易的国家作为贸易网络节点，贸易关系形成网络边线，由若干点与线组成一张密集的网络，随时间推移或者特殊事件的发生，贸易主体或者贸易关系强弱会发生变化，贸易网络形态自然也会变化。

随着农产品市场开放程度不断提高，从国际市场进出口粮食将会直接影响国内粮食产业。在国内粮食短缺的年份，通过从国际市场进口粮食，提高本国的粮食可获得性，保障国内粮食安全。相反，在粮食生产过剩的年份，选择向国际市场出口粮食，通过世界粮食市场消化过剩带来的负担。从农业发展理论来看，粮食产业作为一个部门，其投入的生产要素及配置方式决定了产业整体增长体系，而国际贸易的方式可以通过改变生产要素投入数量、结合方式以及作用效率等途径影响粮食产业系统的稳定及发展。因此，世界粮食贸易网络变化影响国内粮食安全系统的路径及原因需要深入探究。

一　基于整体网络演变分析

随着世界粮食贸易网络的发展，网络规模日益扩大，贸易往来愈加频繁，网络密度日益增大。基于粮食产业的局部均衡理论，粮食贸易网络密度与粮食安全之间的关系如图3-2所示。短期来看，中国作为粮食进口大国，得益于网络密度变大，粮食进口会对国内粮食缺口进行补充，保障粮食可供性。长期来看，粮食进口贸易通过"扩散效应"影响粮食生产要素投入数量、结构及生产效率，进而保障国内粮食安全。

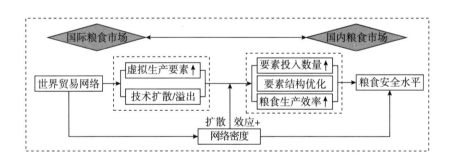

图3-2　粮食贸易网络对中国粮食安全影响的机制一

一是改变投入要素数量及结构。根据比较优势理论和要素禀赋理论，一国进口的粮食是在其国内生产中不具备竞争优势的品种，选择从世界粮食市场获取，可以优化资源配置，将有限的生产资源集中在具有竞争优势的产品上，形成规模经济。首先，不同粮食品种使用的生产要素结构存在差异，而包含于产品内的生产要素诸如水、耕地、劳动力以及资本等，在进行国际贸易活动时实现了跨境流动，增加了国内总需求所需要的要素投入（包括实际要素和虚拟要素），解决了国内农业生产要素供给"瓶颈"，改变了国内粮食生产要素投入数量。其次，通过进口不具有优势的产品弥补国内的需求缺口，释放出更多生产要素，实现生产要素由劣势产业向优势产业的合理转移，不断提高资源配置效率的良性循环。若一国粮食的进口规模大于出口规模，自然会剩余农村劳动力，为增加非农收入，这部分剩余劳动力向非农部门转移，间接改变就业结构，优化整体产业结构。因此，无论是通过贸易获得的直接收入，还是规模效益及就业效益带来的间接收入，均可以提高农民购买力水平，增强其获取粮食的实际能力，进而提升国内粮食安全水平。

二是提高粮食生产效率。粮食在国际市场的进出口贸易，不仅通过国际专业化分工和生产来提高劳动生产率，还能通过市场规模扩大形成的竞争压力及贸易带来的技术扩散效应，促进产业技术进步，提高粮食生产效率。总之，粮食贸易网络密度上升，对于进口大国来说，可以通过进口贸易来优化粮食生产的虚拟生产要素结构、合理配置生产资源、引进先进生产技术，进而促进产业结构调整，提升粮食产量以及生产效率，保障粮食可供性，最终提升国内粮食安全水平。

H3-1：粮食贸易网络密度增大，会促进中国粮食安全水平的提升。

粮食贸易网络的出度中心势，考察的是粮食出口国的集中程度。粮食贸易网络中各个国家，通过进出口贸易关系以及进出口强度，相互影响、相互牵制，形成一个严丝合缝的完整系统。粮食贸易网络出度中心势，通过"极化效应""共轭效应"影响国内产业布局对中国粮食可持续发展产生作用，如图3-3所示。

一是极化效应。该效应最早是由瑞典经济学家 Myrda（1957）提出并进行理论分析。缪尔达尔认为，最早是由于自然资源禀赋与地理位置差异，导致"极化效应"出现，形成"增长极"。具有自然禀赋

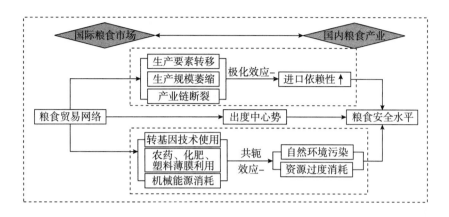

图3-3 粮食贸易网络对中国粮食安全影响的机制二

优势和产业优势的地区，更容易实现经济增长，从而吸引周边地区的生产要素向该地区集聚，出现"极化"，形成增长极。"极化效应"的出现进一步加剧了经济发展的区域不平衡。Friedmann（1966）运用"极化"效应解释了核心与边缘区域的演化机制，强调区域空间结构和形态的变化与经济发展阶段是相互联系的。因此，"极化效应"是把双刃剑，对于先发优势的国家或者产业，生产要素的集聚有利于该国或者产业的指数级发展，在世界或者产业间成为增长极，那么，"极化效应"其具有正向效应，即"极化正效应"。但是对于缺乏有利发展条件的国家或者产业，其处境会更加艰难，由于生产要素的转移，国家经济发展衰弱，产业很难获得长足发展，那么，"极化效应"对其具有负向效应，即"极化负效应"。

在贸易网络发展演变过程中，会逐步形成"核心—半边缘—边缘"的结构，在贸易网络中处于核心区域的国家由于先发优势的作用，会迅速吸引生产要素集聚，或者在国内产业间进行要素吸引，使本国具有优势的产业发展更为迅速。而处于网络边缘区域的国家，自然资源禀赋与地理位置的劣势明显，致使本国经济或者相关产业在初始分工与贸易中比较优势不明显，对于本产业的相关生产要素没有吸引力，该产业将难以长足发展，相关产品依靠进口获得，国际竞争力越发下降，该国的入强度逐渐增大，长此以往，国家之间的产业发展差距日益增大。因此，国际贸易活动中，当贸易网络出度中心度越高，出口国集中度就越大，在"极化正效应"的影响之下，全球的粮食贸易资源掌握在少数的出口大国手中，此时作为进口大国的中国，在贸易活动中的地位比较被动，容易被出口国牵制，会出现"极化负效应"。

二是共轭效应。粮食生产高度依赖自然条件，包括耕地、水资源以及气候资源等。长期来看，粮食贸易系统中的各要素是相互影响、相互作用的，各要素之间共同形成协调、动态的对称关系即"共轭关系"。网络中的参与者之间既存在竞争关系，又存在合作关系，正是这两种力量之间的较量，推动整个系统的正常运作，使得世界粮食贸易不断发展，进而保障世界粮食供需体系的稳定，形成"共轭效应"。但是，从网络参与国的视角出发，在系统达到共轭状态的时候，是否会牺牲自身利益？网络中别的成员国从系统中得到更多的福利时，是否挤占了本国利益？这些问题很有必要去深入研究。

当中国进口大量粮食，表面上看中国的耕地、水资源及其他投入要素使用量将会减少，资源得到有效保护。但农业要素投入的弱化，带来的后果不容忽视。一是逐渐出现农村工业化趋势。农业要素投入的弱化会使得农业相应生产要素流向工业等领域，并改变就业结构，如，土地被用来建设厂房、水资源用来生产工业品、农民开始进城务工等。众多学者研究表明，农村工业化会带来诸多益处，如，增加就业机会及收入、促进农业现代化、缩小城乡差距等。但是，也有很多学者认为农村工业化会导致产业结构不合理、布局不当、工业发展速度不协调、经济效益低、环境保护意识不足以及环境污染严重等问题（Wang et al.，2008；Kundu 和 Chakrabarti，2015；郑沃林，2017）。二是从粮食贸易网络的整体性出发，地球很多资源不可再生，环境破坏不可逆转，各国在资源环境方面，是命运共同体的关系。因此，在世界资源一定的情况下，一国对于资源的大力开采利用，对于环境保护的负面影响，一定会影响到其他国家的相关利益。目前，粮食生产过程中，通过施用农药、化肥、塑料薄膜、柴油等生产要素，在提高粮食产量的同时，带来了环境的污染。三是转基因技术的使用，使得农产品产量提高、抗虫抗灾能力增强，但是对生物基因库是否零污染以及对食品安全是否零危害，还未得到权威证实。当粮食出口大国不断开发本国资源，以牺牲环境为代价来发展粮食产业，以维持在粮食贸易网络中的地位，从长远来看，势必会影响到与人类息息相关的生存环境。因此，中国身处粮食贸易网络中，国内粮食安全与粮食贸易网络的发展息息相关，中国与网络中的成员国竞争与合作并存，是相互博弈的关系。

H3-2：粮食贸易网络的出度中心势越大，越不利于中国粮食安全水平的保障。

二 基于中国贸易地位变化分析

整体网络的变化趋势牵制着贸易网络参与国，同时，参与国的贸易地位在一定程度上影响整体网络格局。由于中国是粮食贸易大国，因此考察中国在贸易网络中的地位对于国内粮食安全的影响具有必要性。由于中国粮食进口量远大于出口量，所以应重点关注中国在世界粮食贸易网络中的入度中心度与入强度。入度中心度主要考察中国与粮食进口来源国的连接程度，而入强度关注的是中国与进口来源国贸易关系的强弱及在整个网络中的进口强度。

假设在全社会总财富数量一定的基础上，政府各部门所使用的资金越多，将导致私人部门所使用的资金越少，这种状态被称作挤出效应。在国际贸易领域，挤出效应同样适用。凯恩斯提出有效需求理论，认为通过增加有效需求可以实现经济增长，但有效需求会被贸易顺差扩大、被贸易逆差抵消，国家需通过控制进口的手段获取贸易的顺差，从而增加有效的市场需求。进口的挤出效应是指大量进口对本国自主生产的替代，抑制国内生产增长，即进口流入增加会导致国内生产的减少。中国作为粮食进口大国，其入强度的增加，意味着中国与其他贸易伙伴国之间的边线权重在网络中占比增大，粮食进口依赖性增强，自给率相对下降，那么随之而来的就是挤出效应，如图3-4所示。

长期来看，进口的挤出效应至少体现在三个方面：一是对企业的挤出。在某一产业链已具有较多的上下游企业，由于进口产品冲入国

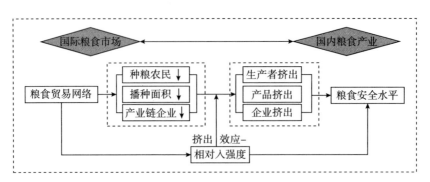

图 3-4　粮食贸易网络对中国粮食安全影响的机制三

内市场，对本国企业产生较大压力，并被迫退出该产业链，长期来看，并不利于该产业的发展壮大。二是对产品的挤出。当进口产品大量且迅速涌入国内市场，凭借价格、品牌或者技术优势占领市场，导致本国生产的同类产品受到威胁，生产数量减少甚至逐渐退出市场。三是对生产者的挤出。当国内市场被进口产品大量占有，产业链条被国外企业控制，那么国内生产者的利益受损或被迫转移至别的产业。在粮食产业，粮食大量进口挤占国内市场空间，国产农产品市场需求减少、价格下跌，进而导致生产下降，即粮食进口对国内市场造成冲击，对本国粮食的恒产与供给均产生挤出效应。中国粮食产业缺乏比较优势，大量低价进口粮食挤占国内市场份额，国内农民收益得不到保障，转移至城市务工，导致粮食产量减少，不利于粮食安全水平的提升。同时，目前粮食产业链被国际 A、B、C、D 公司控制，国内粮食产业、企业均缺乏国际竞争力，过量进口，会动摇国内产业主导地位，不利于粮食产业的成长。根据李斯特的幼稚产业保护理论，国家应该在贸易活动中充当"植树人"，而不是"守夜人"，在此时，应制定积极的产业政策，通过税收、补贴等手段，保护国内市场主体的利益。

H3-3：中国在粮食贸易网络中的入强度过大，不利于粮食安全水平的提升。

度数中心度考察的是节点在整体网络中的核心程度。本书提到的入度中心度则表示中国在进口贸易网络中连接的节点数量，反映粮食进口来源国的多寡。中国是人口大国，也是粮食消费大国，粮食进口量远大于出口量，进口贸易对国内市场供求平衡具有重要作用。但这一机制发挥作用的前提是国际、国内两个粮食市场的供需是匹配的。只有在这个前提下，粮食贸易开放才可以有效地弥补短缺和转化过剩粮食，对国家乃至全球的粮食安全起到促进作用。

入度中心度对中国粮食安全水平具有传导效应，如图3-5所示。在市场经济条件下，由于相关产品之间存在一定的传导关系与路径，当受到多种因素的影响时，会导致价格间产生传递（罗蓉、王志凌，2016），该过程称为价格传导机制。价格传导机制由多种因素共同作用形成，主要包括市场供给与需求关系、国际贸易、价格信号传递机制以及国家宏观调控政策等。中国深度参与到世界粮食贸易活动中，国内市场与国际市场紧密连接，使得国内产品价格不仅受到本土供求的影响，还受到国际市场供求的影响。当中国粮食进口数量占世界总供给量的比重较大时，国际市场与国内市场之间联系更加紧密，国际市场供需对国内价格的影响程度会更强，价格传导力度加大。当入度中心度提升，意味着中国粮食进口来源国的选择更广，自主选择性较强，不容易被少数掌握粮食资源的国家"卡脖子"。当某一进口来源国由于突发事件或者经济制裁，导致粮食出口价格波动较大时候，中国可以通过分散贸易风险，缓和国内粮食市场的价格波动，保障居民对于粮食的可得性，提升粮食安全水平。

H3-4：中国在粮食贸易网络中的入度中心度提高，有助于粮食安全水平的提升。

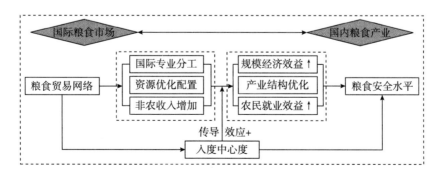

图 3-5　粮食贸易网络对中国粮食安全影响的机制四

本章小结

本章主要介绍了世界粮食贸易发展现状，详细解释了世界粮食贸易网络演变的内在机理，进一步探究了世界粮食贸易网络整体演变与中国粮食安全的关系机理。

通过拓展贸易引力模型，从地理、经济、文化与制度四个方面厘清世界粮食贸易网络演变的机理，构建影响世界粮食贸易网络演变的逻辑框架并提出理论假说。同时，基于粮食贸易整体网络演变与中国粮食贸易地位变迁两个方面，探究影响中国粮食安全水平的内在机理：整体网络密度增大，通过扩散效应提升中国粮食安全水平；网络出度中心势上升，带来的极化效应及共轭效应不利于中国粮食安全的保障；增加中国入度中心度，可通过传导效应提升中国粮食安全水平；中国入强度增加会导致挤出效应，不利于中国粮食安全水平的提升。

第四章　粮食贸易网络演变与中国粮食
贸易地位变迁①

　　世界各国在空间上形成了相互影响、相互激荡的复杂网络，"牵一发而动全身"，国际贸易格局的变化会直接或间接影响到国内粮食安全。通过可视化世界粮食贸易格局的演变特征，识别网络中关键节点，剖析中国在粮食贸易网络中的地位变迁，有利于中国充分利用好国际国内粮食市场，确保中国粮食安全稳得住、压得实，具有一定的现实意义。该部分内容具有承上启下的作用，通过扩展传统引力模型对第三章提出的"世界粮食贸易网络演变的影响机理"进行验证，厘清地理、经济、制度与文化因素对世界粮食贸易网络的影响机理。同时，详细测算出贸易网络关键指标，为下文研究提供数据基础。

第一节　粮食贸易网络构建

一　模型构建

　　运用社会网络分析法，构建世界粮食贸易无权网络及加权网络，并探究网络演变特征。将国家作为网络"节点"，国与国之间的粮食进出口关系作为"边"，即可构建出粮食贸易网络系统，表示为 $G = (V, S, A, W)$。$V = \{v_1, v_2, \cdots, v_n\}$ 表示世界粮食贸易的参与国，$S = \{s_{ij}\}$ 表示贸易国之间的关系，邻接矩阵 $A = \{a_{ij}\}$ 表示世界粮食贸

---

①　本章主要内容发表于《世界农业》2021 年第 5 期《世界粮食贸易网络结构特征与中国地位变迁研究》与《世界农业》2022 年第 8 期《世界大豆贸易网络格局演变及影响机制研究》。

易无权网络，权重矩阵 $W = \{w_{ij}\}$ 表示世界粮食贸易加权网络。根据网络的参数设定方法，当两国之间有贸易往来，即 $w_{ij} > 0$，则 $a_{ij} = 1$；当两国无贸易往来，即 $w_{ij} = 0$，则 $a_{ij} = 0$。无权网络反映粮食贸易参与国之间是否存在贸易关系，多用于描述全球视角的贸易网络特征，加权网络则可进一步反映粮食贸易网络中节点间的相互关系、强度等特征。

二 统计指标说明

运用网络分析中的整体规模、中心势、密度及互惠性刻画世界粮食贸易网络的整体网络特征，通过中心度、点强度及结构洞描述世界粮食贸易网络中的国别特征。

（一）整体网络特征

整体网的规模是指网络中所包含的所有社会行动者的数量。整体网的规模越大，其内部结构也就越复杂，越容易形成分派现象。

整体网的中心势表示整个网络的中心度（趋势）。整体网的中心势越大说明网络集中度越高，行动者联系越紧密。整体网中心势的计算公式为 $P_K = P(k \geq K) = \sum_{k=K}^{k_{max}} p(k)$，$k_{max}$ 为最大的网络集中度。

整体网的密度是指整体网中实际贸易关系数与理论上的最大贸易关系数的比例。密度取值介于 0—1，取值越大，说明网络中行动者之间的联系越紧密，行为越积极。网络密度的计算公式为 $\rho = \dfrac{M}{N(N-1)}$，M 表示该网络包含的实际关系数，N 表示贸易国家数。

互惠性是指整体网中具有进出口双向贸易流的连接线数量与网络中总连接线数量的比例。互惠性取值介于 0—1，取值越大，说明网络中成员国之间贸易关系的相互性越强，彼此产生影响的可能性越大。

聚类系数是指网络中包含的节点的聚类系数的平均值，体现了国际粮食贸易网络的聚集性，聚类系数的计算公式为 $\langle C \rangle = \dfrac{1}{N} \sum_{j}^{N} Ci$。

平均距离用来描述网络中任意节点间最短路径长度的平均值，该值越大，说明网络节点间合作的难度越大，不容易建立贸易合作关系。

紧凑度常用来衡量网络的凝聚性，取值一般介于 0—1，该值越大表示网络的凝聚力越强，网络中的参与者合作越密切。

碎裂化率表示通过不能相互连接的节点所占的比例来度量网络的稳定性，取值介于 0—1，该值越小，说明网络稳定性越强。

（二）行动者网络特征

中心度是指网络中行动者的权力大小，用于测度一国在网络中的中心地位。绝对度数中心度（Point Centrality）是指与网络中的某个行动者相连的其他行动者的总数，值越大，说明该点越处于中心位置，拥有的权力越大。一般地，运用相对度数中心度衡量不同规模网络中行动者的中心度。其测量公式为 $Degree_i = \sum_j a_{ij}/(n-1)$，$a_{ij}$ 表示 i 国与 j 国之间的贸易往来（有贸易往来记为 1，否则为 0），n 表示贸易网络中的国家总数。

对于网络中的行动者而言，中心度只考虑行动者在网络中的关系多少，点强度（Point Strength）考虑的是行动者在网络中的关系强度，值越大，说明该点与别的行动者关系越紧密，在网络中地位越重要。其测量公式为 $Strength_i = \sum_j a_{ij}w_{ij}$，$a_{ij}$ 表示 i 国与 j 国之间是否有贸易往来，w_{ij} 表示 i 国与 j 国之间的贸易规模。一般地，运用相对点强度即各节点的点强度与网络中最大节点的比值衡量各个国家在网络中的重要性。点强度由出强度和入强度组成，其中，出强度表示两国之间出口量，入强度表示两国之间进口量。

Burt Ronald（2000）提出结构洞理论，是指行动者之间非冗余的联系。网络中的行动者拥有的结构洞越多，其信息优势及控制优势越显著。一般地，运用有效规模、效率、限制度和等级度来衡量结构洞指数，其中，有效规模及限制度相对重要。有效规模，指行动者的个体网规模减去在网络中冗余度，值越大，说明行动者在网络中自由性越大，越不受网络限制。其测量公式为 $EffSize = \sum_i \left(1 - \sum_q p_{iq}m_{jq}\right)$，其中 q 是不同于 i 与 j 的第三者，$p_{iq}m_{jq}$ 表示 i 与 j 之间的冗余度。限制度指行动者在网络中运用结构洞的能力，值越低，说明行动者的控制能力越强。其测量公式为 $Constraint = \left(p_{ij} + \sum_j p_{iq}m_{jq}\right)^2$，其中 p_{ij} 是直接限制，$\sum_j p_{iq}m_{jq}$ 是间接限制。

三 数据来源

目前，国际上对粮食的界定尚不统一。联合国粮农组织（FAO）一般运用"谷物"（Cereals）来界定"粮食"，包括小麦、稻谷、大麦、玉米、黑麦、燕麦、高粱8个品种。中国国家统计局界定的"粮食"不仅包括 FAO 提出的谷物，还包括豆类和薯类。但是，随着中国居民生活水平的提高，薯类基本不再作为日常主要食物摄入，而对于可提供植物蛋白的大豆需求量越发增长。因此，在保证数据可得性以及统计口径一致性的前提下，结合中国的国情、粮情及居民消费实际情况，该部分内容涉及的"粮食"研究范畴，除国际上的通俗说法"谷物"外，还加入了大豆。

因 HS96 编码自 1996 年开始收录世界粮食贸易数据，且目前可获得的最新数据为 2019 年，所以 1996—2019 年的数据来源于 CEPII 数据库中 HS96 编码下的世界各国谷物（HS10 - Cereals）及大豆（HS1201-Soya beans）双边贸易数据，具体包括小麦、玉米、水稻等 8 个谷物品种及大豆。但为了尽可能地涵盖全球贸易网络的完整时间尺度，反映演化过程的数据也需要进一步挖掘，所以从 WITS 数据库获取 1988—1995 年的数据。因此，本书研究窗口选择为 1988—2019 年。

第二节 粮食贸易网络演变特征

随着经济全球化的深度发展，世界粮食贸易规模逐步扩大，在空间上已经形成复杂贸易网络，且还在不断变化。为了详细解读世界粮食贸易网络格局的特征，需要从整体网络特征及行动者特征两方面进行具体分析。

一 整体网络特征

将 1988—2019 年世界粮食双边贸易数据进行二值化及矩阵化处理，构建无权贸易网络，计算获得节点数、边数、密度、互惠性、出度中心势及入度中心势等关键指标值，如表 4-1 所示。利用这些指标，能够更好地刻画和分析粮食贸易网络的整体特征。

表 4-1　1988—2019 年部分年份世界粮食贸易整体网络相关指标

粮食种类	年份	节点数（个）	边数（条）	网络密度	互惠性指数	出度中心势	入度中心势	连通性指数	破碎性指数	平均路径长度	紧凑度指数	宽泛度指数	聚类系数
谷物	1988	117	243	0.02	0.03	0.62	0.03	0.06	0.94	2.00	0.04	0.96	0.02
	1993	208	1536	0.04	0.11	0.77	0.12	0.26	0.74	2.22	0.13	0.87	0.04
	1998	199	3129	0.08	0.25	0.75	0.26	0.76	0.24	2.31	0.37	0.63	0.08
	2003	213	4119	0.09	0.26	0.73	0.25	0.83	0.17	2.34	0.41	0.59	0.09
	2008	212	4932	0.11	0.26	0.77	0.27	0.84	0.16	2.19	0.43	0.57	0.54
	2013	219	5456	0.11	0.27	0.74	0.35	0.79	0.21	2.15	0.42	0.58	0.56
	2018	216	5409	0.12	0.28	0.72	0.28	0.80	0.20	2.13	0.42	0.58	0.61
	2019	221	6400	0.13	0.30	0.71	0.32	0.81	0.19	2.05	0.56	0.44	0.61
大豆	1988	32	37	0.04	0.03	0.49	0.09	0.05	0.95	1.34	0.05	0.96	0.47
	1993	114	383	0.03	0.09	0.45	0.10	0.28	0.72	2.74	0.12	0.88	0.41
	1998	130	677	0.04	0.19	0.54	0.12	0.55	0.45	3.01	0.22	0.78	0.41
	2003	159	858	0.03	0.16	0.46	0.11	0.49	0.51	2.97	0.19	0.81	0.39
	2008	164	1093	0.04	0.16	0.43	0.14	0.56	0.44	2.85	0.23	0.77	0.40
	2013	169	1266	0.04	0.19	0.43	0.18	0.55	0.45	2.63	0.24	0.76	0.40
	2018	170	1195	0.04	0.22	0.51	0.21	0.58	0.42	2.70	0.25	0.75	0.45
	2019	193	1683	0.05	0.24	0.47	0.24	0.59	0.41	2.53	0.26	0.74	0.47

（一）网络扩张趋势明显

由表 4-1 可知，1988—2019 年，经过 32 年的发展，世界粮食贸易网络规模呈膨胀性扩张。世界谷物贸易网络节点从 117 个增加到 221 个，共增加了 104 个贸易参与国。网络边数从 1988 年的 243 条增长到 2019 年的 6400 条，增加了 25 倍之多，年均增速为 84.96%。网络密度由 0.02 提高至 0.13，增长了 6.35 倍，年均增速为 23.72%。聚类系数从 0.02 增长到 0.61，增长了 29.50 倍。连通性指数从 0.06 增长到 0.81，增长了 12.56 倍，破碎性指数则从 0.94 下降到 0.19，降低了 79.89%。紧凑度指数从 0.04 上升到 0.56，增长了 14.45 倍。宽泛度指数则从 0.96 下降到 0.44，降低了一半以上。网络平均路径长度呈小幅波动且下降的趋势。其间，世界大豆贸易网络扩张也很明显。世界大豆贸易网络节点从 32 个增加到 193 个，共增加了 161 个贸易参与国。网络边数从 1988 年的 37 条增长到 2019 年的 1683 条，增加了 44.49 倍，年均增速为 146.73%。网络密度由 0.04 提高到 0.05，增长了约 25%；聚类系数变化幅度不大，基本围绕 0.4 上下波动。连通性指数从 0.05 增长到 0.59，增长了 10 余倍，破碎性指数则从 0.95 下降到 0.41，降低了近 60%。紧凑度指数从 0.05 上升到 0.26，增长了约 5 倍，宽泛度指数则从 0.96 下降到 0.74，降低了 20% 以上。网络平均路径长度呈小幅波动且呈先上升后下降的趋势。整体来看，世界粮食贸易网络规模在不断扩张，贸易参与国的数量增加，国家间的联系日益紧密。

利用 NetDraw 软件，将粮食贸易网络中节点度数的阈值设置为 50，根据 1988 年、1998 年、2008 年、2018 年的数据绘制世界粮食贸易网络拓扑结构图。如图 4-1 所示，随着时间的推移，粮食贸易网络中节点度数大于 50 的国家数量明显增加。1988 年节点度数大于 50 的国家仅有澳大利亚及德国两个国家，而到 2018 年，已经增加到 40 个国家，网络规模越来越大。此外，最大节点度数值不断被突破，从 1988 年的 73 增加到 2018 年的 180，节点之间的关联性更强。同时，在大豆贸易网络中节点度数大于 10 的国家数量明显增加（详见附录1)①。1988年节点度数大于10的国家仅有德国，而到2018年，已经增加到41个国家，网络规模越来越大。大豆贸易网络中最大节点度数值也在逐年突破，从1988年的16增加到2018年的92，节点之间的关联性也不断加强。由此说明，粮食贸易参与国不断增加，贸易关系日益密切，贸易往来越加频繁。

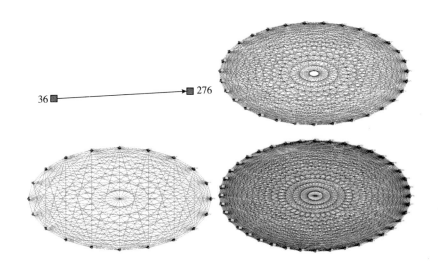

图4-1　1988—2019年部分年份节点度数大于50的世界粮食贸易拓扑结构

（二）贸易互惠性不断增强

世界粮食贸易网络的互惠性指数呈"陡增—缓增"的变化趋势，世界谷物贸易网络及世界大豆贸易网络的互惠性指数的变化趋势较为一致。1988—1996年，两者均呈稳定上升趋势，且增速较快。大豆贸易网络互惠性指数从0.0278增长到0.1759，增长了5.33倍；谷物贸易网络的互惠性指数增长了10.11倍。1996—2019年，两者均呈小幅波动上升趋势。大豆贸易网络的互惠性指数增长幅度为37.63%。谷物贸易网络的互惠性指数从0.26增长到0.30。因此，

---

①　由于本章涉及的图表较多，考虑到文章的可读性，仅在正文呈现部分图表，其余图表以附录形式附于文末。

网络中的节点更倾向于建立互惠贸易关系,即两国(地区)互为粮食进出口国。同时,若粮食贸易双方信任度较高,则彼此间贸易稳定性较强。

20世纪90年代,欧洲联盟、北美自由贸易区等区域自由贸易组织的成立和扩大,推动了经济全球化向更深层次发展,世界贸易规模也迅速扩张。因此,1996年的粮食贸易互惠指数较高。但此后反全球化浪潮愈演愈烈,导致经济全球化进程受阻,1996—1999年粮食贸易互惠性指数有所下滑。1999年以后,随着WTO"多哈回合"谈判启动,粮食贸易互惠指数有所回升,仅在2004年小幅回落。但自2007年美国爆发次贷危机以来,国际恐慌情绪弥漫、自然灾害频发,导致粮价上涨,局部地区在天灾人祸中爆发了粮食危机。虽然互惠性指数在2010年出现报复性反弹,但由于逆全球化趋势再次来袭,贸易保护主义抬头,再加上水灾、旱灾、病虫害的严重干扰,势必波及粮食生产及贸易,使得世界粮食安全隐患重重,导致互惠性指数波动较大。

(三)网络中心势波动性较大

粮食贸易网络中心势指数波动变化趋势明显,出度中心势指数整体大于入度中心势指数。1988—1992年,谷物贸易网络及大豆贸易网络的出度中心势指数波动较大。1992—2019年,谷物贸易网络出度中心势指数有小幅下降趋势,而大豆贸易网络的出度中心势指数波动较大。1988—2019年,谷物及大豆的贸易网络入度中心势指数均呈上升趋势,其中,谷物贸易网络的入度中心势指数增长了8.38倍;大豆贸易网络的入度中心势指数增长了1.50倍。由此可知,粮食出口网络去中心化趋势明显,而进口网络的中心化趋势增强,表明粮食出口国有分散趋势,而进口国却更加集中,世界粮食贸易格局逐步发生深刻变化。

二 行动者特征

在世界粮食贸易网络中,节点的位置和角色决定了一国的粮食贸易地位。通过构建加权有向粮食贸易网络,分别测度参与国家在每个断面年份的关键性指标,并进行标准化处理,对行动者的地位变化进行分析，以深度掌握世界粮食贸易格局内部的具体演变规律。

（一）贸易空间分布不均衡

1988—2019 年的粮食贸易网络成员中心度核密度分布特点鲜明（详见附录 2）。为方便观察，将 1988 年与 1992 年的核密度图放在一起，同时将 1996—2019 年部分年份的核密度图集中放一起。

1988 年，谷物贸易网络与大豆贸易网络的入度中心度核密度分布图，均表现出"多峰分布"的特点。随着远离原点的位置，谷物与大豆贸易网络的峰值分别从 45 与 23 左右均降低到 1。同时，谷物与大豆贸易网络的入度数分别基本分布在 0—0.05 与 0—0.13，表明各国的粮食进口来源国非常少。通过分析世界粮食贸易双边数据不难发现，1988 年全球谷物出口国仅有澳大利亚、德国、印度、希腊等 10 个国家，全球大豆出口国集中在澳大利亚、德国、日本、韩国、印度、瑞士及葡萄牙 7 个国家，可见粮食进口来源国较少，建立的贸易联系较为单一，入度中心度水平相对较低。1992 年，谷物贸易网络与大豆贸易网络入度中心度的核密度分布图基本呈单峰右偏状态。谷物贸易网络的入度中心度核密度峰值较 1988 年下降幅度较大，且表现出较明显的长尾特征，说明谷物进口来源国逐渐增加，国家之间的贸易往来逐渐增加。大豆贸易网络的入度中心度核密度峰值变化不大，但是向左偏移，说明虽然大豆贸易国家增加，但是各国的大豆进口来源国依旧较为集中。1988 年及 1992 年的出度中心度核密度分布图，在 0—0.2 出现较为明显的拐点，说明大多数国家的谷物及大豆出口市场较少，几乎为零，仅有少数国家作为谷物或者大豆的出口国。

1996—2019 年，谷物贸易网络与大豆贸易网络的出度中心度及入度中心度的核密度分布基本呈现"单峰分布"向右偏，表现出较为明显的长尾特征，说明全球粮食贸易的地区分布较为集中，大多数国家的贸易伙伴较少，只有少数国家的贸易伙伴数量较多。谷物贸易网络的核密度峰值呈明显下降趋势，核密度分布整体向右聚拢，反映出全球谷物贸易往来逐渐增多，各国之间的谷物贸易关系更加紧密，进口贸易网络尤为明显。大豆贸易网络的出入度中心度核密度峰值变化不大，基本处在 16—24 及 14—19，核密度分布图保持聚拢。由粮食贸易网络出入度核密度图的变化趋势可知，随着时间推移，世界各国增加了对贸易伙伴的自主选择权，有利于分散粮食供给的外部风险。

从出度中心度指标排名情况看（详见附录3），1988年，谷物贸易网络中前十位出度中心度的国家，分别是澳大利亚、德国、印度等国。亚洲国家的印度、日本、韩国都在列。1992年，谷物贸易网络的前十位出度中心度的国别发生变化，澳大利亚、德国、印度整体排位后移，日本、韩国、葡萄牙、瑞士、芬兰等国跌出前十，取而代之的是美国、中国、泰国、加拿大等国。大豆贸易网络的前十位出度中心度国家也发生较大变化，原有的出口格局基本改变，美国、加拿大、巴西、中国位列前四，德国从第1位跌到第5位，日本从第5位跌到第9位，荷兰、巴拉圭、新加坡、泰国均跻身前十位。

1996—2019年，处于粮食贸易网络中心位置的国家和地区相对固定。在世界谷物贸易网络中，出度中心度排名靠前的国家，包括北美洲的美国、加拿大，南美洲的阿根廷，欧洲的法国、意大利，亚洲的泰国、印度、越南、巴基斯坦及中国等。在世界大豆贸易网络中，出度中心度排名靠前的国家，包括北美洲的美国、加拿大、巴西，南美洲的阿根廷，欧洲的荷兰、德国、法国等，亚洲的中国、印度等国，其中，乌克兰从2012年以来跻身前十行列。由此可知，这些国家在粮食出口贸易中具有更强的控制能力和更显著的比较优势，通过与更多的国家建立贸易往来联系，使其拥有相对多元化的市场，增强了避险能力。此外，不难发现，谷物及大豆贸易网络中的前十大出度中心度的国家高度相似，是由于粮食生产高度依赖自然资源，如土地、气候等，因此，自然资源优渥的国家更有利于发展为农产品生产大国，也更倾向于作为出口方参与到贸易活动中。

从世界粮食贸易网络入度中心度指标排名看（详见附录4），1988—2019年，处于谷物贸易网络中心位置的国家和地区相对稳定，尤其在近十年，排在前十的国别基本没有变化。包括北美洲的美国、加拿大，欧洲的英国、法国、德国、意大利、荷兰等国，其中，美国的入度中心度相对最高。同期，大豆贸易网络中心位置的国家有些变化，但入度中心高的国家大都集中在欧洲及北美洲的国家，如美国、加拿大、荷兰、德国及法国等。由此反映出，这些国家贸易伙伴范围分布更加广泛，通过分散进口来源国，降低对某一国的进口依赖性，减少贸易方面的"卡脖子"风险。值得注意的是，美国在进出口贸易网络中都处于相对中心的位置，表明其对世界粮食贸易的控制能力很强。但度数中心度均只考虑二值贸易网络中的国家之间是否具有贸易关系，而不考虑国家之间贸易的强度或规模。

（二）贸易网络集中度较高

粮食进出口大国在地理空间错位分布，且网络集中度较高，粮食贸易大国相对固定。

1. 相对出强度方面

由谷物贸易网络相对出强度分布情况可看出，1988 年，世界谷物出口国数量较少，且各个国家的相对出强度差别较大。澳大利亚是谷物出口强度最大的国家，其余国家分布在德国、葡萄牙等欧洲地区，以及印度、韩国、日本等亚洲地区。但是，各个国家的出强度都较低。相对 1988 年，2019 年世界谷物出口国数量大幅增加，从 10 个国家增加到 154 个国家，增长了 14.40 倍。出强度大国的覆盖面也更广，新增加的有北美洲的美国、南美洲的阿根廷、亚洲的中国等出强度大国。除此之外，相对出强度突破 0 的国家逐渐增多。1998 年，相对出强度较大的国家主要分布在北美洲的美国、加拿大，南美洲的阿根廷，西欧的德国、法国以及大洋洲的澳大利亚，亚洲仅有印度与泰国的出强度较大但优势不明显。2008—2019 年，出强度重心逐渐向亚洲偏移，哈萨克斯坦、巴基斯坦成为新的出强度大国，欧洲传统的出强度优势国家被俄罗斯、乌克兰、罗马尼亚等新起之秀所取代，南美洲的巴西也逐渐显示出较大的出强度。2018 年，相对出强度的空间分布趋于均衡。虽然出强度大国逐渐呈现出多元化特征，但出口优势依然集中在少数国家。

由大豆贸易网络相对出强度分布情况可知，1988 年，世界大豆出口国比谷物出口国还要少，仅有 7 个，除澳大利亚外，全部分布在欧洲及亚洲。1998 年，大豆相对出强度大国分布地区发生变化，逐渐从欧洲、亚洲转移到北美洲及南美洲。美国、巴西、阿根廷成为大豆出口的三大巨头。欧亚国家的相对出强度优势不明显，虽然很多国家突破了0强度，出口国数量逐渐增加，但是德国、印度等国家的出强度变小，在大豆贸易网络中的位置逐渐边缘化。2008—2019年，相对出强度空间分布变化较小，出强度大国基本稳定分布在南美洲及北美洲，如巴西、美国、加拿大及阿根廷等。欧、亚变化较大的国家是中国、乌克兰及俄罗斯。其中，中国相对出强度逐渐变小，而乌克兰及俄罗斯的相对出强度变大。总之，全球大豆贸易呈现空间非均衡性的特征，且少数贸易大国占据着网络的中心地位。

在世界谷物贸易网络中，1988年及1992年的前十大出强度国家变化与排名变动都比较大，但是澳大利亚、德国等国家一直位列前茅，而亚洲的韩国及日本在网络中的地位则被别的国家所取代（详见附录5）。1996—2019年，点强度排名前十的国家和地区相对较固定，包括美国、加拿大、法国、德国、澳大利亚、阿根廷、乌克兰、俄罗斯、巴西、中国等，其中，美国出强度相对较高。同时，不难发现，美国、加拿大、阿根廷、法国、中国等国家在出度中心度及出强度方面都处于较为明显的中心位置，表现基本一致，说明这些国家不仅与更多的国家具有贸易联系，而且出口量在世界谷物总出口量中的占比更大，拥有更重要的贸易地位。此外，排名靠前的国家之间出强度差距在逐年减小，尤其是前五大出口国之间的贸易差额明显减小，各国贸易强度趋于平衡。

从大豆贸易网络出强度指标看（详见附录5），1988年，德国是最大的出口国，在相对出强度排名中位居首位。亚洲的出强度大国包括印度、韩国及日本。全球范围内，出口国数量较少，且各国的相对出强度差距较大。1992年，出强度大国的分布出现较大变化。北美洲及南美洲国家的出强度增大，如美国、墨西哥、巴拉圭及加拿大等国跻身前十大出强度国家，其中，美国相对出强度位居世界第一。亚洲出强度大国也发生变化，中国的出强度优势显现，而日本、印度均跌出了出强度大国的行列。欧洲国家的出强度优势依旧不明显，德国从相对出强度第1位的位置一路下滑至第10位。1996—2019年，世界大豆出强度大国分布格局变化不大，排名前五位的国家集中在美洲地区，包括美国、加拿大、阿根廷、巴西、巴拉圭。欧洲的相对出强度优势不明显，荷兰排名较为稳定，近年来乌克兰逐步跻身前十位。亚洲国家在相对出强度方面表现较差，原本略有优势的印度及中国，近年来均跌出出强度排名的前十位。以 2018 年为例，在相对出强度排名前十位的行列中，亚洲国家数量为 0。

2. 相对入强度方面

1988 年，世界谷物贸易网络中相对入强度大国排名世界第 1 位的是日本。同时，入强度排名前四位的国家，亚洲有三个国家上榜。埃及、沙特阿拉伯等非洲国家，以及荷兰、意大利及英国等欧洲国家都属于谷物的入强度大国。1998 年，入强度突破 0 的国家数量增多，入强度大国覆盖范围扩大到亚洲、北美和南美的部分国家，如中国、墨西哥、巴西等国。2008—2019 年，相对入强度空间分布地区变化很小。入强度较大的国家主要集中在亚洲的日本、韩国、中国、沙特阿拉伯，北美洲的墨西哥，南美洲的巴西，以及非洲的埃及。2018 年入强度大国的空间分布较 2008 年变化不大，但可看出更多的国家挤入粮食进口大国的行列。非洲国家整体入强度有增强趋势。

由大豆贸易网络入强度情况可知，1988 年，位于亚洲的沙特阿拉伯是世界大豆入强度最大的国家。整体来看，入强度较大的国家基本属于欧洲地区，以及位于北美洲的美国。随着时间推移，到 1998 年，大豆入强度大国地理区域分布变化较大，更多的国家对大豆进口需求增大。分布在欧洲的入强度大国数量有所减少，亚洲的入强度大国增加，如中国、韩国等，北美洲的墨西哥及南美洲的部分国家也成为入强度大国。2008—2019 年，入强度大国地理分布情况变化不大。覆盖的地区包括北美的墨西哥，南美的阿根廷，亚洲的中国、泰国，欧洲的德国、荷兰等国家。

1988—2019 年，世界谷物贸易网络中入强度排名前十位的国家和地区相对比较固定（详见附录 6），包括日本、韩国、中国、墨西哥、意大利、埃及、沙特阿拉伯、荷兰、西班牙等，其中日本的入强度相对较高。与前文提到的入度中心度高的国家进行对比，发现两者包含的国家差别较大，入度中心度高的国家有利于降低进口集中度高的风险，而入强度较高的国家对于粮食进口依赖性较强。由于外部供给的不确定性，在一定程度上，入强度较高的国家粮食安全风险系数也较高。因此可以看出，中国、日本、韩国、墨西哥、沙特阿拉伯的谷物进口量较大，对外依存度相对较高，面临的外部不确定性风险系数也较高，在国际谷物贸易中所处不利地位。究其原因，这些地区多半是气候、地理及其他自然条件不利于谷物的种植及生长，导致国内供求不平衡，需要利用国际市场调节余缺。

从大豆贸易网络入强度指标来看（详见附录6），1988—1996年，大豆入强度排名前十位的国家变化较大，大豆进口大国并不固定。但自2000年以来，入强度大国基本固定，其中，中国的相对入强度一直是世界第一，北美洲的墨西哥，亚洲的日本、泰国等，欧洲的荷兰、德国等均排名靠前，说明这些国家大豆进口依赖性较强。目前，世界大豆四大主产国分别是美国（40%）、巴西（25%）、阿根廷（15%）及中国（6%），这四国产量之和占世界总产量的85%以上，大豆生产较为集中。此外，大豆的进口国数量远大于其出口国数量。因此，进口依赖性强的国家在国际贸易中较为被动，不利于提升其贸易地位。值得注意的是，在部分年份，荷兰、阿根廷及中国既是大豆贸易网络中的出强度大国，同时也是入强度大国。

3. 贸易网络异质性较强

由于世界粮食贸易网络中的国家之间存在非冗余关系，便于形成信息或者资源的缺口，即结构洞。一国占据的结构洞个数越多，越具有信息优势及控制资源的优势，在整体网络中的竞争优势越大。一般地，运用有效规模指数与限制度指数来衡量国家的结构洞指数，进而考察不同国家之间的网络异质性。有效规模越大，限制度越低，那么该国在网络中的自由度越大，贸易活动越不受限制。

（三）有效规模指数

从谷物贸易网络的个体网结构洞有效规模指数分布情况可知，世界各国拥有的结构洞差别较大，网络异质性较高。1988年，个体网结构洞有效规模指数较高的国家主要包括澳大利亚，欧洲的德国、希腊等国，亚洲的日本、韩国及印度等国，北美洲的美国等。个体网结构洞有效规模指数整体水平较低。1998 年，个体网结构洞有效规模指数整体要比 1988 年有所提高。有效规模指数较高的国家主要集中在北美洲的美国、加拿大，南美洲的阿根廷，西欧的德国、法国，大洋洲的澳大利亚，亚洲的印度、中国等。2008 年，个体网结构洞有效规模指数变化并不大。2018 年，除非洲外，世界各国的有效规模指数整体都有所提高，说明世界谷物贸易自由度越来越高。

由大豆贸易网络的个体网结构洞有效规模指数分布情况可知，有效规模指数较高的国家较为集中，且国家之间差距较大。1988 年，仅有 7 个大豆出口国，除这 7 个国家的有效规模较高外，其他国家有效规模均为 1。1998 年，由于世界大豆贸易参与国不断增加，大部分国家的有效规模指数整体提升，且有效规模指数较高国家所分布的地区发生转移。有效规模指数较高的国家集中在北美洲的美国、加拿大，南美洲的阿根廷、巴西，欧洲的德国、荷兰等，亚洲的中国。2008—2019 年，大豆有效规模指数变化不大，仅有小幅提高，有效规模指数较高的国家地理分布较为稳定。逆全球化趋势逐渐显现，且各国将粮食作为战略物资，因此，近年来世界粮食贸易规模增长速度较慢。

纵观 1988—2019 年谷物贸易网络的个体网有效规模指数排名变化情况（详见附录 7），发现有效规模指数随着时间的推移，排名顺序逐渐稳定，尤其是有效规模指数前五位的国家，基本以美国、泰国、印度、中国及法国为主，其中，美国自 1992 年以来，一直占据世界首位。表现较好的国家还包括加拿大、意大利、阿根廷、德国、法国等。一般地，有效规模越大的国家，其贸易地理关系更具有多元化，可通过优化贸易地理结构及产品结构，减少对贸易伙伴的依赖性，降低贸易风险。值得注意的是，随着时间推移，亚洲国家上榜数量略增且排名有上升趋势。泰国从 1999 年开始进入十强，并一直保持前三。巴基斯坦从 2003 开始跻身十强，排名相对稳定。中国一直在十强，且排名有上升趋势。由此说明，亚洲的这些国家对贸易伙伴的依赖程度有所降低，贸易地理局限性减小，有助于其在谷物贸易中的地位提升。

从大豆贸易网络个体网有效规模指数的排名情况看（详见附录

7)，1988—1996 年的排名出入较大，有效规模指数排名前十位的国家并不稳定。1988 年，有效规模指数排名靠前的国家以亚洲国家为主，美国及澳大利亚的有效规模指数较低。1992 年，有效规模指数的前十大国逐渐向美洲偏转，如美国、加拿大、巴西、巴拉圭等国，渐渐表现出其有效规模指数的优势，世界排名上升。同时，亚洲国家排名普遍靠后，但是中国首次跻身前十位，排名第 4 位。欧洲国家在有效规模指数方面，表现不佳。1996 年，有效规模指数排名前十的国家，除了中国排名第 8 位，其余的 9 席均被欧洲及美洲国家占据。但是，随着时间推移，1996 年以后，大豆贸易网络个体网有效规模指数大国基本固定。有效规模指数大国，包括美国、中国、加拿大、巴西、德国、法国等国，基本集中分布于欧美地区。

（四）限制度指数

在世界粮食贸易网络中，个体网结构洞遵循"有效规模指数越高，其限制度指数越低"的规律。相对有效规模指数而言，随着时间的推移，世界谷物贸易网络中的各国限制度指数分布情况的变化并不大，限制度指数较大的国家基本集中在非洲各国，其他国家的限制度指数都有所下降。此外，国家之间的限制度差距在不断减小，说明各国都加强了谷物贸易往来关系的发展，这有利于分散贸易风险，提高国内粮食安全水平。

由大豆贸易网络个体网限制度指数分布情况可知，随着时间推移，世界大豆贸易参与国数量不断增加，但是各国的限制度差距在不断缩小，限制度较高的国家逐渐集中在非洲地区。1988 年，世界大豆贸易参与国共 33 个，其余国家的限制度指数缺乏，故未在图中体现。因此，1988 年大豆贸易网络限制度指数的分布图中，大部分国家呈空白。1998 年，世界大豆贸易参与国大幅增加，在限制度指数方面表现较好的国家，集中在北美洲的美国、南美洲的阿根廷、巴西，亚洲的中国及欧洲的荷兰、德国等。其余大豆贸易国的限制度指数偏高。2008—2019 年，世界大豆贸易参与国的限制度指数水平整体下降，限制度指数较高的国家集中在非洲等地区。

1988—2019 年，以每年的粮食贸易网络为考察单位（详见附录 8），发现结构洞的有效规模及限制度指标项下排名前十位的国家相对一致，变化不大，在此佐证了"有效规模指数越高，限制度指数越低"的规律。

纵观近 31 年来谷物贸易网络结构洞的限制度指数变化情况（详见附录 8），表现较好的国家包括美国、加拿大、意大利、印度、阿根廷、德国、法国等，其中，美国几乎一直占据首位。一般地，有效规模越大、限制度越低的国家，其贸易地理关系更具多元化。这些国家可通过优化贸易地理结构及产品结构，减少对贸易伙伴的依赖性，降低贸易风险。值得注意的是，泰国、中国、巴基斯坦等亚洲国家，排名有上升趋势，说明亚洲的这些国家对于贸易伙伴的依赖程度有所降低，贸易地理局限性减小，有助于其在谷物贸易中的地位提升。

由 1988—2019 年大豆贸易网络结构的限制度指数变化情况可知（详见附录 8），随着时间推移，限制度指数方面表现较好的国家相对固定，且排名前十位的国家，其限制度指数整体下降，说明各国更加注重参与大豆的国际贸易活动，不断拓宽贸易合作伙伴，减小贸易不确定性带来的风险。美国在多数年份中都保持世界第一的位置，可见美国在大豆贸易网络中受限较小，对于资源的控制能力较强，贸易地位较高，有利于其贸易话语权的提升，更容易在大豆贸易中占据主动地位。中国作为大豆的生产及消费大国，随着农产品市场的逐渐开放，其在限制度方面表现整体较好，且近年来在限制度方面有不断提升的趋势。另外，加拿大、巴西等美洲国家及德国、法国、荷兰等欧洲国家，也都位列限制度指数表现较好前十位的国家。

第三节　中国粮食贸易地位变迁

随着时间推移，世界粮食贸易网络格局不断变化。中国作为该贸易网络中的重要参与者之一，既受到整体网络演变的影响，也在一定程度上促进了贸易网络格局的改变及重塑。那么，为更好适应贸易新格局，掌握贸易主动权，需要特别关注中国在整体网络中的地位变迁。

一 阶段性特征

1988—2019 年，中国在世界粮食贸易网络中的地位变化主要经历了四大阶段。

1988—1995 年，持续波动阶段。1988—1995 年，中国的出入度中心度、出入强度以及结构洞指数都呈波动变化趋势。1988—1991年，中国粮食出度数与出强度均为 0，意味着中国没有参与粮食出口贸易活动。相反，入度数与入强度均不为 0，其中入度数较低，但是入强度却很高，说明中国粮食进口来源国较少，但是粮食进口量占世界粮食总贸易量的比重却比较高。1991—1995 年，出度中心度及出强度双双突破"0"，但是波动较大，水平较低。入度中心度有所提高，但是入强度波动较大。其间，结构洞指数方面的变化特征明显。限制度指数与有效规模指数呈相反方向变动，限制度指数升高，有效规模指数下降，说明中国粮食贸易自由度较低，容易被贸易伙伴国"卡脖子"。

1995—2008 年，显著提升阶段。中国在粮食贸易网络中的出度数及出强度都有所提升，入度数与入强度水平较低，有效规模指数与限制度指数逐渐向好，具体表现为粮食出口量不断增长，出口市场较为广泛，粮食进口量较少，进口来源国相对集中。2003 年前，出度中心度整体呈波动上升趋势，与网络中的其他节点逐渐建立贸易关系，出口市场日益广泛，截至 2003 年，出口市场涉及的国家（地区）数量增加了 1.04 倍，但是从出口市场份额来看，仍以韩国、日本及东南亚地区国家为主要出口国。出强度呈上升趋势，在网络所有行动者中的排名从第 26 位跃入前三位。从进口贸易网络来看，中国粮食贸易入度数及入强度在此期间均处于较低水平，具体表现为粮食进口量较少且进口来源国较单一。入度数水平长期处于较低水平，在网络所有参与国中的排名位置靠后，进口市场多集中在美国、澳大利亚、加拿大等粮食生产大国。同时，入强度呈波动下降趋势，从 1995 年的0.9297 大幅滑落至 0.0542，在网络中的排名从第 2 位迅速下降至第33 位，说明中国在此期间的粮食进口量较低，在国际市场进口份额中的占比较低。从结构洞指数方面来看，中国粮食贸易的有效规模指数与限制度指数均有向好趋势。1995—2003 年，有效规模指数增长了 2 倍之余，而限制度指数则降低了大约 50%，且两个指标在网络所有参与者中的排名双双上升至第 6 名，说明中国粮食贸易的自由度有所上升。2003—2008 年则属于波动阶段，中国在粮食贸易网络中的点度中心度缓慢增长，出强度呈持续下降趋势，入强度长期波动，结构洞指数表现也不稳定，度数中心度均有较小的增长幅度。出强度从 0.3810 大幅下降了约 95%，入强度持续大幅波动，两者在网络所有参与者中的排名均后退了大约 20 位。出入度指数的具体变化为，中国的进口来源国增加，除了美国、加拿大、澳大利亚等主要进口大国，还逐步增加了印度、老挝、缅甸等部分与中国地理距离较近的亚洲国家；出口市场除了日、韩及东南亚地区的国家，逐渐增加了埃及等非洲国家，出口市场日渐广泛。在此期间，中国结构洞指数表现有所波动但整体向好，其中，有效规模指数增长率为 16.96%，限制度指数则下降了 10.19%，两个指标在网络所有参与者中的排名均上升至前三，表明中国在粮食贸易活动中受限较小。

2008—2015 年，明显下滑阶段。中国在粮食贸易网络中的出度中心度不断下降，入度中心度有所提升，出入强度差距逐渐增大，有效规模指数与限制度指数均表现变差。度数中心度方面，度数中心度在网络中所有参与者的排名从前三位下滑至第 10 位。在此期间，入度中心度增长了 26.76%，年均增长率为 3.82%，说明进口来源国有逐渐分散趋势；出度中心度下降了 22.19%，年均下降率为 3.17%，说明中国出口市场范围在不断缩小。在点强度方面，出强度大幅下降了 74.76%，在网络所有参与者中的排名后退了 23 位；入强度却在此期间增长了 15 倍，在网络参与者中的排名上升为第 1 位。由此可见，中国粮食出口数量逐渐减少，进口量却迅猛增长。在此阶段，中国在粮食贸易网络中的有效规模指数和限制度指数表现较差，这两个指标在网络参与者中的名次均从前三位跌出前十位。其中，有效规模指数下降了 25.75%，限制度指数上升了 6.44%，说明中国在粮食贸易中的自由度下降，在贸易活动中容易受限。

2015 年至今，稳中向上阶段。中国在粮食贸易网络中的出度中心度呈上升状态，入度中心度有下降趋势，出强度水平低迷，入强度逐渐下降，结构洞指数表现较好。在度数中心度方面，中国在粮食贸易网络中的入度中心度变化不明显，出度中心度却上升了 21.84%，说明中国出口市场及进口来源国均呈现多元化特征，如巴基斯坦及乌克兰等"一带一路"沿线国家，在近年来逐渐与中国建立良好的粮食贸易关系。在点强度方面，中国在粮食贸易网络中的出强度增长了 3.25倍，在网络所有参与者中的排名提升了 22 位；入强度则从 1 急剧下降到 0.71，但其排名在网络所有参与者中一直保持在前五。在该阶段，中国农业的利好政策与先进科技"双管齐下"，国内粮食连年丰收，出口量逐渐增加，进口量有所减少。此外，中国结构洞指数表现有所改善。有效规模指数增长了 19.82%，限制度指数则下降了3.75%，两者在网络所有参与者中的排名双双上升至前五位。

二 关键指标特征

1996—2019 年，中国在世界粮食贸易网络中的地位一直处在变化中，关键性指标的变化特征主要表现在度数中心度、点强度及结构洞三个方面。

（一）度数中心度

由粮食贸易网络中心度的变化趋势可知，出口参与度优于进口参与度。由中国粮食贸易地位的阶段性变化特征可知，中国在粮食贸易网络中的参与广度大幅扩张。出度中心度整体呈波动上升趋势，在网络中的连接点增多，出口市场逐渐多元化。1988—1991 年，中国并没有出口粮食，因此，出度数的数值为 0。1992—1994 年，中国出度数保持相对较高水平。1995—2008 年，中国出度数及世界排名处于稳定上升阶段，出度中心度从 0.28 提高到 0.70，意味着中国粮食出口市场覆盖的国家或者地区数量增加了 1.5 倍。相对于出度中心度来说，1996—2019 年，中国相对入度数水平持续低迷，世界排名一直徘徊不前，进口来源国较为集中，主要包括美国、澳大利亚、加拿大、泰国、法国、越南等国，自 2012 年以后巴基斯坦及乌克兰也逐渐成为中国粮食的进口来源国。长期以来，中国粮食前五大进口来源国所占进口市场份额持续保持在80%以上，甚至在部分年份超过90%（详见附录9）。自2010年以来，美国、澳大利亚一直是中国粮食进口的前两大来源国，其所占进口份额基本在一半以上。因此，中国粮食进口贸易地理结构集中度较高，对进口来源国的依赖性较强，面临较大的外部供应不确定性，一旦主动权掌握在出口方，国内粮食安全将会受到威胁，贸易风险相对较高。

中国粮食进口来源地较为集中，少数国家占据了大部分进口市场，且相互间所占份额此消彼长。长期以来，前五大进口来源国所占中国进口市场份额持续保持在80%以上，甚至在2014年超过90%。自2010年以来，美国、澳大利亚一直作为中国粮食进口的前两大来源国，自其进口的粮食总量占中国进口市场份额的一半以上。因此，在粮食进口贸易地理集中度很高的情况下，一旦主动权掌握在出口方，国内粮食安全将受到威胁。

（二）点强度方面

从中国在粮食贸易网络中的点强度变化趋势可以看出，贸易出强度与入强度差距拉大。同时，作为粮食的生产和消费大国，中国在网络中的出入强度排名都比较靠前［详见附录10（a）］。1988—2019年，中国相对出强度经历了"陡增—骤减—陡增—骤降—平稳"的剧烈波动过程，最大值与最小值相差92.33倍。1988—1991年，中国相对出强度均为0。1991—1994年，相对出强度呈快速增长趋势。但在1995年及1996年，中国在粮食贸易网络中的相对出强度又下降较快，排名为第26位及第20位。随后呈增长趋势，并于2000年达到最高峰值0.48，接着2003年出现次高峰值0.38，在整体网络中排名前四位。自2004年开始，中国粮食贸易相对出强度骤然减小，排名逐渐下降。2008年以来，相对出强度指数排名集中在第30位以后，到2015年相对出强度为研究期最低值，排名第45位。自2008年以来，中国粮食对外出口数量较少。其可能的原因有：一是世界农业大国相对中国更具比较优势，在国际供给市场更有竞争力；二是中国对于初级产品的出口减少，有利于优化贸易结构，提高在农产品价值链中的地位。

　　同时，1988—2019 年，中国在粮食贸易网络中的相对入强度整体呈不规则"M""W"形，阶段性特点明显。与相对出强度比较，粮食贸易相对入强度的变化趋势在研究期内正好与它相反，呈"先小后大"的特点，且波动较大。1988—1997 年，中国粮食贸易相对入强度呈现"M"形。1988—1990 年急速上升，从 0.11 上升到 0.87，增长了近 7 倍，排名从第 22 位上升到第 2 位。1990—1994 年，相对入强度又从 0.87 陡降至 0.21，排名从第 2 位下降到第 12 位。1995 年及 1996 年，相对入强度较高，且排名均为第 2 位。1997—2018 年，中国粮食贸易相对入强度呈"W"形。1997—2003 年，呈波动下降趋势，从 0.60 下降到 0.05，排名从第 2 位下降到第 33 位。2004 年的相对入强度较前一年激增 9 倍，高达 0.4872，排名恢复至第 2 位，但之后四年间又迅速减小，最低仅为 0.06，排名在 2007 年与 2008 年均下降至第 50 位。自 2008 年开始，相对入强度迅猛增长，同时，在整体网络中的排名也急速攀升，在 2015 年相对入强度达到最大（值为 1），且排名居于首位，随后有所下降，但也处于网络排名前四位。中国在粮食贸易网络中的入强度变化趋势反映出，中国粮食进口总量在近十年整体呈现递增状态，粮食作为重要的农产品，其进口依赖性较强，不利于保障中国粮食安全。

　　虽然利用国际粮食市场调节国内粮食余缺的做法已趋于常态化，但中国粮食进口依赖性逐年增强，主要体现在进口规模持续增长，进口量占世界粮食贸易量的比例加大，对外依存度增强等方面。中国粮食进口总量激增，从 2008 年的 4131.00 万吨增长至 2018 年的 11555.00 万吨①，增长了 2.80 倍，年均增速为 27.97%，增速较快。在粮食进口贸易网络中，可看出中国相对入强度排名近年来都比较靠前。中国粮食进口对外依存度呈波动上升趋势，2015 年高达 5.03%，自给率不足 95%，与中国提出的"谷物基本自给"要求有一定差距。在粮食进口依赖度较高的情况下，中国缺少国际农产品的定价权，国际市场波动向国内市场传导的潜在风险不容忽视。

---

　　① 资料来源：Wind/宏观数据/中国宏观。

如表 4-2 所示，中国主要粮食种类的进出口量在世界贸易总量中的占比差距也较为悬殊。2008—2020 年，小麦进口量占世界小麦贸易量的比重最高点为 2013 年的 2.06%，而小麦出口量占世界小麦贸易量的比重基本低于 0.01%。玉米进口量占世界玉米贸易量的比重最高点为 2020 年的 6.58%，出口量占比在大多数年份低于 0.05%。水稻进口量占世界水稻贸易量的比重在近十年基本持续处于 3.00% 以上，最高点达到 6.10%，而出口占比多数年份在 1.50% 以下，近两年有所提高，但也低于进口占比。大豆进出口占比差距最大，进口数量占世界大豆贸易量的比重最高点为 2017 年的 31.19%，且大多数年份都在 25.00% 以上，而出口占比逐年下降，2020 年仅为 0.03%。由此可见，中国粮食进口量在世界总进口量中的占比较大，具有"大国效应"。

表 4-2　　　　　2008—2020 年部分年份中国主要粮食种类
占世界贸易总量的比重　　　　　　单位:%

年份	小麦		玉米		水稻		大豆	
	进口	出口	进口	出口	进口	出口	进口	出口
2008	0.16	0.00	0.03	0.10	0.61	1.39	24.28	0.30
2012	1.03	0.00	1.39	0.04	4.14	0.45	29.72	0.16
2016	1.17	0.00	0.83	0.03	6.00	0.92	28.76	0.04
2020	1.07	0.00	6.58	0.01	3.11	2.67	29.70	0.03

资料来源：UNcomtrade。

如表 4-3 所示，中国粮食进口量及进口额相对于出口量及出口额要大很多。以 2020 年为例，中国粮食出口量为 354.00 万吨，进口量为 14262.00 万吨，两者相差 39 倍之多。粮食出口额为 20.27 亿美元，进口额为 508.32 亿美元，两者相差 25 倍之多。从自身进出口体量视角看，相对于出口，中国属于粮食进口大国。因此，兼顾国内粮情、国际贸易市场，中国均属于粮食进口大国。

表 4-3　　2008—2020 年部分年份中国粮食进出口数量与金额

年份	2008	2012	2016	2020
出口数量（万吨）	379.00	277.00	190.00	354.00
出口金额（亿美元）	21.17	21.68	16.82	20.27
进口数量（万吨）	4131.00	8025.00	11468.00	14262.00
进口金额（亿美元）	231.00	421.41	415.08	508.32

资料来源：Wind 数据库。

（三）结构洞方面

中国在世界粮食贸易网络中的有效规模与限制度指数逐步向好，贸易自由度增加，控制能力提升［详见附录 10（b）］。1988—2019年，中国在世界粮食贸易网络中的结构洞指数整体表现逐渐变好，有效规模与限制度指数排名相对一致，异质性水平有所提高。有效规模指数在 1988—1995 年波动较大，随后呈现波动上升趋势，仅在2014—2016 年出现短暂性的小幅下降。有效规模指数从 1996 年的42.90 上升到 2018 年的 111.00，增长了 2.60 倍，在粮食贸易网络中的排名也从第 14 位上升至第 4 位，反映出中国在世界粮食贸易网络中的贸易自由度在逐步提升。同时，限制度指数在 1988—1992 年快速下降，从 0.5149 下降到 0.0565，减小了 8 倍之多。之后整体呈稳步、小幅下降趋势，且自 2007 年以来基本保持较为平稳的水平，均在 0.0330 左右小幅波动。由此可看出，中国在粮食贸易网络中的协商能力及控制贸易交往的能力在不断提升。值得一提的是，在 2014—2016 年，中国在整体网络的结构洞指数排名中相对靠后，近两年才有所改善，但仍与其他国家存在一定差距，贸易伙伴关系比较集中，存在一定的贸易风险，其贸易网络异质性依然有待提高，中国必须优化贸易地理结构及贸易产品结构，减少对贸易伙伴的依赖。

目前，全球农产品贸易主要掌控在美国 ADM、邦吉、嘉吉、法国路易达孚等大型跨国公司，导致中国的渠道掌控力与话语权偏弱，像大豆等主要进口依赖型农产品都存在"大国效应"，并未获得相应的定价权。此外，中国在全球粮食安全治理相关的舆论引导、规则制定等方面的话语权明显不足。中国作为新兴崛起的发展中国家，人口大国、粮食消费大国等特征明显，其粮食安全、农产品贸易、农业合作等问题均受到国际社会的广泛关注。虽然中国在大力推动的"南南合作""一带一路"等领域取得了发展共赢的成就，但在全球粮食安全治理的规则定制方面依然缺少话语权，面临西方国家"新殖民主义""土地掠夺"等不实指控，难以有效引导舆论走向，处于被动境地。

第四节　粮食贸易网络演变的影响路径探究

一　模型构建

常规统计方法要求变量之间要独立，但是本书研究对象是各种关系，关系内一定会出现"共线性"。因此，如果运用常规的统计分析方法（如 OLS），变量的显著性检验将失去意义，且模型的预测功能也将失效。QAP 相关分析方法，是一种对两个矩阵中各个格值的相似性进行比较的方法，可以研究两种"关系"矩阵之间是否相关。首先，通过对矩阵各个格值进行比较，给出两个矩阵之间的相关系数。其次，对其中一个矩阵的行和列进行随机置换，接着计算置换后矩阵与另外一个矩阵之间的相关系数，并重复这种计算过程几千次，得到相关系数的分布比例。最后，在统计意义上计算出其显著性水平。本书通过 QAP 相关分析方法研究地理、经济、制度及文化等方面的解释变量矩阵与各国粮食贸易差值的矩阵之间的相关关系。

QAP 回归分析方法（二次迭代指派程序）是一种研究关系与关系时所特定的方法。QAP 回归分析方法主要以对矩阵数据的置换为基础，对自变量矩阵和因变量矩阵对应的长向量元素进行常规的多元回归分析，同时对因变量的各行各列进行随机置换，重新计算回归，得到系数估计值和判定系数，并进行显著性检验。与传统的统计分析方法相比，QAP 回归分析方法对各个变量之间的相互独立性不做要求，且运用该方法处理的结果稳健性较强。因此，QAP 回归分析方法不仅可以处理关系与关系之间的相关性问题，而且结果并不会使显著性检验失去意义。本书以关系数据为样本,各解释变量不具备完全独立的条件,QAP 回归分析方法稳健性较强,可以较好地处理"多重共线性"问题。

二 数据来源及处理

采用国家之间粮食的进出口贸易量空间关联矩阵作为有偏变量,作为世界粮食贸易网络。从地理距离、经济差异、制度差异、文化差异四个维度综合分析世界粮食贸易网络格局的影响因素。

(一)地理距离因素

在贸易中,两个国家之间地理位置近,则意味着贸易所要花费的运输成本低,同时也会降低贸易中的不确定性,更加有利于两国之间贸易。传统引力模型,主要研究地理距离与贸易总量间的关系,认为随着地理距离的增加,贸易量会有所减少。本书采用两个国家首都之间的直线距离(DIST)以及国家之间是否有共同边界(CONT)两个指标来代表地理距离因素,基础数据来自 CEPII 数据库。

(二)经济差异因素

经济也是影响贸易发展的重要因素之一,相关研究通常可以从经济规模和收入水平来进行分析。一般运用国内生产总值作为反映经济规模和发展水平的变量。考虑到粮食贸易网络的特点,本书除此之外还选取了各国粮食产量、人口数量、物流绩效指数①等作为影响因素,研究经济规模差距、人口规模差距、粮食产量差异、物流水平差异对于贸易网络的影响,基础数据源于世界银行数据库(WDI)。

(三)制度差异因素

一国的制度环境,如政府效率、民主水平、法律法规及政治稳定性会直接影响到国家之间贸易往来的顺畅程度。本书选用世界治理指数(WGI)中的公共话语权和问责制(Voice and Accountability)、政治稳定性(Political Stability)、政府效率(Government Effectiveness)、

---

① 世界银行自 2008 年开始编制该指数,因此本书在 2008—2018 年的影响变量中加入了该指数。

监管质量（Regulatory Quality）、法律法规（Rule of Law）和腐败控制（Control of Corruption）六个方面来作为粮食贸易网络的影响因素，基础数据都源于世界银行数据库。

制度的另外体现就是贸易协定。签订贸易协定，会减少协定内各个国家之间的贸易壁垒，有利于协定内国家间的贸易。而在众多贸易协定中，WTO 组织秉持自由贸易原则和多边贸易协调机制，有力促进了全球各国的贸易发展，协调了全球贸易争端。本书选取世界各国是否加入 WTO 组织作为贸易协定因素指标，基础数据来自 WTO 组织官方网站。

（四）文化差异因素

不同国家间的文化具有差异性。贸易国家之间如果具有较高的文化认同感，则会极大地促进国家之间的贸易交流。反之，文化沟通的阻碍则会减弱国家之间的交流。语言差异是文化差异最典型的代表，本书选择两国之间是否有共同官方用语数据作为两国文化差异指标，基础数据来自 CEPII 数据库。

将两个国家首都之间的直线距离变量形成的矩阵，进行极值化处理成为对称矩阵，即距离差异网络 $DIST$。是否有共同边界变量则是 0—1 对称矩阵，若国家之间相邻，矩阵元素则为 1；反之则为 0，即国家间是否接壤的二值网络 $CONT$。经济因素方面的相关解释变量，则是将原始数据进行极值化处理形成极差矩阵，即经济规模差异网络 GDP、人口规模差异网络 POP、粮食产量差异网络 PRO、物流绩效差异网络 LPI。制度距离包括法律法规（Rule of Law）、贸易协定两个变量。将法律法规变量原始数据做极值化处理得到制度距离矩阵之一，即 RL。同时，考察两个国家是否都加入 WTO，是则为 1，否则为 0，形成 0—1 二值矩阵，即 WTO。如果两国之间具有共同官方语言，矩阵元素则为 1；反之则为 0，形成语言 0—1 二值网络，即 LG。表 4-4 给出各个变量的含义、符号以及需验证的理论假设。

表 4-4   各变量含义、说明及矩阵处理

影响因素	变量	含义	描述与说明
地理	*DIST*	各国首都之间直线距离	贸易双方国家地理距离越远,运输成本越高,进行贸易的阻力越多,对粮食贸易关系的建立越不利?
	CONT	国家间陆地接壤0—1矩阵	相同的陆地边境往往使得两国之间有着文化相似性或接近性,陆地相邻是否能有效促进双边贸易的进行?
经济	*GDP*	经济规模的差异	经济规模相似的国家往往有着相似的需求偏好,需求结构的非相似性是否对粮食贸易存在负向影响?
	PRO	粮食产量的差异	粮食产量相对大的国家越愿意出口粮食,而产量小的国家更愿意进口粮食,贸易双方粮食产量的较大差异是否会促进贸易往来?
	POP	人口规模的差异	人口规模能够带来较多的有效需求,促进劳动分工多元化,增加双边贸易的机会,人口规模相似的国家之间是否会产生更多的贸易联系?
	LPI	物流绩效指数的差异	物流绩效指数差异衡量的是供应链属性的对接性,是否差值越小,供应链的可靠性越高,越有利于降低贸易成本?
制度	*RL*	法制水平的差异	法治水平差异,主要衡量贸易双方国家经济运行的制度保障的相似性,双方拥有完善的司法体系和健全的法律能够降低违约成本和交易成本,法制水平越相似的国家是否对粮食贸易起到正向作用?
	WTO	世贸组织0—1矩阵	加入世贸组织的国家具有贸易互惠性,对粮食贸易有促进作用?
文化	*LG*	语言0—1矩阵	相同语言降低了两国文化的差异性,拥有同种语言的国家在一定程度上能够降低其贸易的交易成本,存在语言差异的国家是否限制其贸易的发生?

三　实证结果及分析

（一）QAP 相关结果分析

将 *DIST*、*CONT*、*GDP*、*PRO*、*POP*、*LPI*、*RL*、*WTO* 及 *LG* 共 9 个矩阵作为自变量,以世界粮食贸易网络差值网 $W(W_g,W_s)$ 作为被解释变量,建立 31×31 维 1-mode QAP 相关分析模型,进行 5000 次

随机置换，检验变量之间的相关关系，并确定相关系数在统计意义上的显著性水平。

由表 4-5 可知，1996—2019 年加权粮食贸易网络相关分析结果在不同时期表现有所差异。DIST 网络在 1998—2019 年，均与被解释变量 W_g 呈显著性的负相关关系，即距离越远，两国贸易流量越小。CONT 网络在 1998—2019 年，均与被解释变量 W_g 呈显著性的正相关关系，即陆地接壤的国家之间，更愿意建立粮食贸易关系。GDP 网络在 1996—2019 年的整个研究期内，均与被解释变量 W_g 呈显著性的正相关关系，即经济规模差距越大，两国之间的粮食贸易流量越大。POP 网络在研究期内的大多数年份中，均与被解释变量 W_g 呈显著性的负相关关系，即经济规模越相似，两国之间的粮食贸易流量越大。PRO 网络在 1996—2019 年整个研究期，均与 W_g 呈显著性的正相关关系，即粮食产量差距越大，两国之间的粮食贸易流量越大。LPI 网络与 W_g 呈显著性的负相关关系，即两国之间的物流绩效差距越大，越不利于两国发展粮食贸易。RL 网络与 W_g 呈负相关关系，虽然在部分年份并不显著，但也说明两国的法制水平差距越大，越不利于两国之间的粮食贸易往来。WTO 网络与 W_g 呈显著性的正相关关系，即两国同属 WTO 成员方，则有利于粮食贸易往来关系的建立。LG 网络与 W_g 在多数年份呈显著性的正相关关系，即使用同一种官方语言的国家之间更容易建立粮食贸易关系。总之，距离远近、是否接壤、经济规模差值、人口规模差异、粮食产量差异、物流绩效差异、是否使用同一种官方语言、法制水平差异、是否签订贸易协定都显著影响了世界各国粮食贸易关系的形成。

兼顾时效性及变量的完整性，以 2016 年世界粮食贸易网络相关分析结果为例进行分析。DIST 差值网络对于国际粮食加权贸易网络的实际相关系数为 -0.0334，说明两国距离越远，越不利于粮食贸易的发展。CONT 网络的相关系数为 0.1343，说明贸易双方直接按有陆地接壤会促进粮食贸易关系的建立。GDP 差值网络的相关系数为 0.1870，说明经济水平的差异对粮食贸易额有正向影响，说明经济水平差异越大的国家容易发生贸易关系。POP 差值网络的相关系数为

表 4—5

世界粮食贸易网络 QAP 相关分析结果

变量	1996 年	2000 年	2004 年	2008 年	2012 年	2016 年	2018 年
DIST	0.0139	-0.0700***	-0.0369**	-0.0396**	-0.0410**	-0.0334**	-0.0374**
CONT	0.0085	0.1715***	0.1343***	0.1310***	0.1405***	0.1343***	0.1282***
GDP	0.1244***	0.1003*	0.2252***	0.2196***	0.1565***	0.1870***	0.1779***
POP	0.0040	-0.0674**	-0.0713**	-0.0381*	-0.0631**	-0.0657**	-0.0581**
PRO	0.0818**	0.1264***	0.1989***	0.1647***	0.1267***	0.1549***	
LPI						-0.0395***	-0.0423***
RL	-0.0207	-0.0352***	-0.0137	-0.0099	-0.0192	-0.0211*	-0.0257**
WTO	0.0429*	0.0017	0.0326*	0.0275	0.0359*	0.0290	0.0167
LG	0.0772***	0.0248*	0.0134	0.0207	0.0162	0.0018	0.0057
样本量	6972	12882	15252	18360	17822	17822	15750

注: 1. ***、**、* 分别表示 1%、5%、10% 的统计水平下显著。研究期内全部年份的相关分析结果详见附录 11。

2. 用软件 UCINET 分析之后，输出的数据自动保留了小数点后四位或五位，考虑到如果四舍五入保留两位小数，那么数据差别较大，因此保持软件输出的原始数据（下同）。

−0.0657，说明人口规模越相似的国家之间倾向于进行粮食贸易。
PRO 差值网络的相关系数为 0.1549，说明粮食产量差距越大的国家
之间的粮食贸易强度较大。*LPI* 差值网络相关系数为−0.0395，说明
物流绩效水平相似的国家之间更倾向于粮食贸易往来。*RL* 差值网络
的相关系数为−0.0211，说明法制水平相似的国家之间有利于发展粮
食贸易。而 *WTO* 网络及 *LG* 网络的相关系数均为正，但是相关关系不
显著，说明贸易协定的签订与相同的语言会对粮食贸易发展起到正向
作用，但是在 2016 年与粮食贸易网络的相关关系并不显著。

（二）QAP 回归结果分析

将以上 9 个解释变量差值网矩阵随机置换 2000 次，与世界粮食
贸易网络进行 QAP 回归分析，检验各个变量与粮食贸易网络的影响
关系，回归结果如表 4-6 所示。

1. 经济规模差值网

该变量对粮食贸易影响的显著性较好，在研究期内的大多数年
份都通过了显著性检验，其影响系数除 2003 年外都为正，说明经
济发展水平差距较大的国家之间粮食贸易量较大。由前文可知，目
前全球主要粮食进口国有日本、中国、伊朗、沙特阿拉伯、埃及、
阿尔及利亚、印度尼西亚等国，而主要粮食出口国有美国、澳大利
亚、加拿大、阿根廷及法国等。对比可知，粮食进口国大多为发展
中国家，而粮食出口国多为发达国家，两者经济规模及发展水平差
距较为悬殊。

2. 粮食产量差值网

该变量对粮食贸易的影响效应较强，在研究期内的大多数年份都
通过了 1% 水平的显著性检验，其影响系数均为正，说明粮食产量差
异大的国家之间更倾向于粮食贸易。此外，通过与相同时间截面的其
他变量进行比较，发现该变量的系数绝对值较大，意味着该变量对粮
食贸易的影响程度较大。一般地，粮食产量大国更愿意出口，而粮食
产量小的国家，为满足国内需求会选择减少出口或增加进口，符合比
较优势理论。

表 4-6

世界粮食贸易网络 QAP 回归分析结果

变量	1996 年	2000 年	2004 年	2008 年	2012 年	2016 年	2018 年
DIST	0.00091 (0.0221)	-0.00496*** (-0.04481)	-0.00171* (-0.02129)	-0.00206** (-0.02666)	-0.00341** (-0.03191)	-0.00269** (-0.02851)	-0.00253* (-0.02368)
CONT	-0.00008 (-0.00124)	0.02580*** (0.15791)	0.01499*** (0.12691)	0.01428*** (0.11986)	0.02101*** (0.13024)	0.01776*** (0.12549)	0.01879*** (0.11658)
GDP	0.00203 (0.0360)	-0.00567 (-0.03238)	0.00741** (0.05586)	0.00800** (0.05919)	0.01301** (0.07426)	0.01994*** (0.12827)	0.00241 (0.01445)
POP	-0.01131*** (-0.21463)	-0.02832*** (-0.18609)	-0.02529*** (-0.22621)	-0.03380*** (-0.29922)	-0.02405*** (-0.15746)	-0.01741*** (-0.12998)	-0.03613*** (0.24563)
PRO	0.01291*** (0.2490)	0.04286*** (0.30277)	0.03491*** (0.34256)	0.04022*** (0.36895)	0.03300*** (0.20432)	0.02101* (0.15096)	0.05280*** (0.34600)
LPI						-0.00580** (-0.05142)	-0.00563*** (-0.04451)
RL	-0.00094 (-0.02373)	-0.00273** (-0.02671)	-0.00161** (-0.02221)	-0.00159** (-0.02219)	-0.00187* (-0.01868)	-0.00009 (-0.00100)	-0.00064 (-0.00613)
WTO	0.00050 (0.0256)	0.00083 (0.01627)	0.00084 (0.02278)	0.00083 (0.02225)	0.00158** (0.02968)	0.00103 (0.01975)	-0.00021* (-0.00246)
LG	0.00228*** (0.07264)	-0.00086 (-0.01069)	-0.00079 (-0.01406)	-0.00014 (-0.00248)	-0.00056 (-0.00700)	-0.00161** (-0.02311)	-0.00103* (-0.01258)
常数项	-0.00003	0.00353	0.00099	0.00115	0.00207	0.00286	0.00390
R^2	0.03150	0.05340	0.08326	0.07989	0.04850	0.05921	0.05969
Adj-R^2	0.03038	0.05281	0.08278	0.07949	0.04807	0.05874	0.05916
样本量	6972	12882	15252	18360	17822	17822	15750

注：***、**、*分别表示在 1% 、5% 、10% 的统计水平下显著，研究期内全部年份的相关分析结果详见附录 12。

3. 人口规模差值网

该变量对粮食贸易的影响程度较大，在研究期内除 1999 年、2013 年外，都通过了 1% 水平的显著性检验，其影响系数均为负，说明人口规模相似的国家之间会产生更多的贸易流量。较大的人口规模能够带来较多的有效需求，同时能促进劳动分工多元化。因此，人口大国之间的双边贸易机会更大。

4. 物流绩效差值网

受限于数据可得性，该变量仅有 5 年（2007 年、2010 年、2014 年、2016 年、2018 年）的数据，但其中有 4 年对于粮食贸易影响的显著性较好，其对贸易量的影响为负，说明物流绩效指数相近的国家倾向于产生更为频繁的贸易活动。一般地，完善的基础设施、便利的贸易物流条件及开放的市场经济为粮食贸易提供了更多机会，从而引致更高水平较为密切的贸易联系。

5. 两国之间的距离网

该变量对粮食贸易的影响效应较强，在研究期内的大多数年份都通过了显著性检验，其对贸易量的影响为负，说明距离较近的国家之间更容易发展粮食贸易。其可能的原因是，相对较短的直线距离、较为频繁的信息交流有利于产生较多的贸易往来，符合"距离衰减效应"。

6. 世贸组织 0—1 网

该变量对粮食贸易的影响较弱，在研究期内有 10 年通过了显著性检验，其对贸易影响系数均为正，说明贸易双方加入世贸组织，可以减少贸易壁垒，有效协调贸易争端，促进粮食贸易的发展。此外，自 2012 年来，其对粮食贸易的影响程度较为稳定，可能由于世界粮食贸易大国目前基本都在世贸组织之内，因此该变量网络变化不大。

7. 法制水平差值网

该变量对于粮食贸易的影响较弱，在研究期内有 13 年通过了显著性检验，其对贸易影响系数均为负，说明法制水平较为相似的国家更愿意进行粮食贸易往来。法治水平是国家制度保障的体现之一，完善的司法体系和健全的法律可以保护贸易伙伴的权益，降低违约成本和交易成本，对贸易往来起到正向作用。

8. 陆地接壤 0—1 网

该变量对粮食贸易的影响效应很强，研究期内大多数年份都通过了 1% 水平的显著性检验，其影响系数均为正，说明贸易双方陆地接壤有利于建立粮食贸易往来关系，且更倾向于产生较大的贸易流量。此外，其影响程度有逐渐增强的趋势，且影响系数绝对值较其他变量而言更大。产生这种现象的原因主要与粮食自然属性及其运输方式有关。粮食作为大宗干散货，在国际贸易中通常选择航运的方式，但是陆地接壤的相邻国家，可以选择铁路运输，避免由于航线较长带来的不确定性及各种风险。

9. 语言 0—1 网

该变量对粮食贸易的影响较弱，研究期内仅有 7 年通过了显著性检验，其影响系数为负，说明语言不同的国家倾向于选择较大的贸易量。一般地，语言不同往往存在较大的文化或制度差异，意味着交易成本的存在，所以各国倾向于与自己语言相同的国家开展贸易活动。但是，语言相同的国家反而由于较为相似的资源禀赋，导致进出口结构相似。因此，语言相同的国家，反而粮食贸易联系较弱。

本章小结

本章主要探究世界粮食贸易网络演变特征，厘清地理因素、经济因素、制度因素与文化因素等方面对于世界粮食贸易的影响机理，并分析中国在贸易网络中的地位变迁。

基于 1988—2019 年世界各国粮食双边贸易数据，运用社会网络分析法，构建世界粮食贸易无权网络及加权网络，探究世界粮食贸易网络的整体网特征与行动者网络特征。研究表明，世界粮食贸易网络存在空间分布不均衡和异质性等特点，贸易强度较大的国家相对集中，"有效规模越大，限制度越低"等规律性特征明显。

运用 QAP 分析方法，基于 1996—2019 年的数据，将 *DIST*、*CONT*、*GDP*、*PRO*、*POP*、*LPI*、*RL*、*WTO* 及 *LG* 共 9 个矩阵作为自

变量，以世界粮食贸易网络差值网 W_g 作为被解释变量，建立 31×31 维 1-mode QAP 相关与回归分析模型，分别进行 5000 次与 2000 次随机置换，检验变量之间的相关关系，并确定相关系数在统计意义上的显著性水平，检验其与粮食贸易网络的影响关系。距离差异网络（$DIST$）、陆地接壤 0—1 网络（$CONT$）、经济规模差异网络（GDP）、产量差异网络（PRO）、人口规模差异网络（POP）、物流绩效差异网络（LPI）、法制水平差值网络（RL）、世贸组织 0—1 网络（WTO）及语言 0—1 网络（LG）共 9 个自变量与世界粮食贸易网络 W_g 均显著相关。GDP、PRO、POP、$DIST$、$CONT$、LPI 对于 W_g 的影响程度较强，而 LG、RL、WTO 对 W_g 的影响程度较弱。GDP、PRO、WTO、$CONT$ 对于 W_g 的影响系数为正向，而 POP、LPI、$DIST$、RL、LG 对于 W_g 的影响系数为负向。

基于社会网络分析方法，运用 UCINET 等工具，测算中国在粮食贸易网络的度数中心度、点度数（出度及入度）、点强度（入强度及出强度）、聚集系数及结构洞等指标，并从阶段性特征与关键指标特征分析中国在世界粮食贸易网络的地位变化情况。研究表明：中国出度中心度较高，入度中心度较低，出强度稳定在较低水平，入强度迅猛增长，结构洞指数波动幅度不大；中国粮食贸易发展存在的问题，包括政策支持力度较弱、对外合作协同机制不够、国际话语权较弱、国际环境不确定性增强等。

"保粮食安全"是国家"六稳""六保"战略的基础。因此，为更好应对错综复杂的国际环境，提升中国粮食贸易质量，必须全力打出组合拳，全面保障粮食安全。

第五章　中国粮食安全水平评估[①]

"民以食为天，食以粮为先。"中国作为世界人口大国，也是粮食消费大国，保障粮食安全是经济社会发展的"定海神针""压舱石"。党的十八大以来，习近平总书记多次强调"中国人的饭碗任何时候都要牢牢端在自己手上"[②]。那么，长期以来，中国粮食安全水平的发展趋势有何变化？在哪些方面面临着挑战与威胁？需基于系统性、科学性等原则，兼顾产业、经济、社会及生态效益等维度之间的平衡及统一，对中国粮食安全水平发展趋势进行系统深入分析。

第一节　模型构建

一　评估方法及维度

国内外学者对粮食安全内涵及评估方法的研究较为充分，大多数学者认为粮食安全应从多角度审视、多维度评估，评估方法应多侧重定量分析。现有的研究成果不仅阐明了粮食安全是全世界面临的严峻挑战，而且认为粮食安全问题可以进行客观评估和预测、预警，通过多维度看待粮食安全问题有利于构建"粮食人类命运共同体"。2014年 FAO 发布的《世界粮食不安全状况》中，将粮食安全评价体系按照 3 个一级指标，即粮食不安全确定因素、后果以及脆弱性（稳定性）进行分析。同时，又细分为 7 个二级指标，可供量、物质上的获

[①]　本章主要内容发表在《江西社会科学》2020 年第 11 期。

[②]　新华社：中央农村工作会议举行　习近平、李克强作重要讲话，中华人民共和国农业农村部，http://www.moa.gov.cn/ztzl/nygzh2013/2013nian/201312/t20131225_3723455.htm。

取、经济上的获取（或经济承受能力）和利用、食物获取不足等。

　　本书基于系统性、科学性等原则，通过兼顾国内产业、经济、社会及生态效益等维度之间的平衡、统一，从粮食可供性、可得性、稳定性、可持续性 4 个维度，运用熵值法构建评价指标体系，克服构建评价指标体系过程中赋值权重的主观性因素较强问题，结合新形势下粮食安全内涵扩展，对中国 1988—2019 年来的粮食安全水平进行科学、客观及全面的评价。本章对 1988—2019 年的谷物、三大主粮（小麦、玉米、水稻）及大豆安全水平均做出评估，但仅将谷物与大豆安全水平的具体测算步骤进行详细呈现，其他细分种类粮食与谷物安全水平的测算方法基本一致，在此不一一赘述。

　　二　指标选取及数据来源

　　为了综合反映粮食安全各维度的特征，借鉴 2014 年 FAO 发布的《世界粮食不安全状况》的分析框架，紧紧围绕可供性、可得性、稳定性、可持续性 4 个一级评价维度，设置数量安全、质量安全、经济条件、基础设施、贸易安全、波动安全、生态治理及资源投入 8 个二级评价维度及 27 个具体指标构建中国粮食安全评价体系，如表 5-1 所示。可供性包括数量安全及质量安全，可得性包括经济条件及物质条件，稳定性包括贸易安全及波动安全，可持续性包括资源投入及生态治理。

表 5-1　　　　　　　　中国粮食安全评价体系指标汇总

目标	一级维度	二级维度	粮食指标	方向
粮食安全综合指数（S）	可供性（R_1）	数量安全（M_1）	粮食产量（X_1）	+
			粮食播种面积（X_2）	+
			人均粮食占有量（X_3）	+
			粮食库存消费比（X_4）	+
			农业生产资料价格指数（X_5）	−
		质量安全（M_2）	受灾面积（X_6）	−
			农药使用量（X_7）	−
			农用化肥折纯量（X_8）	−
			农用塑料薄膜使用量（X_9）	−

续表

目标	一级维度	二级维度	粮食指标	方向
粮食安全综合指数（S）	可得性（R_2）	经济条件（M_3）	人均 GDP（X_{10}）	+
			粮食消费价格指数（X_{11}）	−
			农村居民人均可支配收入（X_{12}）	+
			恩格尔系数（X_{13}）	−
		基础设施（M_4）	铁路密集度（X_{14}）	+
			公路密集度（X_{15}）	+
	稳定性（R_3）	贸易安全（M_5）	粮食进口依存度（X_{16}）	−
			粮食进口额/国内商品出口总额（X_{17}）	−
			粮食进口额/世界粮食出口总额（X_{18}）	−
		波动安全（M_6）	零售价格指数波动系数（X_{19}）	−
			粮食产量波动系数（X_{20}）	−
			粮食供给量波动系数（X_{21}）	−
			粮食消费量波动系数（X_{22}）	−
	可持续性（R_4）	资源投入（M_7）	国家财政用于农业的支出（X_{23}）	+
			人均耕地面积（X_{24}）	+
			农田（有效）灌溉面积（X_{25}）	+
		生态治理（M_8）	除涝面积（X_{26}）	+
			水土流失治理面积（X_{27}）	+

注：表中涉及含有"粮食"的指标，在测算谷物及大豆安全水平时，分别用"谷物""大豆"对应的指标替代。例如，"粮食产量"这一指标，在评估谷物安全水平时，用"谷物产量"替代，在评估大豆安全水平时，用"大豆产量"替代。

（一）数量安全方面

粮食数量安全应遵循"立足国内""适度进口"的要求，合理利用国内国外两种资源，保证粮食在数量上供给充足，满足人们"吃得饱"的基本需求。因此，粮食数量安全指标包括中国粮食产量、粮食播种面积、人均粮食占有量、库存消费比、粮食产量波动系数及农业生产资料价格指数6个指标。由于玉米、小麦及水稻三大主粮作为国内传统意义上的"口粮"，在粮食供需中居于主导地位，同时，受限于数据可获得性，运用三大主粮库存消费比代替粮食库存消费比。

（二）质量安全方面

中国粮食产量逐年递增，家家户户"米袋子"更充实。农业在高速发展中，开始从"有没有"向"好不好"转变。人对粮食的需求，也从"吃得饱"向"吃得好"转变。塑料薄膜、农药和化肥等长期过量使用，造成严重的水污染和土壤结构改变，对生态环境造成破坏，直接或间接污染了粮食与食品。而当前中国农业生态环境面临的主要问题之一是气候变化，旱灾、涝灾及冰雹等自然灾害导致粮食受灾，影响到粮食的质量安全。因此，使用农药使用量、农用化肥折纯使用量、农膜使用量及受灾面积4个指标来衡量粮食质量安全状况。

（三）经济条件方面

"谷贱伤农，谷贵伤民"，粮食安全的基础是要保证产业主体利益。一方面，注重城乡居民对粮食的经济获取能力，解决的是人们能够"吃得起"粮食；另一方面，保障粮食生产者从种粮中获得一定的收益，提高农民种粮积极性。一般地，一国经济水平越高，农村居民收入增加，粮食价格相对越低，人们对于粮食的购买能力越强，越容易获得粮食。恩格尔系数反映的是食品支出占总消费额的比重，相对来说，随着收入的增加，该系数降低。因此，本书从粮食消费价格指数、农业生产资料价格指数、农民人均年收入及恩格尔系数4个角度衡量产业安全。由于现有统计资料中只有城镇和农村居民分开的恩格尔系数，将采取加权平均数来计算，其中 R_1 和 R_2 分别指城乡居民的恩格尔系数，E_1 和 E_2 分别指城乡居民的人口比例，计算公式为 $R = R_1 \cdot E_1 + R_2 \cdot E_2$。

（四）基础设施方面

完善的交通基础设施，畅通的运输路线，有助于粮食从生产者手中流通到消费者手中。因此，将铁路密集度及公路密集度作为物质条件指标。

（五）贸易安全方面

粮食作为战略物资，是国家的命脉。"手里有粮，心里不慌。"对于国家来说，如果粮食没有牢牢掌握在自己手中，而是强烈依赖国外进口，那么将会面临复杂且不确定的风险。中国也提出"口粮绝对安全，谷物基本自足"的要求。因此，将粮食进口依存度、粮食进口额占国内商品出口总额的比重、粮食进口额占世界粮食出口总额的比重作为考察贸易安全的指标。

（六）波动安全方面

粮食作为人们日常必不可少的食物，其重要性不言而喻。粮食供需平衡性及粮食零售价格波动幅度与人们生活息息相关。因此，选择粮食供给量波动系数、粮食需求量波动系数及粮食零售价格波动系数作为衡量波动安全的具体指标。

（七）资源投入方面

一国对于农业的重视程度体现在财政对于农业的支出。粮食的生产极大地依赖耕地面积，中国提出了"严守 18 亿亩耕地红线"的底线要求。此外，灌溉设施的完善，灌溉面积的增加，可提高对于灾害气候的抵抗能力，保障粮食收成。因此，利用国家财政用于农业支出、人均耕地面积、农田（有效）灌溉面积来衡量资源投入的力度。

（八）生态治理方面

良好的生态环境有助于粮食产业的可持续发展。生态治理的指标选取除涝面积及水土流失治理面积。

X_{1-10}、X_{13} 根据《中国农村统计年鉴》相关数据计算得出。X_{11}、X_{12}、X_{14}、X_{24-27} 根据《中国统计年鉴》相关数据计算得出。X_4、X_{15} 根据万得（Wind）、数据库相关数据计算得出。X_{16-18} 根据联合国商品贸易统计数据库（UN Comtrade）计算得出。X_{22} 来自《中国财政年鉴》。X_{23} 来自世界银行网站。X_{19}、X_{20}、X_{21} 来自 WIND 数据库。由于粮食种类中，主要将稻谷、小麦及玉米三大主粮作为居民日常食物，因此用三大主粮的库存量、供给量以及消费量作为基础数据，计算得出粮食库存消费比、粮食供给量波动系数、粮食消费量波动系数。将 1988 年作为研究的时间起点，主要讨论中国 1988—2019 年共 32 年的粮食安全水平。

三 指标评估体系构建

(一) 数据标准化

评价指标体系涉及多个维度,而各维度的指标量纲不同,所以标准化处理指标十分必要。各个指标对于粮食安全的影响分为正向及负向两种方式,处理方式各不相同。

其中, X_1、X_2、X_3、X_4、X_{10}、X_{12}、X_{14}、X_{15}、X_{23}、X_{24}、X_{25}、X_{26}、X_{27} 均为正向指标,处理公式如下:

$$X_{ij'} = (X_{ij} - \min X_j) / (\max X_j - \min X_j) \tag{5.1}$$

X_5、X_6、X_7、X_8、X_9、X_{11}、X_{13}、X_{16}、X_{17}、X_{18}、X_{19}、X_{20}、X_{21}、X_{22} 则为负向指标,处理公式如下:

$$X_{ij'} = (\max X_j - X_{ij}) / (\max X_j - \min X_j) \tag{5.2}$$

(二) 权重确定及指数合成

(1) 采用 1993—2019 年经标准化处理的指标数据组成原始矩阵 X:

$$X_{ij} = (X_{ij})_{25 \times 26} (i = 1, 2, \cdots, 25; j = 1, 2, \cdots, 27) \tag{5.3}$$

(2) 求第 j 个属性下第 i 个方案的贡献度,公式如下:

$$P_{ij} = \frac{X_{ij}}{\sum_{i=1}^{m} X_{ij}} \tag{5.4}$$

(3) 求出所有属性的熵值 $E_j(j=1, 2, \cdots, 27)$,公式如下:

$$E_j = -K \sum_{i=1}^{m} P_{ij} \ln(P_{ij}) \tag{5.5}$$

式中:熵值 E_j 为代表第 j 个属性下所有指标对 X_j 的作用,值越小,贡献越大。为保证 $0 \leqslant E_j \leqslant 1$,常数 $K = 1/\ln(m)$,m 为年份数。

(4) 求出第 j 个属性下各指标的差异系数 $D_j(j=1, 2, \cdots, 27)$,公式如下:

$$D_j = 1 - E_j \tag{5.6}$$

(5) 求出各属性所占权重 $W_j(j=1, 2, \cdots, 27)$,公式如下:

$$W_j = \frac{D_j}{\sum_{j=1}^{27} D_j} \tag{5.7}$$

根据以上公式可计算出各指标对粮食安全影响程度的大小，如表 5-2 所示，计算结果客观反映出了中国粮食安全存在的短板及问题。各个指标对于粮食的影响程度不一样，其对应的信息熵以及权重也不同。由表 5-2 可知，粮食安全评价体系中可供性、可得性、稳定性以及可持续性 4 个一级维度的权重系数分别对应为 34.09%、34.35%、10.71%、20.85%，反映出对中国粮食安全影响程度由大到小分别为粮食可得性、可供性、可持续性、稳定性。同时，8 个二级维度所占权重各不相同，其中质量安全、经济条件、基础设施及资源投入明显对粮食安全的影响程度相对较大。此外，具体指标中，受灾面积、农用化肥折纯量、农药使用量、人均 GDP、农村居民人均可支配收入、公路密集度、铁路密集度、国家财政用于农业的支出对应的权重系数均大于 5.0%，对粮食安全综合指数的影响程度较大。

表 5-2　　　　　　　　　中国粮食安全评价指标汇总

目标	一级维度	权重	二级维度	权重	指标	信息熵	权重
S_c	R_1	0.3409	M_1	0.1314	X_1	0.9307	0.0364
					X_2	0.9603	0.0209
					X_3	0.9531	0.0247
					X_4	0.9329	0.0353
					X_5	0.9731	0.0141
			M_2	0.2095	X_6	0.8983	0.0535
					X_7	0.8916	0.0570
					X_8	0.9039	0.0505
					X_9	0.9079	0.0484
	R_2	0.3435	M_3	0.2031	X_{10}	0.8204	0.0945
					X_{11}	0.9803	0.0104
					X_{12}	0.8942	0.0556
					X_{13}	0.9190	0.0426
			M_4	0.1404	X_{14}	0.8757	0.0654
					X_{15}	0.8575	0.0750

目标	一级维度	权重	二级维度	权重	指标	信息熵	权重
S_c	R_3	0.1071	M_5	0.0518	X_{16}	0.9605	0.0208
					X_{17}	0.9631	0.0194
					X_{18}	0.9778	0.0117
			M_6	0.0552	X_{19}	0.9595	0.0213
					X_{20}	0.9718	0.0148
					X_{21}	0.9880	0.0063
					X_{22}	0.9756	0.0128
	R_4	0.2085	M_7	0.1410	X_{23}	0.8728	0.0669
					X_{24}	0.9175	0.0434
					X_{25}	0.9416	0.0307
			M_8	0.0675	X_{26}	0.9423	0.0303
					X_{27}	0.9293	0.0372
S_s	R_1	0.3264	M_1	0.1422	X_1	0.9612	0.0179
					X_2	0.9447	0.0256
					X_3	0.9511	0.0226
					X_4	0.8625	0.0636
					X_5	0.9731	0.0124
			M_2	0.1843	X_6	0.8983	0.0470
					X_7	0.8916	0.0502
					X_8	0.9039	0.0445
					X_9	0.9079	0.0426
	R_2	0.3022	M_3	0.1787	X_{10}	0.8204	0.0831
					X_{11}	0.9801	0.0092
					X_{12}	0.8942	0.0489
					X_{13}	0.9190	0.0375
			M_4	0.1234	X_{14}	0.8757	0.0575
					X_{15}	0.8575	0.0659
	R_3	0.1880	M_5	0.1405	X_{16}	0.8859	0.0528
					X_{17}	0.9021	0.0453
					X_{18}	0.9083	0.0424
			M_6	0.0475	X_{19}	0.9595	0.0187
					X_{20}	0.9883	0.0054
					X_{21}	0.9685	0.0146
					X_{22}	0.9810	0.0088

续表

目标	一级维度	权重	二级维度	权重	指标	信息熵	权重
S_s	R_4	0.1834	M_7	0.1240	X_{23}	0.8728	0.0588
					X_{24}	0.9175	0.0382
					X_{25}	0.9416	0.0270
			M_8	0.0594	X_{26}	0.9423	0.0267
					X_{27}	0.9293	0.0327

注：为保证统计口径一致性，本部分呈现的结果是谷物安全水平，即该部分的"粮食"用谷物代替，其他细分粮食种类的安全水平测算方法一样，故不在此一一呈现。第六章、第七章、第八章涉及的粮食、谷物或小麦、玉米、稻谷等细分种类，均在后文明确指出。

（三）构建等级评价标准模型

本书基于上述粮食安全评价指标和权重，结合现有文献研究成果，构建指标等级评价标准的模型。首先，采用 $\max x - \min x - \Delta x$ 方法建立评价标准，即确立等级界值。模型如下：

$$l = x_{nj[\min]} + \alpha(x_{nj[\max]} - x_{nj[\min]}) \qquad (5.8)$$

式中：l 表示等级界值，α 表示评价标准系数，且 $0 < \alpha < 1$，选取 $\alpha = 0.2$、$\alpha = 0.4$、$\alpha = 0.6$、$\alpha = 0.8$ 作为安全等级界值。由此，将安全等级由低到高设置为 I 级（高风险）、II 级（较高风险）、III 级（一般安全）、IV 级（较低安全）、V 级（安全）。

然后，将粮食安全评价指标经过标准化处理，计算得出粮食安全的可供性 R_1、可得性 R_2、稳定性 R_3、可持续性 R_4 四个一级维度的评价等级阈值，以及粮食安全综合指数 S 的评价等级阈值。谷物四个一级维度对应安全等级 I 级、II 级、III 级、IV 级、V 级的区间值分别为 [0，0.0087）、［0.0087，0.0107）、［0.0107，0.0127）、［0.0127，0.0146）、[0.0146，1]；[0，0.0070)、[0.0070，0.0132)、[0.0132，0.0194)、[0.0194，0.0256)、[0.0256，1]；[0，0.0024)、[0.0024，0.0030)、[0.0030，0.0036)、[0.0036，0.0041)、[0.0041，1]；[0，0.0053)、［0.0053，0.0074）、［0.0074，0.0095）、［0.0095，0.0116)、[0.0116，1]。同时，谷物安全综合指数的评价等级阈值将其安全等级分为 I 级、II 级、III 级、IV 级、V 级，分别为 [0，

0.0283）、[0.0283，0.0370）、[0.0370，0.0457）、[0.047、0.0544）、[0.0544，1]。

大豆四个一级维度对应安全等级Ⅰ级、Ⅱ级、Ⅲ级、Ⅳ级、Ⅴ级的区间值分别为[0，0.0074）、[0.0074，0.0100）、[0.0100，0.0127）、[0.0127，0.0154）、[0.0154，1]；[0，0.0061）、[0.0061，0.0115）、[0.0115，0.0170）、[0.0170，0.0225）、[0.0225，1]；[0，0.0038）、[0.0038，0.0056）、[0.0056，0.0073）、[0.0073，0.0090）、[0.0090，1]；[0，0.0046）、[0.0046，0.0065）、[0.0065，0.0084）、[0.0084，0.0102）、[0.0102，1]。同时，粮食安全综合指数的评价等级阈值将其安全等级分为Ⅰ级、Ⅱ级、Ⅲ级、Ⅳ级、Ⅴ级，分别为[0，0.0292）、[0.0292，0.0347）、[0.0347，0.0401）、[0.0401，0.0456）、[0.0456，1]。

第二节 评估结果及阶段性分析

一 评估结果

采用加权函数，计算1988—2019年中国粮食安全综合指数及4个维度的安全指数，公式如下：

$$R = \sum_{j=1}^{n} X_{ij} W_j \tag{5.9}$$

$$S = \sum_{j=1}^{27} X_{ij} W_j \tag{5.10}$$

式中：R为各维度安全指数；n为指标数；S为粮食安全总和指数，计算结果如表5-3所示。

表5-3 1988—2019年部分年份中国粮食安全评价指数结果汇总

粮食种类	年份	S	等级	R_1	等级	R_2	等级	R_3	等级	R_4	等级
谷物	1988	0.0221	Ⅰ	0.0153	Ⅴ	0.0007	Ⅰ	0.0030	Ⅳ	0.0030	Ⅰ
	1992	0.0212	Ⅰ	0.0142	Ⅳ	0.0009	Ⅰ	0.0025	Ⅲ	0.0036	Ⅰ
	1996	0.0217	Ⅰ	0.0126	Ⅳ	0.0029	Ⅰ	0.0023	Ⅱ	0.0039	Ⅰ

粮食种类	年份	S	等级	R_1	等级	R_2	等级	R_3	等级	R_4	等级
谷物	2000	0.0227	I	0.0094	II	0.0052	I	0.0032	IV	0.0049	I
	2004	0.0239	I	0.0090	II	0.0067	I	0.0025	III	0.0057	II
	2008	0.0330	II	0.0076	I	0.0129	III	0.0038	V	0.0087	III
	2012	0.0397	III	0.0088	II	0.0198	IV	0.0028	III	0.0083	III
	2016	0.0514	IV	0.0117	III	0.0255	V	0.0026	III	0.0116	V
	2019	0.0615	V	0.0142	IV	0.0309	V	0.0033	IV	0.0133	V
大豆	1988	0.0309	II	0.0179	V	0.0006	I	0.0098	V	0.0027	I
	1992	0.0282	II	0.0135	IV	0.0009	I	0.0107	V	0.0032	I
	1996	0.0294	II	0.0138	IV	0.0024	I	0.0099	V	0.0035	I
	2000	0.0253	I	0.0102	III	0.0045	I	0.0063	III	0.0043	I
	2004	0.0253	I	0.0099	II	0.0059	II	0.0045	II	0.0050	II
	2008	0.0282	II	0.0069	I	0.0112	II	0.0025	I	0.0077	III
	2012	0.0322	II	0.0054	I	0.0175	IV	0.0020	I	0.0073	III
	2016	0.0397	IV	0.0051	I	0.0226	V	0.0018	I	0.0102	V
	2019	0.0514	V	0.0102	III	0.0273	V	0.0022	I	0.0117	V

注：表中仅汇报了部分年份谷物与大豆的安全水平，研究期内全部年份的安全水平评估结果详见附录13。

二　阶段性分析

（一）谷物安全水平阶段性特征

由图5-1可得知，谷物安全综合指数的变化趋势可分为"缓降—平稳—陡增"三个阶段，且2004年之前与可供性指数的波动趋势基本一致，2004年以后与可得性指数的波动趋势基本一致，与上文计算出得可供性与可得性维度所占权重较大的结果相吻合。谷物安全综合指数整体呈上升趋势，从1988年的2.21%增长至2019年的6.15%，增长了1.78倍。二级维度中，可供性指数呈先降后升的趋势，2004年作为分水岭，在此之前，由于谷物数量安全及质量安全指数不断下滑，可供性指数整体呈下降趋势，而2004年后下降速度有所减缓，得益于中国谷物产量"十二连增"。可得性指数呈现不断上升趋势，从 1988 年的 0.072% 上升至 2019 年的 3.09%，增长了 41.92 倍，反映出人们生活质量的提升，较少出现由于"买不起"而"吃不饱"的情况。稳定性指数在研究期内波动幅度较大，呈先增后降趋势，但整体水平较低，反映出中国谷物安全的稳定性较差。可持续性指数从 2007 年开始一直在Ⅲ级以上，且指数值不断增加，反映出中国开始加大农业投入力度以及重视生态治理。

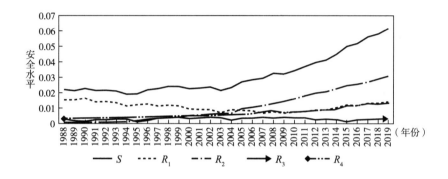

图 5-1　1988—2019 年中国谷物安全指数变化情况

资料来源：根据表 5-3 结果绘制。

1988—1994 年，中国谷物安全综合指数处于较低水平，且有下降趋势。其走势与可供性指数的发展趋势基本一致，该时期谷物播种面积增加，产量稳步增长，人均占有量较高，农药、化肥及塑料薄膜较少使用，保障谷物可供性。由于当时国内经济发展水平较差，人均GDP 水平较低，农村居民收入水平较低，运输路线不畅通等因素，使得谷物可得性较差。该时期进口依存度较高，谷物进口额占中国商品总出口额的比重与谷物进口额占世界谷物出口总额的占比均较高，谷物稳定性较差。当时中国政府对于环境保护、生态治理的重视程度不够，以及对于农业发展的财政支出较少，可持续性水平波动很小且水平较低。

1994—2004 年，中国谷物综合指数波动较大，且安全等级较低。该时期谷物产量增长较慢，尤其在 2003 年前后，面临谷物播种面积骤减及自然灾害，使其数量安全受到严重威胁，同时，由于大量使用农药、塑料薄膜等使谷物质量安全指数下降，这两方面均导致谷物可供性指数呈下降趋势。该时期国内经济水平发展较快，农村居民收入增加，公路级铁路总里程增速较快，使谷物可得性指数不断增长，安全等级上升。随着中国农产品市场的逐步开放，谷物进口占国内需求的比重、谷物进口额占国内商品出口总额的比重及谷物进口额占世界出口总额的比重波动较大，但是供需较为平衡，波动性方面的指标表现较好，所以整体稳定性指数较上一阶段明显增加，安全等级提升明显。该时期的可持续性指数处在较低水平，且较上一阶段并无明显变化，安全等级较低。

2004—2019 年，中国谷物安全综合指数明显上升，安全等级不断提高。虽然在 2003 年前后，面临谷物播种面积骤减及自然灾害，并在 2007 年遭遇全球经济形势大波动，但 2006 年以后取消农业税等惠农政策实施，如《国家谷物安全中长期规划纲要（2008—2020 年）》的颁布、"严守 18 亿亩耕地红线"的提出等，促使中国谷物安全有所改善。截至 2019 年，中国粮食产量经历了"十五连丰"，产量最高时可达 66160.7 万吨①，人均占有量达到 470 多千克②，远高于世界平均水平。谷物播种面积增加，产量不断提升，人均占有量稳步增加，使得谷物数量安全指数提升，在一定程度上抵消了农药、化肥及塑料薄膜使用带来的质量安全的消极影响，所以谷物可供性指数下降趋势减缓。该时期内，中国开放程度越来越高，国内经济飞速发展，人们生活水平稳步提升，交通设施完善，运输路线更加畅通，这些因素促使谷物可得性指数增长较快。中国谷物对外依存度在此期间不断上升，2015 年达到最高值 5.03%，但谷物进口额占国内商品出口总额的比重及谷物进口额占世界出口总额的比重呈波动下降趋势，因此谷物稳定性较上一阶段有所改善。可持续性指数较上一阶段有明显提升，得益于中国政府越来越重视农业生态环境的保护及治理，并不断加大对农业的财政支持。值得注意的是，中国谷物对外依存度有回升迹象，

---

① 资料来源：《中国农村统计年鉴》。
② 资料来源：Wind/经济数据库/行业数据。

波动性指数变化较大，国内供需出现失衡，稳定性指数出现下滑趋势，安全等级回落。

（二）大豆安全水平阶段性特征

由图 5-2 可知，大豆安全综合指数的变化趋势可分为"波动—下降—上升"三个阶段。与谷物较为相似，大豆的可供性与可得性维度对于安全综合指数的影响程度较大，因此，大豆安全综合指数变化趋势在 2004 年之前与可供性指数基本一致，2004 年以后与可得性指数变化趋势较为吻合。大豆安全综合指数变化趋势在 2003 年出现明显的转折，先是从 1988 年的 3.09% 下降至 2003 年的 2.21%，降低了 28.47%，之后由 2003 年的 2.21% 增长至 2019 年的 5.14%，增长了 1.33 倍。4 个二级维度呈"双升双降"的特点，即可得性指数与可持续发展指数呈上升趋势，而可供性指数与稳定性指数呈下降趋势。可供性指数波动下降的趋势，反映出大豆的国内供给不足，数量安全及质量安全水平双低现象明显。可得性指数不断上升，尤其自 2003 年开始，可得性指数增长速度较快，且安全等级不断提升。从 2003 年的 0.78% 上升至 2019 年的 2.73%，增长了 2.5 倍，充分说明国内居民收入提高，基础设施完善，交通运输水平提高，较少出现"买不起""买不到"的情况。稳定性指数在研究期内呈下降趋势，尤其自 2008 年以来，整体水平较低，一直保持Ⅰ级，反映出中国大豆安全的贸易安全与波动性指数表现都较差。可持续性指数呈不断增加趋势，

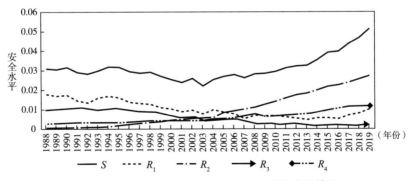

图 5-2　1988—2019 年中国大豆安全指数变化情况

资料来源：根据表 5-3 结果绘制。

从 1988 年的 0.27% 上升到 2019 年的 1.17%,增长了 3.33 倍,且从 2014 年开始一直在 V 级以上,说明中国不断加大农业投入力度,更加重视生态治理。

1988—1995 年,中国大豆安全综合指数呈小幅波动趋势,且安全水平较低。该时期大豆播种面积、产量较小,但是人均占有量、库存消费比相对较高,1994 年中国大豆数量安全指数最高,所以大豆数量安全保障了大豆的可供性。由于当时国内经济发展水平较差,人均 GDP 水平较低,农村居民收入水平较低,运输路线不畅通等因素,使大豆可得性较差。该时期大豆产量、供给量、消费量波动指数与零售价格波动指数波动较大,但是进口依存度、谷物进口额占中国商品出口总额的比重与谷物进口额占世界谷物出口总额的比重均较低,安全等级在 V 级,大豆稳定性较好。其间,大豆可持续性水平波动很小且水平较低,安全等级保持 I 级。

1995—2003 年,中国大豆综合指数呈下降趋势,且安全等级在多数年份都为 I 级。该时期大豆产量增长较慢,库存消费比下降,农药、化肥、塑料薄膜等大量使用,使大豆数量安全与质量安全指数下降,这两方面均导致大豆可供性指数呈下降趋势。该时期的可供性指数从 1995 年的 1.61% 下降到 2003 年的 0.78%,下降了 51.55%。该时期国内经济水平发展较快,农村居民收入增加,直接提升了大豆的经济可得性,同时,公路及铁路总里程增速较快,交通设施的完善,使大豆的地理可得性指数不断增长。因此,大豆可得性指数持续上升,安全等级从 I 级上升至 II 级。随着中国农产品市场的逐步开放,国内居民对于植物蛋白需求的增加,使国内大豆供不应求,需要依靠进口来满足,大豆对外依存度、大豆进口额占国内商品出口总额的比重及大豆进口额占世界出口总额的比重不断增大,所以稳定性指数降低,安全等级从 V 级下降到 II 级。该时期的可持续性指数处在较低水平,但较上一阶段有所提升。

2003—2019 年,中国大豆安全综合指数明显上升,安全等级从 I 级不断提高到 V 级。其间,农药、化肥及塑料薄膜的使用数量增速变缓,使大豆质量安全有所回升,但是大豆播种面积、大豆产量、人均占有量以及库存消费比都在下降，导致大豆数量安全水平较低，因此，大豆可供性水平较上一阶段降低，多数年份保持在Ⅰ级。在此期间，中国经济水平不断提高，人均GDP从2003年的1288美元增长至2019年的10276美元，增长了7.98倍，农村居民人均收入从3582元上升至14617元，增长了3.08倍，可见人们生活水平明显提高，因此，大豆的可得性水平持续上升，从第Ⅱ级上升至第Ⅴ级，且近年来一直保持最高水平。值得注意的是，中国大豆对外依存度在该阶段不断上升，2015年达到最高值86.97%，同时，大豆进口额占国内商品出口总额的比重及大豆进口额占世界出口总额的比重均呈上升趋势，因此大豆稳定性指数持续下降，近年来一直保持较低水平，自2008年以来，安全等级都为Ⅰ级。可持续性指数较上一阶段有明显提升，近年来中国政府在农业综合开发方面的投入只增不减，并加大力度治理农业生态，大豆产业可持续性指数增长较快，自2015年以来，安全等级保持在Ⅴ级。

第三节　基于评估结果的中国粮食安全问题分析

从评估结果可以看出，近年来，中国粮食及大豆的安全综合指数均呈上升趋势并处于较高水平，但不意味着可以高枕无忧。深入分析各个维度，发现可供性、稳定性及可持续性方面暴露出亟待解决的安全隐患。尤其面临国际环境日益复杂，并且受到全球疫情冲击，中国在今后很长一段时期，面临的风险挑战前所未有，国际贸易投资萎缩、大宗商品市场动荡，势必会波及国内粮食安全的稳定。

一　基于可供性分析

（一）产能提升难度加大

自2003年起，中国不断出台农业方面的利好政策，调动农民种粮积极性，促使粮食产量持续增长，截至2015年，人均粮食占有量高达 480.57 千克①，相对 2003 年增长了 44.19%，但这种连增势头在 2015 年出现转折。中国粮食发展成就巨大，但也要正视粮食产量连年增长掩盖的一些问题。如图 5-3 所示，中国粮食产量与人均占有量年增长率均呈下降趋势，尤其自 2016 年开始，粮食产量及人均粮食占有量出现下滑迹象，增长率出现负数，说明中国粮食产能出现"天花

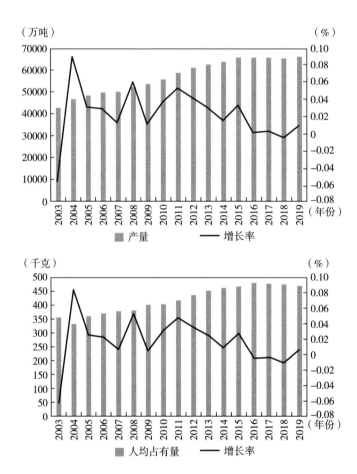

图 5-3　2003—2019 年中国粮食产量、增长率情况与人均占有量、增长率情况

资料来源：产量/粮食（人均占有量：粮食）[DB/OL]. Wind，经济数据库，宏观数据，行业数据，农林牧渔，产品产量和消费量，主要农产品产量，主要农产品人均占有量。

---

① 资料来源：Wind/经济数据库/行业数据。

板效应"。同时，2008—2019年，中国粮食自给率、谷物自给率和口粮自给率长期保持波动趋势。谷物及口粮能满足国家提出的"谷物基本自给，口粮绝对安全"的要求，谷物自给率维持在95%—100%，口粮自给率除了在2010—2012年低于95.00%，其他年份都在100%以上。目前，由于粮食的统计口径在国内外并不一致，如果仅考虑中国传统意义上的"粮食"① (Grain) 的话，发现中国粮食自给率波动较大，且自2011年开始呈下降趋势，尤其在2014—2019年，粮食自给率均低于95.00%，最低是2017年的86.39%。

（二）农业劳动力减少并趋于老龄化、女性化

从图5-4可看出，1993—2019年，中国乡村就业人员减少了1.44亿人。同时，第一产业就业人数占乡村就业人员的比重从77.60%一路下滑至59.30%，数量大幅减少。此外，农业劳动力老龄化及女性化严重。以2017年为例，中国国内乡村地区65岁及以上人口占总人口的比重高达13.22%，老年抚养比例达到19.62%，较高的老龄化人口比重，势必会阻碍农业从业人员结构的优化，影响农业生产效率及科技普及率等方面。2000—2019年，中国农业劳动力中女性

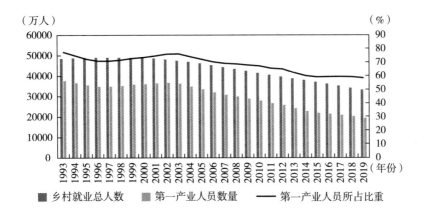

图5-4　1993—2019年第一产业就业人口数及占农村就业总人口比重情况

资料来源：中国经济社会大数据研究平台，《中国农村统计年鉴（2019）》。

---

① 粮食指农业生产经营者日历年度内生产的全部粮食。按收获季节包括夏收粮食、早稻和秋收粮食，按作物品种包括谷物、薯类和豆类。

比例长期保持在 48.00% 左右，但是该指标在阿根廷、美国、以色列等农业发展水平较高的国家，仅为 10.00%—25.00%[①]。因此，农业就业人数减少、劳动力老龄化及女性化等趋势，必然会减少粮食种植过程中的劳动力供给，导致粮食增产困难。

（三）粮食生产机械化、规模化水平不高

长期以来，中国国内粮食生产的主体分散，产业组织化程度较低。以 2016 年为例，中国国内的农业经营户 2 亿余户，但规模农业经营户的占比仅为 1.92%，规模化水平整体较低。同时，多数个体、民营等农产品市场主体，均位于农村腹地，配套的交通、通信等硬件设施不足。相对而言，美国、阿根廷、以色列等国则是以规模化农业生产经营为主，其比例高达 90.00%。农业通过提高机械化发展水平，提升粮食种植效率，不仅能增加粮食产量，还可提高其种植质量。但中国粮食的耕种收农业机械化水平长期以来发展缓慢，直到 2019 年，其综合机械化率还停留在 70.00% 左右，但是日本等部分发达国家早在 20 世纪 60 年代就实现了农业全面机械化。

（四）科技力量介入困难

目前国内农业面临资源约束等问题，当农业生产要素如耕地、人力等生产要素数量一定，甚至缩减的情况下，只有增强科技投入才能实现粮食增产提质。近年来，中国不断推进科技兴农，农业科技进步贡献率在 2019 年达到 59.20%，但与农业发展成熟的国家相比还有较大的差距，如美国 2006 年就达到 80.00% 以上，而以色列则高达 96.00%。中国农业方面科技力量介入困难，其更深层次的原因是农业科技成果转化率较低。从国家科技成果网公布的数据可看出，近年来，农、林、牧、渔业产业化应用的科技成果比例不升反降，从 2014 年的 54.80% 下降至 2018 年的 46.57%。因此，科技作为重要的生产要素，在农业生产经营中并未完全体现其价值，同时，其他生产要素的科技支撑也相对较弱。

（五）化肥、农药及塑料薄膜使用过量

近年来，中国对农药、化肥及塑料薄膜的使用进行严格控制，大

---

① 资料来源：Wind/宏观数据/全球宏观。

力发展生态农业、循环农业及绿色农业。以 2018 年为例,中国农用化肥施用总量为 5653 万吨,折合为亩均化肥施用量为 20 千克,相当于目前世界平均化肥施用量的 2.50 倍;农药原药年生产量高达 240.02 万吨,使用量则高达 150.36 万吨,是世界平均水平的 2.5 倍以上;农用塑料薄膜使用量达到了 246.48 万吨,相对于 1993 年增长了 2.60 倍[①]。化肥、农药及塑料薄膜在农业生产过程中过量使用,导致农作物赖以生存的土壤和灌溉水体受到污染,长此以往,不仅会影响到粮食的质量,还会对农业的可持续发展带来难以挽回的负面影响。

二 基于可得性分析

随着中国人口数量持续增长,人们对于粮食的需求逐渐多样化、优质化,但资源环境的承载力日益趋紧,未来中国粮食的供需可能会维持紧平衡状态,甚至出现较大的缺口。

(一)粮食产需空间分布不平衡

中国主要的粮食生产大省包括黑龙江、吉林、河南、湖北、安徽、河北、山东等,这些省份的余粮较多。粮食消费量较大的地区则多集中在北京、天津、上海等人口密集区、经济发达地区,而这些地区产粮较少,因此粮食供需缺口较大。粮食供需在空间上的差异,使得粮食供需市场形成"马太效应",粮食主产区的余粮较多,主销区的粮食缺口却越来越大。此外,由于粮食收储过程中会造成不同程度的损耗,加剧了供需空间的不平衡。

(二)粮食作物品种产需不平衡

目前,中国粮食消费的结构变化较大。由于人们生活质量上升,对于瓜果蔬菜和蛋白质摄入增加,口粮需求量却有所下降。为满足人们对蛋、奶的需求,粮食作为动物饲料的原材料,促使饲料粮消费显著上升。从粮食细分种类看,中国国内粮食品种的产需不平衡。目前,小麦和稻谷等主要粮食种类的国内供给较为充足,但大豆供需缺口日益增大,其中 85.00% 的需求量需要进口来满足,容易受制于大

---

① 资料来源:Wind/宏观数据/行业数据。

豆出口国。因此，粮食品种的产需不平衡会对中国粮食安全造成一定的威胁。合理解决国内粮食供需的空间失衡，科学处理粮食品种产需失衡的矛盾，是当前中国粮食安全保障的重点之一。在粮食产业发展过程中，不仅要大力提升国内粮食生产资源利用率，还要充分利用国际粮食市场和资源来调节粮食余缺。

三 基于稳定性分析

（一）种植结构不平衡

从图5-5中可看出，1993—2019年，主要粮食种类播种面积及占比都出现波动。稻谷播种面积基本在2667万公顷以上，尤其近5

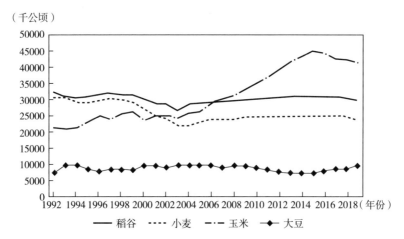

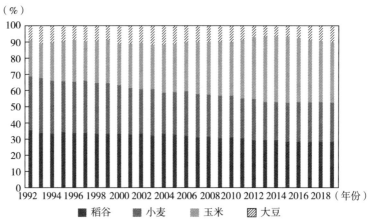

图5-5 1992—2019年中国主要粮食种类种植面积及构成情况

资料来源：中国经济社会大数据研究平台，《中国统计年鉴》（历年）。

112

年都在 3067 万公顷以上，占主要粮食播种面积比重的变化幅度较小，为 30.00% 左右。小麦播种面积明显减少，玉米种植面积整体呈上升趋势。小麦由 1993 年的 3027 万公顷减少到 2019 年的 2373 万公顷，减少了 21.61%，占比从 2000 年开始低于 30.00%，近 5 年占比仅为 23.00%。玉米则从 1993 年的 2067 万公顷上升到 2019 年的 4128 万公顷，增长了 99.71%，占比从 1993 年的 20.80% 上升到 2019 年的 40.00%，最高时可达 42.10%，从 2007 年开始占主粮之首。大豆的播种面积及占比都是最低，从 2008 年开始，其播种面积占比一直低于 10.00%，且近年来有持续减少的趋势。目前，国产大豆产量仅相当于进口量的 16.00%—18.00%，大豆供需严重不平衡，急需调增大豆种植面积。

（二）进口结构不平衡

如图 5-6 所示，中国主要粮食进口在品种结构上呈阶段性变化。1992—1996 年，中国以进口小麦为主。从 1997 年起，小麦进口数量所占比重大幅降低，大豆取而代之成为粮食进口中的主力军，并一直保持至今。近 20 年来，大豆进口量则一直呈现激增趋势，从 1992 年的 12.07 万吨增长至 2019 年的 9976 万吨，增长了将近 827 倍，进口比重居高不下，甚至在 2008 年达到历史最高峰的 99.00%，而中国也成为一个大豆消费严重依赖进口的国家。反观三种主粮的进口量，在近 10 年来，基本维持在 200 万—400 万吨，进口比例基本都在 2.00%—5.00%，呈现平稳态势。国内供需处于紧平衡状态，进口依赖性增强。虽然利用国际粮食市场调节国内粮食余缺的做法已趋于常态化，但中国粮食进口依赖性逐年增强，体现在进口规模持续增长、进口量占世界粮食出口量的比例加大、对外依存度及进口集中度增强。国际贸易环境日趋复杂，粮食作为战略性物资，一旦主动权掌握在出口方，中国粮食安全将会受到威胁。中国粮食进口总量激增，从 2008 年的 4131 万吨增长至 2019 年的 11144 万吨[1]，增长了 1.70 倍，年均增速为 27.97%，增速较快。主要粮食进口量在世界出口总量的

---

① 资料来源：Wind/宏观数据/中国宏观。

占比从 1993 年的 2.89% 上升到 2017 年的 20.13%①，增长了近 7 倍。中国粮食进口占国内需求的比重呈波动上升趋势，已经从 1993 年的 1.62% 上升到 2017 年的 16.49%，增长了 10 倍以上。中国谷物前五大进口来源国所占进口市场份额持续保持在 80.00% 以上，在 2014 年甚至超过 90.00%，其中，自美国、澳大利亚进口额排名保持前两位，且这两国占中国进口市场份额一半以上。

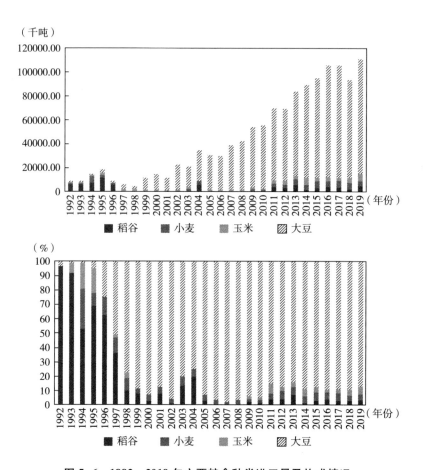

图 5-6　1992—2019 年主要粮食种类进口量及构成情况

资料来源：中国经济社会大数据研究平台，《中国统计年鉴》（历年）。

---

① 根据 UN Comtrade Database/Extract Data（https：//comtrade. un. org/data）与 Wind/宏观数据/行业数据中大米、玉米、小麦及大豆的历年出口数据计算得出。

（三）全球农业政策失衡，国内粮食产业发展受阻

在现行 WTO 框架下，拥有粮食生产和贸易优势的欧美等发达国家，对粮食补贴力度较大、补贴方式多样，最终压低自产粮食价格，在全球粮食供求体系中保持价格优势，增强自身竞争力，并挤压发展中国家的粮食生产和出口能力。例如，美国关于农业补贴范围包括研发、生产、营销、贸易等，2000—2019 年，政府经常性支出项下的农业补贴累计高达 2700 亿美元①，年均 142 亿美元。自 2000 年至今欧盟平均每年财政补贴农业 300 亿欧元以上。日本有 8 大类农业补贴方式，即收入补贴、出口促进补贴、六次产业补贴等。2001—2019 年，日本总共用于农林水产省的财政支出高达 5.30 万亿日元，相当于农林渔业 GDP 的一半②。在这种不对称的竞争中，部分传统粮食出口国失去出口优势，甚至变为粮食进口国，影响国内粮食市场稳定性。

（四）国际环境复杂性、不确定增强

一是国际期货市场不稳定。世界粮食市场价格可通过期货途径对国内粮食供给产生影响。中国大米、小麦、玉米虽实施的是进口配额，但仍然不可避免受国际市场影响。此外，国际投机资本在商品市场套保、投资、投机等虚拟交易日渐增多，无不增加粮食安全的风险系数。二是贸易摩擦时有发生。为维护本国利益，利用相关的反制手段，可能会波及粮食正常贸易。2018 年，中美贸易摩擦升级，小麦、玉米、大豆等作为反制手段的对象，屡屡出现在制裁名单，影响到粮食产品的正常进口。短期内由于粮食产品价格上升，直接影响中国物价指数（CPI）及以其为主要中间投入品的下游产业，最后损害国内消费者利益，对国家粮食安全造成威胁。三是全球突发事件时有发生。比如蝗虫灾害及全球突发公共卫生事件，粮食出口国临时采取限制出口措施，进口国开始未雨绸缪，供求失衡导致国际粮价异动，短期内会引起国内民众情绪的恐慌，长期依靠别国的供给将会面临"卡脖子"风险。2019 年，巴基斯坦、埃塞俄比亚、埃及等国家遭遇蝗

---

① 资料来源：Wind/宏观数据/全球宏观。
② 资料来源：Wind/宏观数据/全球宏观。

灾；澳大利亚发生罕见火灾，过火面积达到 1200 万公顷。2020 年，全球暴发新冠疫情，哈萨克斯坦、越南等多国采取措施暂停小麦、大米等农产品出口，导致国际粮价异动，国际粮食贸易形势令人担忧。

四　基于可持续性分析

（一）中国农业自然灾害频发

长期以来，中国自然灾害频发，农业还未完全摆脱"靠天吃饭"的境地。同时，粮食产业的科技投入有限，对自然灾害的抵御能力较弱。随着全球环境恶化，中国旱涝灾害发生频率增加，尤其干旱情况有明显加重的趋势。极端天气频发不仅会直接导致粮食减产，还会引起病虫害等连锁反应，直接影响粮食生产质量。这些不确定性、极端灾害事件是引起中国粮食不安全的重要因素。此外，水土流失较为严重。截至 2019 年，已有 273.69 万平方千米的土壤发生了水土流失，粮食主产区诸如河南省等地也难免其害。水土流失带来的危害不容小觑，随着水土流失，土壤中的氮磷钾等肥料也会随之流失，导致农业生态环境日益恶化，不利于粮食生产。

（二）水资源匮乏

中国人均淡水资源距世界平均水平有较大差距，目前拥有量仅为世界平均水平的 1/3 左右[①]。在南北方空间布局方面，中国水资源面临分布不均的问题，且水资源与耕地面积不匹配。南方地区水资源较为丰富，约占全国总量的 80.00%，北方地区水资源相对稀缺，仅占全国总量的 20%。在耕地方面，南方耕地面积仅占全国总面积的 40.00%，北方耕地面积却占到总面积的 60.00%[②]。值得注意的是，部分国家级粮食主产区水资源匮乏尤为严重，如山东和河南两省的人均水资源量远低于全国平均水平，目前仅是全国平均水平的 1/4[③]。因此，水资源不足导致粮食增产难度加大。

---

① 资料来源：世界银行/人均可再生内陆淡水资源（立方米），https：//data. world-bank. org. cn/indicator/ER. H2O. INTR. PC？ end = 2018&name _ desc = false&start = 1960&view = chart。

② 资料来源：Wind/宏观数据/中国宏观。

③ 资料来源：Wind/宏观数据/行业数据。

（三）耕地面积大量减少，且存在大量撂荒

根据现有数据可知，2009—2017年，中国耕地面积持续减少。其间，中国粮食播种面积整体趋势在上升，但在2016年出现转折，2019年的播种面积较2016年减少316.60万公顷。按照目前的粮食单产来计算，减少的播种面积可折算为粮食减产0.12万吨，相当于减少了9686万人口的粮食消费量①。此外，耕地撂荒现象逐渐显著。在城市化和工业化进程中，农村人口向城市迁移、耕地工业化、自然灾害、环境污染等问题的出现，导致中国不少农地处于显性或隐性撂荒状态。因此，坚守18亿亩耕地红线是一项艰巨的任务。

本章小结

本章基于系统性、科学性等原则，兼顾产业、经济、社会及生态效益等维度之间的平衡及统一，结合当前国际环境、中国国情及粮情，对中国1988—2019年的粮食安全情况进行客观评估。

从可供性、可得性、稳定性、可持续性4个维度，选择27个具体指标，运用熵值法构建中国粮食供给安全评价体系，对1988—2019年的粮食安全水平进行测度。得出结论：一是在一级维度中，对中国谷物安全影响程度由大到小分别为可得性、可供性、可持续性、稳定性，对大豆安全影响程度由大到小是可供性、可得性、稳定性、可持续性。二是1988—2019年，谷物安全综合指数的变化趋势可分为"缓降—平稳—陡增"三个阶段。可供性指数先降后升，可得性指数与可持续性指数持续增长，稳定性指数变化不大但水平较低。三是大豆安全水平经历了"波动—下降—上升"三个阶段，随着时间推移，大豆在可供性与稳定性方面的表现逐渐不佳，而可得性与可持续方面的安全水平在持续上升。

结合现实，对中国粮食安全水平分阶段进行分析，从可供性、可

---

① 人均粮食消费量根据Wind/宏观数据/中国宏观中的数据计算得出。

得性、稳定性及可持续性四个方面探究中国粮食安全面临的问题：农业补贴和价格支持机制不完善，产能提升难度加大，农业劳动力呈现老龄化、女性化特征，科技力量介入困难，种植结构与进口结构不平衡，国际环境复杂性、不确定增强等。

第六章 粮食贸易网络演变对中国粮食安全影响的基础分析

向量自回归（VAR）模型通过采用多方程联立的方式突破严格的经济理论假设。粮食安全水平会受到经济系统中各类因素的影响不断变化，为避免内生性引起的误差，本章内容在第四章、第五章的基础上，基于 1988—2019 年中国粮食安全水平、世界粮食贸易网络演变的关键指标及中国粮食贸易网络地位的测算结果，运用时间序列，构建 VAR 模型，对中国粮食安全水平与世界粮食贸易网络演变之间的格兰杰因果关系进行检验，考察两者之间的整合关系，并分析随机扰动对变量系统的动态冲击，从而解释世界粮食贸易网络演变冲击对粮食安全水平形成的影响。

第一节　计量模型选取

传统经济理论对于变量间关系的研究，大多是建立在多个假设条件之下，对于变量的动态联系很难解释清楚。早在 1980 年，Sims 提出了向量自回归模型，即 VAR 模型。该模型最大的优点是可以通过采用多方程联立的方式，突破严格的传统经济理论假设。

任何模型中都存在许多变量，包括自变量和因变量，统称为内生变量。一般地，内生变量是指"理论内所要解释的变量"，即在经济机制内部由经济因素所决定的变量；外生变量是指作为给定条件存在的变量，会受外部条件支配。内生变量与外生变量均会对模型系统产生影响。在传统的经济问题研究中，内生变量和外生变量难以区分，

VAR 模型将系统中的每个影响因素都作为内生变量，并将内生变量的滞后值也代入系统，作为解释变量，从而研究系统中各个变量的动态关系。中国粮食安全水平与世界粮食贸易有一定关系，且约束条件并不明确。VAR 模型不针对单独变量进行剖析，其分析重点在于每个变量在总体模型中所起到的效果，因此该模型符合本书主题的论证需求。

若存在 k 个时间序列变量 y_{1t}，y_{2t}，y_{3t}，$\cdots$，y_{kt}，

$$y_t = \begin{bmatrix} y_{1t} \\ y_{2t} \\ y_{3t} \\ \cdots \\ y_{kt} \end{bmatrix}, \quad t=1,\ 2,\ 3,\ \cdots,\ T \tag{6.1}$$

则 P 阶 VAR 模型即 $VAR(p)$ 的表达式：

$$y_t = A_1 y_{t-1} + \cdots + A_p y_{t-p} + \varepsilon_t + C \tag{6.2}$$

式中：y_t 为 k 维内生变量向量；p 为滞后阶数；t 为样本个数；ε_t 为 k 维扰动变量；C 为 k 维常数向量；A_1，A_2，A_3，$\cdots$，A_k 是 $k×k$ 维系数矩阵。

VAR 在建模过程中需要明确两个量：一是所含变量数 k，即相互有关系的共有变量数，并将所有变量囊括在 VAR 模型中；二是自回归的最大滞后阶数 p，通过选择合理的 p，使模型反映出各变量间相互影响的关系，并使得模型的随机误差项是白噪声。不容忽视的是，在 VAR 模型中，解释变量的最大滞后阶数 p 太小，残差可能存在自相关，并导致参数估计的非一致性。适当加大 p 值（加大滞后变量个数），可消除残差中存在的自相关，但 p 值又不能太大，否则代估参数多，会严重降低自由度，直接影响模型参数估计的有效性。在完成 VAR 模型构建后，为确定模型中的各个变量是否具有相关关系，则需要运用格兰杰因果关系检验确定。格兰杰因果检验机理是对于两个给定的服从平稳随机的时间序列 X、Y 来说，利用序列 X、Y 过去和现在的所有数据来预测 Y，如果其预测效果好于单独由 Y 的过去数据对 Y 的预测，即 X 若有助于 Y 预测精度的改善，则称存

在着从 X 到 Y 的因果关系。

第二节 数据来源与处理

为使得数据趋势化，并消除序列中包含的异方差性，基于 1988—2019 年中国谷物安全水平（S）、大豆安全水平（S）、中国在世界谷物贸易网络中的入强度（$Instr$）、入度中心度（$Indeg$）、世界贸易网络密度（$Density$）、世界贸易网络出度中心势（$Out-Central$）的原始数据，对其进行标准化处理，研究中国在世界谷物贸易网络的地位变动（入强度与入度中心度的增减）与中国谷物安全水平变动之间的关系，即 $DlnS$、$DlnInstr$ 与 $DlnIndeg$ 之间的关系，以及大豆安全水平（S）与世界大豆贸易网络演变（网络密度、出度中心势）之间的关系。因此，以下内容主要考察两组变量之间的关系，即 A：$DlnS$、$DlnInstr$ 与 $DlnIndeg$ 之间的关系，B：$DlnS$、$DlnDensity$ 与 $DlnOut-Central$ 之间的关系。相关变量数据选取详见附录 14。

通过绘制 1988—2019 年 $DlnS$、$DlnIndeg$ 与 $DlnInstr$ 的趋势图以及 $DlnS$、$DlnDensity$ 与 $DlnOut-Central$ 的走势图（见图 6-1），从中可以发现两组数据均属于平稳数据，每组变量之间的走势具有一定的同步性。尽管由图 6-1 可推测出这三种变量之间存在某种关系，但是很难直观看出以下问题的答案：一是 A、B 两组内的变量，是否具有因果关系；二是如果组内变量具有因果性的话，三者之间的相互影响程度是否可量化；三是通过高频的时间序列数据，能否发现彼此之间影响的持续期。总之，以上问题既有对两组变量之间的数量关系刻画，也包括因果关系的解析。因此，通过构建 VAR 模型试图将对影响中国粮食安全水平的因素关注引向一个更具一般性的维度，从数量关系和因果关系两个方面丰富现有的研究框架，为提升中国粮食安全水平提供理论支撑。

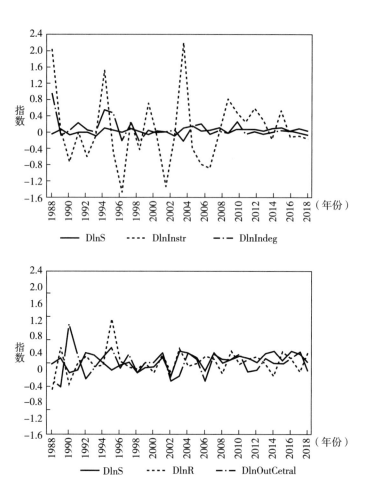

图 6-1　时间序列相关图

第三节　实证结果与分析

本章主要采用格兰杰因果检验和脉冲响应函数等计量方法。首先，在进行模型构建之前，为保证时间序列数据的平稳性，避免伪回归，采用 ADF 单位根检验的方法，来检验变量的平稳性。然后，在保证各个变量平稳的前提下，通过赤池信息准则、似然比检验、最终预测误差准则、施瓦茨准则、汉南-奎因等准则来确定 VAR 模型的滞后阶数，构建一般 VAR 模型并检验模型的稳定性。接着，基于格兰杰因果检验的方法，检测各变量之间的因果关系。最后，将采用脉冲响应函数来研究变量系统对扰动或是冲击的动态短期反应程度，并运用方差分解的方法，分析冲击对内生变量变化的贡献度，来判断不同冲击的重要程度。

一　ADF 检验

为了避免出现伪回归或虚假的结果，确保估计结果的有效性，必须对各变量进行单位根检验，分析数据序列的平稳性。单位根检验根据各变量的原值、一阶差分、二阶差分的检验结果进行判定，若原值（level）的检验结果显示不存在单位根，则可停止检验；若检验结果显示存在单位根，则继续检验一阶差分（1St difference）、二阶差分（2nd difference）。

本章内容利用 ADF（Augment Dickey-Fuller）检验法来检查时间序列的平稳性。

（一）谷物 ADF 单位根检验

本书所采用的数据均为年度数据，在一般情况下是非平稳的，所以均进行平稳性检验。如表 6-1 所示，对各指标时间序列平稳性检验结果显示，在 5% 的显著性水平下，指标 lnS 和 lnInstr 都不能拒绝原假设，因此这两个时间序列均是非平稳的，需要进行一阶差分的单位根检验。当一阶差分后，各个变量的 ADF 统计量均通过了 1% 的显著性水平的检验，也就是说 lnS、lnIndeg 与 lnInstr 的一阶差分在 1% 的显著性水平下拒绝了具有单位根的假设，所以这三个一阶差分序列均为平稳性序列，可以建立 VAR 模型进行研究。需指出的是，关于粮食贸易网络的演变对于粮食安全水平的影响研究，注重考察某一个变量的变化对其他变量的"冲击"影响，应该选取各个变量的变化率作为研究对象。因此，将 DlnS、DlnIndeg 与 DlnInstr 作为变量构建 VAR 模型是合理的。

表 6-1 谷物 ADF 单位根检验

变量	ADF 检验值	临界值			结论
		1%	5%	10%	
lnS	-0.7347	-3.6702	-2.9640	-2.6210	不平稳
DlnS	-11.167	-3.6892	-2.9719	-2.6251	平稳
lnIndeg	-3.9809	-3.6702	-2.9640	-2.6210	平稳
DlnIndeg	-7.9795	-3.6793	-2.9678	-2.6230	平稳
lnInstr	-2.7037	-3.6702	-2.9640	-2.6210	不平稳
DlnInstr	-6.1188	-3.6892	-2.9719	-2.6251	平稳

（二）大豆 ADF 单位根检验

如表 6-2 所示，对各指标时间序列平稳性检验结果显示，在 5% 的显著性水平下，指标 $DlnS$ 与 $DlnDensity$ 都不能拒绝原假设，因此这两个时间序列均是非平稳的，需要进行一阶差分的单位根检验。当一阶差分后，各个变量的 ADF 统计量均通过了 1% 的显著性水平的检验，也就是说 $DlnS$、$DlnDensity$ 与 $DlnOut-Central$ 的一阶差分在 1% 的显著性水平下拒绝了具有单位根的假设，所以这三个一阶差分序列均为平稳性序列，可以建立 VAR 模型进行研究。与粮食贸易网络对粮食安全水平的冲击研究类似，注重考察的是某一个变量变化对其他变量的"冲击"影响，应该选取各个变量的变化率作为研究对象。因此，将 $DlnS$、$DlnDensity$ 与 $DlnOut-Central$ 作为变量构建 VAR 模型是合理的。

表 6-2 大豆 ADF 单位根检验

变量	ADF 检验值	临界值			结论
		1%	5%	10%	
lnS	0.9472	-3.6702	-2.9640	-2.6210	不平稳
DlnS	-5.1510	-3.6793	-2.9678	-2.6230	平稳
lnDensity	-2.0428	-3.6702	-2.9640	-2.6210	不平稳
DlnDensity	-7.8373	-3.6793	-2.9678	-2.6230	平稳
lnOut-Central	-3.7748	-3.6702	-2.9640	-2.6210	平稳
DlnOut-Central	-6.0570	-3.6793	-2.9678	-2.6230	平稳

二　VAR 模型构建

建立 VAR 模型前还需要预估和确定 VAR 模型中的滞后阶数。为了确保模型具有良好的解释能力，滞后阶数要完整反映模型的动态特征，一般阶数越多，反映程度越完整，但太多的阶数会影响参数估计，严重降低了模型的自由度，因此确定模型中的滞后阶数时既要考虑阶数的充足性又要考虑模型的自由度。一般地，可以运用 LR（似然比检验）、FPE（最终预测误差准则）、AIC（赤池信息准则）、SC（施瓦茨准则）、HQ（汉南-奎因）等准则检验来确定 VAR 模型的滞后阶数。

需要指出的是，Canova 和 Sala（2009）提出 LR 只考虑模型对样本的拟合优度，而没有考虑样本外的预测误差，所以检验结果的参考价值不大。Kilian 和 Vgfusson（2013）通过利用一系列数据生成序列和数据频率，发现 HQ 准则适合研究季度和月度数据。因此，考虑到模型的自由度以及预测误差准则，采用 AIC、SC、FPE 准则来确定 p 值。兼顾阶数的充足性与模型的自由度，确定 p 值的方法与原则是在增加 p 值的过程中，分别构建滞后阶数为 1—4 阶的 VAR 模型，使 AIC、SC 及 FPE 对应值同时最小。最后，根据相关准则检验，本书将谷物的 VAR 模型的滞后阶数定为 1 阶，将大豆 VAR 模型的滞后阶数定为 2 阶，结果如表 6-3 所示。

表 6-3　　　　　　　　　　信息准则的检验结果

粮食	Lag	logL	LR	FPE	AIC	SC	HQ
谷物	1	21.9330	NA	7.45×10^{-5} *	-0.9948 *	-0.5593 *	-0.8694 *
	2	30.1625	12.6609	0.0001	-0.9356	-0.0646	-0.6848
大豆	1	89.5069	—	6.40×10^{-7}	-5.7505	-5.3223 *	-5.6196
	2	101.9229	19.5108 *	5.10×10^{-7} *	-5.9945 *	-5.1381	-5.7327 *

注：＊表示对应的准则显著。

考虑到 VAR 模型的稳定性可能影响对结果的判断，运用 AR 特征根方法对其进行检验，结果如图 6-2 所示，模型全部根的倒数的模均小于1，所有特征根均在单位圆之内，可以认为，模型滞后一阶的模型拟合度较高且比较稳定。

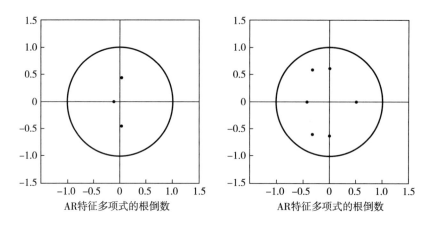

AR特征多项式的根倒数　　　　　　　　　AR特征多项式的根倒数

图 6-2　VAR 模型的稳定性检验

VAR 模型的最优滞后阶数确定以及平稳性检验通过后，将常数项作为外生变量，VAR 模型的检验结果如表 6-4 及表 6-5 所示。

表 6-4　*DlnS*、*DlnIndeg* 及 *DlnInstr* 的 VAR 模型检验结果

变量	*DlnIndeg*	*DlnInstr*	*DlnS*
DlnIndeg（-1）	-0.1561 （-0.1553）	-1.1422 （-0.6140）	0.1216 （-0.0585）
DlnInstr（-1）	0.0309 （-0.0440）	0.0764 （-0.1741）	0.0527 （-0.0166）
DlnS（-1）	-0.1529 （-0.3765）	-2.9632 （-1.4883）	0.0593 （-0.1419）
C	0.0679 （-0.0389）	0.1875 （-0.1538）	0.0220 （-0.0147）

表 6-5　*DlnS*、*DlnDensity* 及 *DlnOut-Central* 的 VAR 模型检验结果

变量	*DlnS*	*DlnDensity*	*DlnOD*
DlnS（-1）	0.0956 （-0.2082）	-0.3042 （-0.2809）	-0.1810 （-0.2697）

续表

变量	$D\ln S$	$D\ln Density$	$D\ln OD$
$D\ln S$（-2）	-0.0069 （-0.2106）	0.5728 （-0.2841）	-0.0677 （-0.2729）
$D\ln Density$（-1）	-0.0121 （-0.1426）	-0.1617 （-0.1923）	0.0691 （-0.1847）
$D\ln Density$（-2）	0.1467 （-0.1269）	-0.0673 （-0.1712）	0.0110 （-0.1644）
$D\ln Out-Central$（-1）	-0.2061 （-0.1277）	0.0427 （-0.1723）	-0.3205 （-0.1655）
$D\ln Out-Central$（-2）	0.1725 （-0.1265）	0.2659 （-0.1707）	-0.5626 （-0.1639）
C	0.0163 （-0.0138）	0.0090 （-0.0186）	0.0148 （-0.0179）

（一）谷物 VAR 模型检验结果

其中关于因变量 $D\ln S$ 的参数估计结果：

$$D\ln S = 0.121567 D\ln Indeg_{t-1} + 0.052736 D\ln Instr_{t-1} +$$
$$0.059328 D\ln S_{t-1} + 0.02204 \tag{6.3}$$

该结果表明，中国粮食贸易的入度中心度的变化量会对中国粮食安全水平的提高有正向作用，其影响系数是 0.12；粮食入强度的变化量也会对中国粮食安全水平的提高有正向作用，其影响系数是 0.053。由此说明，中国粮食贸易的入度中心度的提高、中国粮食入强度的提升对中国粮食安全水平的提高有正向影响作用。而中国粮食入度中心度的提高与中国粮食入强度的提升相比，对中国粮食水平的提高作用系数更大，与中国提倡粮食进口来源国的多元化战略相吻合，不过粮食入强度对于粮食安全水平的影响也不容小觑。粮食总供给一部分是来自国内产量，另一部分是来自国际进口，虽然中国粮食产量较为稳定，但是总消费量逐年增加，所以在粮食供给方面需要通过增加进口来提升总供给量，进而保持粮食供求平衡。因此，粮食入度中心度以及入强度的适当提高均有助于提高中国粮食安全水平。

（二）大豆 VAR 模型的检验结果

其中关于因变量 $DlnS$ 的参数估计结果为：

$DlnS = 0.095646DlnS_{t-1} - 0.006911DlnS_{t-2} - 0.012053DlnDensity_{t-1} +$

$\qquad 0.146746DlnDensity_{t-2} - 0.206129DlnOut\text{-}Central_{t-1} +$

$\qquad 0.172511DlnOut\text{-}Central_{t-2} + 0.016295$ （6.4）

该结果表明，中国大豆安全水平的一阶滞后期对自身的影响为正，且系数为 0.0956，二阶滞后期对其影响系数为负，影响程度较小，仅为 0.0069。滞后一期的世界大豆贸易网络密度对中国大豆安全水平的影响为负，作用系数为 0.0121，滞后两期的世界大豆贸易网络密度对其影响为正，作用系数为 0.1467。滞后一期的世界大豆贸易网络出度中心势，对中国大豆安全水平的影响为负，作用系数为 0.2061，滞后两期的世界大豆贸易网络出度中心势对其影响为正，作用系数为 0.1725。

三 格兰杰因果检验

众所周知，宏观定量研究的难点之一就是因果性的论证，不外乎是由于宏观变量几乎都是经过加总或合并之后的指标总量，很多指标都受到经济周期的影响，吸纳了经济影响的成分。因此，变量之间会有叠加影响，使得因果方向性很难识别。很多学者一般通过以下方法对变量之间的因果关系进行处理：一是直接通过理论分析提出因果方向命题；二是通过观察各个变量的时间序列，较先发生的是原因，较后发生的为结果，如 VAR 研究方法中的格兰杰因果性检验。

格兰杰因果检验方法一般是用来分析经济类变量之间所存在的格兰杰因果关系，可以用来描述某一时间序列波动对于另一个序列波动的影响。简言之，两个变量 X 和 Y 如果具有格兰杰因果关系即 X 是 Y 的格兰杰原因，则说明单独根据 Y 的滞后期信息对自身的预测能力不如在含有 X、Y 两个变量滞后期信息的情况下对 Y 的预测能力，也就是说如果变量 X 有助于解释变量 Y 未来的变化，那么 X 变量就是引起 Y 变量变化的格兰杰原因，反之亦然。

通过构建 VAR 模型可以发现入度中心度与入强度对于中国粮食安全水平存在显著的正向数量关系，但是，这个关系是否存在因果性？是入度中心度与入强度导致了中国粮食安全水平的波动，还是中国粮食安全水平的波动促使入度中心度与入强度发生了变化，抑或是三种因素之间互相影响？这些问题亟须运用格兰杰因果检验方法进行深入研究。

（一）中国粮食贸易地位与粮食安全水平之间的格兰杰因果关系

为了厘清中国粮食安全水平与中国粮食贸易地位之间的格兰杰因果关系，我们对中国谷物安全水平、入度中心度及入强度 3 个指标之间的关系进行格兰杰因果检验。格兰杰因果关系检验的原假设是所有变量彼此之间不存在因果关系，如果 P 值在 1%、5%、10% 置信水平下显著，即出现小概率事件，则拒绝原假设。中国谷物安全水平、粮食入强度与入度中心度之间格兰杰因果关系的检验结果，如表 6-6 所示。

表 6-6　　　　　　　谷物 VAR 模型的格兰杰因果检验结果

原假设 H_0	卡方统计量	P 值	结论
$DlnS$ 不是引起 $DlnIndeg$ 变化的格兰杰原因	0.1651	0.6845	不拒绝
$DlnIndeg$ 不是引起 $DlnS$ 变化的格兰杰原因	4.3144	0.0378	拒绝
$DlnS$ 不是引起 $DlnInstr$ 变化的格兰杰原因	3.9643	0.0465	拒绝
$DlnInstr$ 不是引起 $DlnS$ 变化的格兰杰原因	10.0964	0.0015	拒绝
$Dlnindeg$ 不是引起 $DlnInstr$ 变化的格兰杰原因	3.4612	0.0628	拒绝
$DlnInstr$ 不是引起 $DlnIndeg$ 变化的格兰杰原因	0.4926	0.4828	不拒绝

从表 6-6 中的格兰杰因果检验结果可以看出，不拒绝"粮食安全水平变动不是引起粮食入度中心度变动的格兰杰原因""粮食入强度变动不是引起粮食安全水平变动的格兰杰原因"，在 5% 的显著水平下拒绝"粮食入度中心度不是引起粮食安全水平变动的格兰杰原因"，在 5% 的显著水平下拒绝"粮食安全水平变动不是引起粮食入强度变动的格兰杰原因"，在 1% 的显著水平下拒绝"粮食入强度变动不是引起粮食安全水平变动的格兰杰原因"，在 10% 的显著水平下拒绝"粮食入度中心度变动不是引起粮食入强度变化的格兰杰原因"。

因此，可以得出以下结论：当最优滞后期选定后，粮食安全水平及入强度的变动不是引起粮食入度中心度变动的格兰杰原因；粮食入度中心度及入强度变动是引起粮食安全水平变动的格兰杰原因，前者在5%的置信水平下显著，后者在1%的置信水平下显著；粮食入度中心度及安全水平变动是引起粮食入强度变动的格兰杰原因，前者在5%的置信水平下显著，后者在10%的水平下显著。这就意味着，在短期内，中国粮食安全水平变动与粮食入度中心度及入强度变动之间存在短期因果关系，粮食入强度与中国粮食安全水平及入度中心度之间存在短期因果关系。因此，通过格兰杰因果关系检验得出中国粮食安全水平变动与粮食贸易地位变迁之间在统计意义上的因果性。

（二）世界粮食贸易网络演变与中国粮食安全水平的格兰杰因果关系

为了厘清中国粮食安全水平与世界粮食贸易网络之间的格兰杰因果关系，我们对中国大豆安全水平、大豆贸易网络密度及出度中心势3个指标之间的关系进行格兰杰因果检验。格兰杰因果关系检验的原假设是假定 $DlnS$、$DlnDensity$ 与 $DlnOut-Central$ 变量间不存在因果关系，将这3个指标之间的关系进行格兰杰因果检验，得出检验结果如表6-7所示。

表6-7　　　　　　　　大豆 VAR 模型的格兰杰因果检验结果

原假设 H_0	卡方统计量	P 值	结论
$DlnS$ 不是引起 $DlnDensity$ 变化的格兰杰原因	5.7820	0.0555	拒绝
$DlnDensity$ 不是引起 $DlnS$ 变化的格兰杰原因	1.6193	0.4450	不拒绝
$DlnS$ 不是引起 $DlnOut-Central$ 变化的格兰杰原因	0.2605	0.8779	不拒绝
$DlnOut-Central$ 不是引起 $DlnS$ 变化的格兰杰原因	5.2708	0.0717	拒绝
$DlnDensity$ 不是引起 $DlnOut-Central$ 变化的格兰杰原因	0.3078	0.8574	不拒绝
$DlnOut-Central$ 不是引起 $DlnDensity$ 变化的格兰杰原因	2.6208	0.2697	不拒绝

从表6-7中的格兰杰因果检验结果可看出，拒绝"大豆安全水平变动不是引起世界大豆贸易网络密度变动的格兰杰原因""世界大豆

贸易网络出度中心势变动不是引起世界大豆安全水平变动的格兰杰原因", 不拒绝"世界大豆贸易网络密度变动不是引起中国大豆安全水平变动的格兰杰原因""中国大豆安全水平变动不是引起世界大豆贸易网络出度中心势变动的格兰杰原因""世界大豆贸易网络密度变动不是引起世界大豆贸易网络出度中心势变动的格兰杰原因""世界大豆贸易网络出度中心势变动不是引起世界大豆贸易网络密度变动的格兰杰原因"。

综上所述, 当最优滞后期选定后, 中国大豆安全水平是引起世界大豆贸易网络密度变动的格兰杰原因, 且在 10% 的置信水平下显著; 世界大豆贸易网络出度中心势变动是引起中国大豆安全水平变动的格兰杰原因, 且在 10% 的置信水平下显著。这就意味着, 在短期内, 中国大豆安全水平变动与世界大豆贸易网络密度变动之间存在短期因果关系, 同时, 世界大豆贸易网络出度中心势变动与中国大豆安全水平之间存在短期因果关系。

四　脉冲响应分析

在研究 VAR 模型时, 主要分析模型中的某个误差项发生变化对系统产生的动态影响, 并不是直接分析某一变量变化对其他变量产生的影响。因此, 在进行脉冲响应分析的时候, 主要是考察外部冲击对某个变量在不同时期的影响效果, 即冲击对系统的动态影响。如果在一段时间内, 脉冲响应函数趋于平稳, 则说明冲击效应趋于稳定。当脉冲响应函数趋于零, 则说明冲击效应趋于零, 即冲击无法对整个系统构成持久性的影响。但当差分变量的脉冲响应函数趋于零时, 不代表原变量的冲击效应趋于零, 而是表明原变量冲击效应趋于稳定, 对整个系统有持久性影响。

（一）谷物 VAR 模型的脉冲响应分析

本书将借助脉冲响应函数重点分析谷物安全水平、入度中心度及入强度三者之间的动态影响。图 6-3、图 6-4、图 6-5 中的横轴是表示以年为单位的时期数, 纵轴则代表脉冲响应函数的大小程度, 虚线表示的是标准差偏离带, 滞后期设置为 10 年。

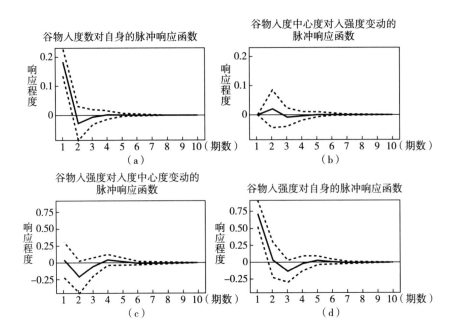

图 6-3　谷物入度中心度与入强度脉冲响应

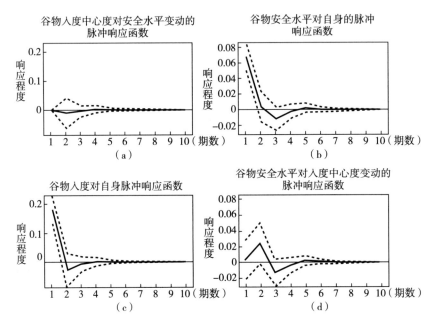

图 6-4　谷物安全水平与入度中心度脉冲响应

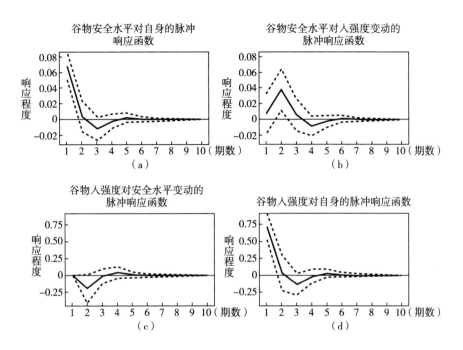

图6-5　谷物安全水平与入强度脉冲响应

　　如图6-3（a）谷物入度数对自身的脉冲响应函数所示，谷物入度数受自身偶然因素冲击时，在第一期波动较大，随后不断下降，反应最开始为正值，但正向效应逐渐减弱，逐步趋近0。在进入第二期后，反应为负值，且负向效应由大到小，到第三期之后逐渐趋于0，且基本无波动。这表明谷物入度数变动对自身变动存在影响，其间谷物入度数变动对自身冲击的响应逐渐变小。

　　如图6-3（b）谷物入度中心度对入强度变动的脉冲响应函数所示，当谷物入强度受到一个偶然因素冲击时，谷物入度中心度当期没有发生变动，在第一期到第二期，谷物入度中心度变动响应逐渐变大，持续一期时间，这表明在谷物入强度变动初期，稻谷入强度变动对谷物入度中心度变动存在着正面影响，其间效应逐渐增强，谷物入度中心度变动响应逐渐变大。在第二期至第三期，谷物入强度变动对谷物入度中心度变动的影响减小并逐渐呈负面影响。在第三期到第五期，谷物入强度变动对谷物入度中心度变动存在着负面影响，其间效应逐渐减弱。随着时间推移，从第六期开始，谷物入度中心度反应逐渐趋于平稳，随后处于无限接近于 0 的平稳状态。由此可见，谷物入强度变动对谷物入度中心度变动在短期内具有一定影响。这个结果与格兰杰因果分析的结果不吻合，格兰杰因果分析得出的结论是谷物入强度变动在短期内不是入度中心度变动的原因。

如图 6-3（c）谷物入强度对入度中心度变动的脉冲响应函数所示，当谷物入度中心度受到一个偶然因素冲击时，谷物入强度起初反应为正值，在第一期到第二期，谷物入强度对于入度中心度的影响先逐渐变小后逐渐变大，且影响效应为负。在第二期到第三期，谷物入度中心度对于入强度有正向影响效应，并且逐渐减小。从第三期到第五期，谷物入度中心度对于入强度的影响逐渐减小，且影响效应先正后负。从第六期开始，谷物入强度的反应逐渐趋于平稳，并归于 0 的状态。由此可见，谷物入度中心度对入强度变动在短期内具有影响。这个结果与格兰杰因果分析的结果相吻合，格兰杰因果分析得出的结论是谷物入度中心度变动在短期内是谷物入强度变动的原因。

如图 6-3（d）谷物入强度对自身的脉冲响应函数所示，谷物入强度受自身偶然因素冲击时在第一期波动较大，随后不断下降，反应起初为正值，但正向效应逐渐减弱，逐步趋近 0。在第二期到第四期，反应为负值，且负向效应由强变弱。从第五期开始，反应逐渐趋于 0。这表明在谷物入强度变动初期，对谷物入强度变动自身存在影响，其间效应逐渐减弱，谷物入强度变动对自身冲击的响应逐渐变小，反应逐步趋近 0。

如图 6-4（a）谷物入度中心度对谷物安全水平变动的脉冲响应函数所示，当谷物安全水平受到偶然因素冲击时，谷物入度中心度起初反应为 0，在第一期到第二期，谷物安全水平对入度中心度的影响效应为负，但影响幅度很小。在第二期到第三期，谷物安全水平的变动对入度中心度有负向影响效应，并且逐渐减小。从第四期开始，谷物入度中心度的反应逐渐趋于平稳，并归于 0 的状态。由此可见，谷物安全水平的变动对入度中心度变动在短期内具有微弱影响。这个结果与格兰杰因果分析的结果不吻合，格兰杰因果分析得出的结论是谷物安全水平变动在短期内并不是谷物入度中心度变动的原因。

如图6-4（b）谷物安全水平对自身的脉冲响应函数所示，谷物安全水平受自身偶然因素冲击时在第一期波动较大，随后不断下降，反应最开始为正，但正向效应逐渐减弱，逐步趋近于0。在第二期到第三期，反应逐渐由正转为负，且负向效应由小到大。在第三期到第四期，负向效应逐渐减小。在第五期之后，趋于0，且基本无波动。这表明谷物安全水平变动对自身变动存在影响，其间谷物入度数变动对自身冲击的响应逐渐变小。

如图6-4（d）谷物安全水平对谷物入度中心度变动的脉冲响应函数所示，当谷物入度中心度受到一个偶然因素冲击时，谷物安全水平当期几乎没有发生变动，在第一期到第二期，谷物安全水平变动响应逐渐变大，持续一期时间，这表明在谷物入度中心度变动初期，谷物入度中心度变动对谷物安全水平变动存在着正面影响，其间效应逐渐增强，谷物安全水平变动响应逐渐变大。在第二期至第三期，谷物入度中心度变动对谷物安全水平变动的影响减小并逐渐呈负面影响。在第三期到第四期，谷物入度中心度变动对谷物安全水平变动存在着负面影响，其间效应逐渐减弱。随着时间推移，从第五期开始，谷物安全水平反应逐渐趋于平稳，随后处于无限接近于0的平稳状态。由此可见，谷物入度中心度变动对谷物安全水平变动在短期内具有一定影响。这个结果与格兰杰因果分析的结果相吻合，格兰杰因果分析得出的结论是谷物入度中心度变动在短期内是谷物安全水平变动的原因。

如图6-5（a）所示，从谷物安全水平对谷物入强度变动的脉冲响应函数来看，当谷物入强度受到一个偶然因素冲击时，谷物安全水平当期有较小幅度的变动。在第一期到第二期，谷物安全水平变动响应逐渐变大，持续一期时间，这表明在谷物入强度变动初期，谷物入强度变动对谷物安全水平变动存在着正面影响，其间效应逐渐增强，谷物安全水平变动响应逐渐变大。在第二期至第三期，谷物入强度变动对谷物安全水平变动的影响减小，但影响效应持续为正。在第三期到第四期，谷物入强度变动对谷物安全水平变动存在的影响由正到负，其间效应逐渐增强。在第四期到第五期，谷物入强度变动对谷物安全水平变动的影响逐渐减小，随后处于无限接近于 0 的平稳状态。由此可见，谷物入强度变动对谷物安全水平变动在短期内具有一定影响。这个结果与格兰杰因果分析的结果相吻合，格兰杰因果分析得出的结论是谷物入强度变动在短期内是谷物安全水平变动的原因。

从谷物入强度对谷物安全水平变动的脉冲响应函数来看，如图 6-5（d）所示，当谷物安全水平受到一个偶然因素冲击时，谷物入强度当期没有变动。在第一期到第二期，谷物入强度变动响应逐渐变大，持续一期时间，这表明在谷物安全水平变动初期，谷物安全水平变动对谷物入强度变动存在着负面影响，其间效应逐渐增强，谷物入强度变动响应逐渐变大。在第二期至第三期，谷物安全水平变动对谷物入强度变动的影响减小，但影响效应持续为负。在第三期到第四期，谷物安全水平变动对谷物入强度变动存在的影响由负到正，其间效应逐渐增强。在第四期到第五期，谷物安全水平变动对谷物入强度变动的影响逐渐减小，随后处于无限接近于 0 的平稳状态。由此可见，谷物安全水平变动对谷物入强度变动在短期内具有一定影响。这个结果与格兰杰因果分析的结果相吻合，格兰杰因果分析得出的结论是谷物安全水平变动在短期内是谷物入强度变动的原因。

（二）大豆 VAR 模型的脉冲响应分析

为了研究外部冲击对 $\ln S$、$\ln Denity$ 与 $\ln Out-Central$ 3 个变量在不同时期的影响效果，即冲击对系统的动态影响，将借助脉冲响应函数进行分析，如图 6-6 所示。该图中横轴表示的是时期数（单位：年），纵轴则代表脉冲响应函数的程度，虚线表示的是标准差偏离带，滞后期设置为 10 年。

如图 6-6（a）中国大豆安全水平变动对自身的脉冲响应函数所示，中国大豆安全水平受自身偶然因素冲击时在第一期波动较大，随后迅速下降，第二期与第三期的反应效应程度几乎一样。从第三期之后，影响效应很微弱，几乎趋于零。在整个响应过程中，影响效应几乎均为正，只有第四期与第八期有向负转变的态势，但是反应程度几乎为零。这表明中国大豆安全水平对自身变动存在影响，其间中国大豆安全水平对自身冲击的响应逐渐变小。

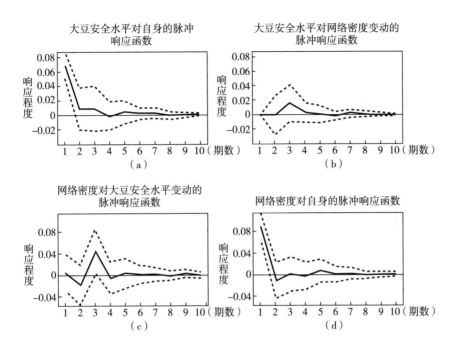

图 6-6 大豆安全水平与网络密度脉冲响应

如图 6-6（b）中国大豆安全水平对世界大豆贸易网络密度变动的脉冲响应函数所示，当世界大豆贸易网络密度受到一个偶然因素冲击时，中国大豆安全水平当期没有发生变动。在第二期到第三期，中国大豆安全水平变动响应逐渐变大，持续一期时间，这表明在世界大豆贸易网络密度变动初期，它对中国大豆安全水平变动存在着正面影响，其间效应逐渐增强，大豆安全水平变动响应逐渐变大。在第三期至第四期，世界大豆贸易网络密度变动对大豆安全水平变动的影响减小。在第四期到第五期，世界大豆贸易网络密度变动对中国大豆安全水平变动的影响逐渐从正变负，且效应逐渐减弱。随着时间推移，从第六期开始，中国大豆安全水平的反应逐渐趋于平稳，随后处于无限接近于 0 的平稳状态。在短期内，世界贸易网络密度变动对中国大豆安全水平变动具有一定影响。

如图 6-6（c）世界大豆贸易网络密度对中国大豆安全水平变动的脉冲相应函数所示，当中国大豆安全水平受到一个偶然因素冲击，世界大豆贸易网络密度档期由微弱的变动。在第一期到第二期，世界大豆贸易网络密度的变动响应向负方向逐渐增大。在第二期到第三期，中国大豆安全水平变动对世界大豆贸易网络密度的影响先变小后变大，且影响效应由负变正。在第三期到第四期，中国大豆安全水平变动对世界大豆贸易网络密度的影响逐渐变小，且影响效应由正转为负。在第四期到第五期，中国大豆安全水平变动世界大豆贸易网络密度的影响，由微弱的负效应转为微弱的正效应，随后处于无限接于零的状态。由此可见，中国大豆安全水平变动对于世界大豆贸易网络在短期内具有一定影响。这个结果与格兰杰因果分析的结果相吻合，格兰杰因果分析得出的结论是中国大豆安全水平变动在短期内是引起世界贸易网络密度变动的原因。

如图6-6（d）世界大豆贸易网络密度对自身的脉冲响应函数所示，世界大豆贸易网络密度受自身偶然因素冲击时在第一期波动较大，随后迅速下降，且影响效应由正变负。在第二期到第三期，影响效应逐渐变小，几乎为零。在第三期到第四期，负向影响效应有变大的趋势。在第四期到第五期，影响效应不仅变大，影响方向也发生变化。但随后的影响效应逐渐趋于零，保持平稳状态。因此，世界大豆贸易网络密度对自身变动存在影响，其间的影响程度逐渐变小。

如图6-7（b）中国大豆安全水平对世界贸易网络出度中心势变动的脉冲响应函数所示，当世界贸易网络出度中心势受到一个偶然因素冲击时，中国大豆安全水平当期没有变动。在第一期到第二期，中国大豆安全水平变动响应逐渐增强，其间效应为负。在第二期至第三期，世界贸易网络出度中心势变动对中国大豆安全水平变动的影响先变小后变大，且影响效应从负向变为正向。在第三期到第四期，世界贸易网络出度中心势变动对中国大豆安全水平变动的影响持续为正，但是影响程度逐渐趋于零。在第四期到第五期，世界贸易网络出度中心势变动对中国大豆安全水平变动的影响有小幅增大，方向为负。从第六期开始，世界贸易网络出度中心势变动对中国大豆安全水平变动的影响波动很小，且影响程度逐渐趋于零，保持平稳状态。由此可见，世界贸易网络出度中心势变动对中国大豆安全水平变动在短期内具有一定影响。这个结果与格兰杰因果分析的结果吻合，格兰杰因果分析得出的结论是世界贸易网络出度中心势变动在短期内是引起中国大豆安全水平变动的原因。

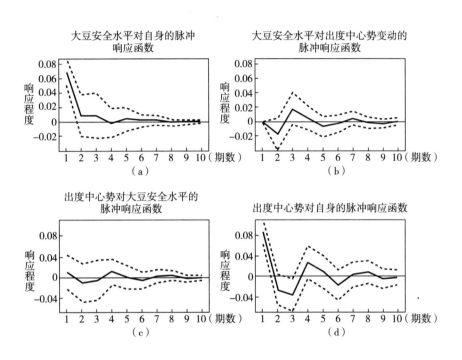

图 6-7　大豆安全水平与贸易网络出势脉冲响应图

如图 6-7（c）世界大豆贸易网络出度中心势对中国大豆安全水平的脉冲响应函数所示，当中国大豆安全水平受到一个偶然因素冲击时，世界大豆贸易网络出度中心势当期有较小幅度的正向变动。在第一期到第二期，世界大豆贸易网络出度中心势响应逐渐变小，影响效应由正变负。在第二期至第三期，中国大豆安全水平变动对世界大豆贸易网络出度中心势变动的影响减小，但影响效应持续为负。在第三期到第四期，中国大豆安全水平变动对世界大豆贸易网络出度中心势变动存在的影响由负到正，其间效应逐渐增强。在第四期到第五期，中国大豆安全水平变动对世界大豆贸易网络出度中心势变动的影响逐渐减小，并趋于零。但在第五期到第六期，中国大豆安全水平变动对

139

世界大豆贸易网络出度中心势变动的影响为负，且有变大的趋势。第六期之后，中国大豆安全水平变动对世界大豆贸易网络出度中心势变动的影响波动很小且无限接近于 0 的平稳状态。在短期内，中国大豆安全水平变动对世界大豆贸易网络出度中心势变动具有一定影响。

如图 6-7（d）世界大豆贸易网络出度中心势对自身的脉冲响应函数，世界大豆贸易网络出度中心势受自身偶然因素冲击时，在第一期反应较大，随后迅速下降，且影响效应由正变负。在第二期到第三期，影响效应逐渐增大，影响效应持续为负。在第三期到第四期，影响效应有变小的趋势，且影响效应由负变正。在第四期到第五期，影响效应不仅变小，影响方向也发生变化。但从第六期开始，影响效应逐渐变小，尤其在第十期可看出，影响程度趋于零。因此，世界大豆贸易网络出度中心势对自身变动存在影响，期间的影响程度逐渐变小。

如图 6-8（a）世界大豆贸易网络密度对世界大豆贸易网络出度中心势的脉冲响应函数所示，当世界大豆贸易网络出度中心势受到一个偶然因素冲击时，世界大豆贸易网络密度在当期并无响应。在第一期到第三期，世界大豆贸易网络出度密度的相应程度逐渐增大，且后一期的增长速度明显较前一期要快。在第三期到第四期，世界大豆贸易网络密度的响应程度先变小后变大，响应方向由正变负。在第四期到第五期，世界大豆贸易网络出度中心势的变动对世界大豆贸易网络密度变动的影响效应越来越小，且方向由负变正。从第五期开始，世界大豆贸易网络密度的相应程度逐渐变小，围绕横轴上下波动，但是幅度很小，在第十期，响应程度逐渐为零。因此，世界大豆贸易网络出度中心势变动对世界大豆贸易网络密度变动在短期内具有影响效应，但是影响程度越来越小。

如图 6-8（c）世界大豆贸易网络出度中心势对世界大豆贸易网络密度的脉冲响应函数所示，当世界大豆贸易网络密度受到一个偶然因素冲击时，世界大豆贸易网络出度中心势当期有正向的响应程度。在第一期到第二期，世界大豆贸易网络出度中心势的响应逐渐变小，影响效应由正变负。在第二期至第三期，世界大豆贸易网络密度变动对世界大豆贸易网络出度中心势变动的影响小幅变大，但影响效应持续为负。在第三期到第四期，世界大豆贸易网络出度中心势的响应程度逐渐变小，并趋于零。在第四期到第五期，世界大豆贸易网络密度变动对世界大豆贸易网络出度中心势变动的影响为正，但相应程度较小。随后，世界大豆贸易网络出度中心势的响应程度趋于零，且保持稳定。由此可见，随着时间推移，世界大豆贸易网络密度变动对世界大豆贸易网络出度中心势变动在短期内具有一定影响效应，但影响程度越来越小。

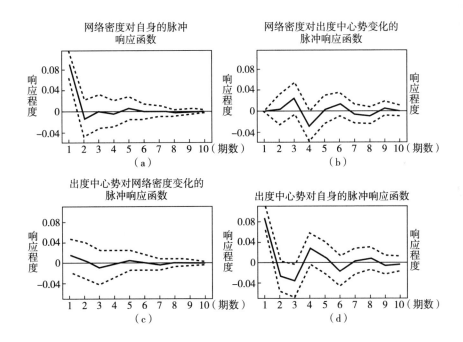

图6-8 大豆贸易网络出势与网络密度脉冲响应

五 方差分解

在对 VAR 模型进行分析时，还能够采用方差分解的办法来研究 VAR 模型的动态特点。方差分解通过研究某项结构性冲击对内生变量变化的贡献度，来判别不同冲击的重要程度，这种贡献度一般用方差来度量。

（一）谷物 VAR 模型的方差分解

如图 6-9 中国谷物安全水平方差分解的结果所示，自身的贡献度是最大的，随时间推移，贡献程度逐渐由大变小，第一期的贡献度占比为 98.00% 以上，之后的贡献度占比逐渐稳定在 66.00%—68.00%，且最终保持在 66.00%。其次是谷物入强度，它对中国谷物安全水平的影响由小到大，第一期的贡献度占比为 1.29%，随后逐渐增加，最终贡献度占比稳定在 22.00%。最后是谷物入度数，其对中国谷物安全水平的影响由小变大，第一期的贡献度占比仅为 0.18%，之后不断上升，自第四期开始，其贡献度占比逐渐稳定在 11.00%。由此可知，

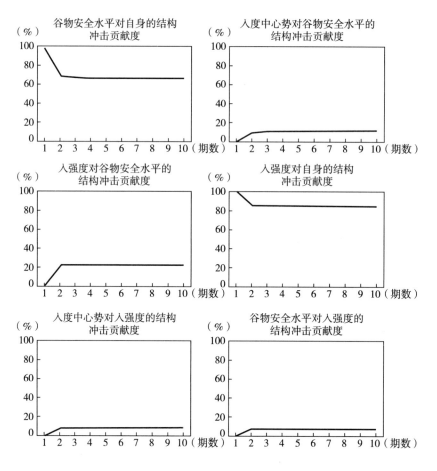

图 6-9　方差分解结果一

一方面，谷物安全水平对自身的影响程度最大，但逐渐降低；另一方面，谷物入强度与入度数对于谷物安全水平的影响都是由小变大，但是随时间推移，谷物入强度对谷物安全的影响明显大于谷物入度数对谷物安全水平的影响。这一结果与前文的脉冲响应函数曲线表现一致。

从中国谷物入强度方差分解的结果可知，自身的贡献度最大，其贡献度占比在第一期高达 99.00%，随后不断减小，从第四期开始逐渐稳定在 84.00%。其次是谷物入度数，其对谷物入强度的影响由小变大，其贡献度占比第一期仅为 0.31%，第二期开始逐渐增大，最终稳定在 8.00% 的水平。最后是谷物安全水平，其对谷物入强度的影响由小变大，贡献度占比第一期为 0，随后不断上升，从第二期开始稳定在 6.00%。由此可知，一方面，谷物入强度对于自身的贡献度最大，影响程度却由大变小；另一方面，谷物安全水平与入度数对于谷物入强度的影响都是由小变大，但是谷物入度数对入强度的影响要高于谷物安全水平对入强度的贡献度。这一结果与前文的脉冲响应函数曲线表现一致。

（二）大豆 VAR 模型的方差分解

中国大豆安全水平、世界大豆贸易网络密度与世界大豆贸易网络出度中心势的预测误差方差分解，如图 6-10 所示。由于世界大豆贸易网络的出度中心势受自身影响最大，且高达 96.00% 以上，另外两个变量对其贡献度占比微乎其微。因此，只讨论中国大豆安全水平、世界大豆贸易网络密度的方差分解结果。

从中国大豆安全水平方差分解的结果可知，自身的贡献度是最大的，随时间推移，贡献程度逐渐由大变小，第一期的贡献度占比为 99.00% 以上，之后的贡献度占比逐渐稳定在 81.00% 的水平之上。其次是世界大豆贸易网络出度中心势，其对中国大豆安全水平的影响由小到大，第一期的贡献度占比为 0.46%，随后逐渐增加，最终贡献度占比稳定在 15.00%。最后是世界大豆贸易网络的密度，其对中国大豆安全水平的影响由小变大，第一期的贡献度占比为 0，之后不断上升，自第三期开始，其贡献度占比逐渐稳定在 2.60%。由此可知，一

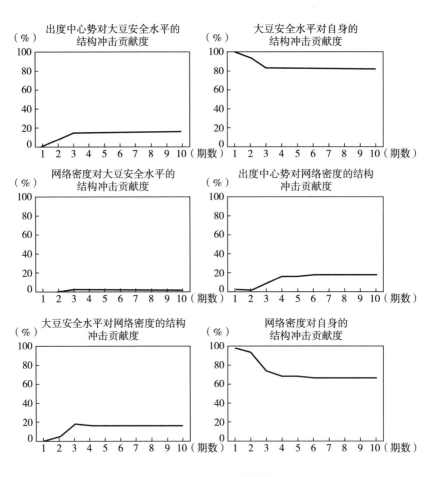

图 6-10　方差分解结果二

方面，大豆安全水平对自身的影响程度最大，但逐渐降低；另一方面，世界大豆贸易网络密度与出度中心度对中国大豆安全水平的影响都是由小变大，但是随时间推移，大豆贸易网络的出度中心度对中国大豆安全水平的影响明显大于世界大豆贸易网络密度对大豆安全水平的影响。这一结果与前文的脉冲响应函数曲线表现一致。

从世界大豆贸易网络密度方差分解的结果可知，自身的贡献度是最大的，其贡献度占比在第一期时高达 97.00%，随后迅速降低，从第四期开始逐渐稳定在 66.00%—67.00%。其次是大豆贸易网络的出度中心度，其对大豆贸易网络密度的影响由小变大，其贡献度占比第一期仅为 2.42%，自第二期开始逐渐增大，最终稳定在 17.00%—18.00% 的水平。最后是中国大豆安全水平，其对大豆贸易网络密度的影响是"先增后降"，贡献度占比在第一期几乎为 0，随后不断上升，在第三期达到 17.44%，随后从第四期开始减小，最后稳定在 15.00% 的水平上。由此可知，一方面，世界大豆贸易网络密度对于自身的贡献度最大，影响程度却是由大变小；另一方面，世界大豆贸易网络出度中心度与中国大豆安全水平对于世界大豆贸易网络密度都有影响，前者贡献度占比是不断降低，后者贡献度占比为"先增后降"的趋势，最终世界大豆贸易网络出度中心度的贡献度占比要比中国大豆安全水平的贡献度占比略高 2.00%—3.00%。这一结果与前文的脉冲响应函数曲线表现一致。

本章小结

本章基于时间序列数据，构建 VAR 模型，尝试运用实证研究法验证世界粮食贸易网络对中国粮食安全水平的影响。为避免伪回归，将中国粮食安全水平、粮食入强度与粮食入度中心度等变量进行单位根检验。通过确定滞后项构建 VAR 模型，并检验模型的稳定性。在此基础上，进行格兰杰因果检验，确定三个变量之间的因果关系，并通过脉冲响应与方差分解，分析各个变量的冲击对其他变量的影响方向、影响程度以及持续期数，确定其贡献度占比。

实证结果显示：一是中国在世界粮食贸易网络中的地位显著影响中国粮食安全水平。以谷物为研究对象，中国谷物安全水平与谷物入度中心度具有单向格兰杰因果关系，即入度中心度的变动是引起中国谷物安全水平变动的格兰杰原因。中国谷物安全水平与谷物入强度具有双向格兰杰因果关系，即入强度的变动与中国谷物安全水平彼此之间互相影响。中国在世界谷物贸易网络中的入度中心度与入强度对谷物安全水平的影响均较大，而且中国谷物安全水平与谷物入度中心度也会对谷物入强度造成一定影响。中国在世界谷物贸易中的入度中心度与入强度波动对中国谷物安全存在着重要影响。二是世界粮食贸易网络演变对中国粮食安全水平有显著影响作用。以大豆为研究对象，中国大豆安全水平的变动是引起世界大豆贸易网络密度变动的格兰杰原因，世界大豆贸易网络出度中心度的变动是引起中国大豆安全水平的格兰杰原因。世界大豆贸易网络的出度中心度与密度均对中国大豆安全水平有影响，且出度中心度的贡献度更大。世界大豆贸易网络出度中心势与中国大豆安全水平对于世界大豆贸易网络的密度均有影响，两者的贡献度占比不相上下。

因此，中国应该牢牢把握国内外粮食市场的风向，充分利用好国际国内两大市场、两种资源，不仅要扩大粮食进口来源国，分散贸易风险，还应该通过国际贸易适当调剂国内粮食余缺，保障粮食供给，进一步提高中国粮食安全水平。

第七章　粮食贸易网络演变对中国粮食安全影响的分类分析

在第六章中，基于国家层面时间序列，构建 VAR 模型，对中国粮食安全水平与其贸易地位之间的格兰杰因果关系进行检验，考察两者之间的整合关系，表明中国在世界粮食贸易网络中的地位变化是导致中国粮食安全水平变动的格兰杰原因，且在统计学意义上具有显著效应。但仍有两个问题悬而未决：一是世界粮食贸易网络的演变与中国粮食贸易网络地位的变化是否对中国粮食安全水平具有经济意义上的显著影响？二是如果有影响，那么有多大程度的影响？

根据上文已有的研究结果，结合中国现实情况，构建理论框架并进行回归分析，来探讨世界粮食贸易网络与中国粮食贸易地位对中国粮食安全水平的影响，并在控制一系列重要影响因素的前提下，深入剖析这两者对于中国粮食安全水平的影响作用，并进行一系列的稳健性检验。

第一节　模型构建与变量选择

一　模型构建

如果以中国粮食安全水平为被解释变量，相关的贸易网络指标、经济发展、价格及数量方面的指标为解释变量，则中国粮食安全的决定方程如下：

$$S = f(Trade, Eco, Qua, Pri) \tag{7.1}$$

式中：$Trade$ 为贸易网络演变方面的指标，包括世界粮食贸易网络密度、出度中心势、中国粮食贸易入度中心度、中国粮食贸易入强度等；Eco 为国内经济发展水平，包括国内 GDP、工业增加值等变量；Qua 为粮食数量方面的因素，包括粮食产量、库存量、消费量等变量；Pri 为粮食价格因素，包括粮食国际市场价格、粮食生产价格指数、国际能源（原油、煤炭）价格等变量。在进行计量分析时，根据统计要求结合现实意义，对于各因素选取具体变量来表示，计量模型如下：

$$S_{x,t} = \alpha_0 + \alpha_1 Density_{x,t} + \alpha_2 Out-Central_{x,t} + \sum_i \theta_i w_{i,t} + \varepsilon_{i,t}$$

$$(7.2)$$

$$S_{x,t} = \beta_0 + \beta_1 Indeg_{x,t} + \beta_2 Instr_{x,t} + \sum_i \theta_i w_{i,t} + \varepsilon_{i,t} \qquad (7.3)$$

使用普通最小二乘法（OLS）对于该计量模型进行估计。被解释变量 $S_{x,t}$ 代表不同种类粮食（x）在不同时期（t）的安全水平。核心解释变量有 $Density$、$Out-Central$、$Indeg$、$Instr$，分别代表网络密度、出度中心势、入度中心度、入强度。w_i 表示影响粮食安全水平的其他方面因素，由于该部分将会控制这些因素，着重考察世界粮食贸易网络演变以及中国粮食贸易地位变化对粮食安全水平的影响作用。α 是常数项，β、θ 是待估系数。

二 变量选择

根据理论模型，选取合适的被解释变量与解释变量，如表 7-1 所示。

表 7-1　　　　　　　　　　变量含义及构造

变量		含义	预期符号
被解释变量	S	粮食安全系数对数值	
核心变量	$Indeg$	中国粮食贸易相对入强度对数值	+
	$Instr$	中国粮食贸易相对入度中心度对数值	−
	$Out-Central$	网络出度中心势对数值	−
	$Density$	网络密度对数值	+

变量			含义	预期符号
控制变量	经济发展变量	GDP	中国国内生产总值的对数值	+
		Rvad	中国人均工业增加值的对数值	+
	价格方面变量	Pf	粮食价格的对数值	−
		Po	原油价格的对数值	−
		Pc	煤炭价格的对数值	−
		Pp	粮食生产价格指数的对数值	−
		Pro	粮食产量的对数值	+
	数量方面变量	Stock	粮食库存量的对数值	+
		Cons	粮食总消费量的对数值	−

（一）被解释变量

选择中国粮食安全水平作为被解释变量。利用第六章中提到的评价指标体系，运用熵权法将 1988—2019 年的中国谷物、三大主粮（小麦、玉米、稻谷）及大豆等粮食种类的安全水平一一测算，将其作为该模型的被解释变量。根据模型设定，选取其他相关变量作为解释变量。

（二）核心解释变量

核心解释变量包括世界粮食贸易网络密度、出度中心势、中国粮食贸易入度中心度及中国粮食贸易入强度。基于社会网络分析法，运用 UCINET 软件对世界谷物、三大主粮（小麦、玉米、稻谷）及大豆构建贸易网络，并对整体网络的关键指标及中国贸易地位的相关指标进行测算。

（1）世界粮食贸易网络密度计算公式：

$$\rho = \frac{M}{N(N-1)} \tag{7.4}$$

式中：M 为该网络包含的实际关系数；N 为贸易国家数。贸易网络密度越大，代表粮食贸易的参与国越多，国家之间贸易合作关系紧密，贸易活动频繁，有助于保障粮食的良好流动性，调剂国内余缺。因此，预期符号为正。

（2）世界粮食贸易网络的出度中心势计算公式：

$$P_K = P(k \geq K) = \sum_{k=K}^{k_{max}} p(k) \tag{7.5}$$

式中：k_{max} 为最大的度。出度中心势，代表粮食出口国的集聚度，该数值越大，粮食出口越集中，意味着在粮食贸易活动中，少数出口国掌握着粮食贸易主动权，对中国等粮食进口大国不利。因此，预期符号为负。

（3）中国粮食贸易入度中心度计算公式：

$$Degree_i = \sum_j a_{ij}/(n-1) \tag{7.6}$$

式中：a_{ij} 为 i 国与 j 国之间的贸易往来（有贸易往来记为1，否则为0），n 表示贸易网络中的国家总数。相对入度中心度越大，中国的粮食进口来源国越多，进口选择性及替代性越强，从而降低贸易风险，减少外部不确定性，达到稳定国内粮食安全系统的目的。

（4）中国粮食贸易入强度计算公式：

$$Strength_i = \sum_j a_{ij} \cdot w_{ij} \tag{7.7}$$

式中：a_{ij} 为 i 国与 j 国之间是否有贸易往来；w_{ij} 为 i 国与 j 国之间的贸易规模。相对入强度越大，意味着中国粮食进口依赖性越强，折射出国内供需不平衡的问题，需要通过大量的进口来弥补缺口，长期来看，不利于保持粮食安全系统的稳定性。

（三）控制变量

控制变量主要从国内经济发展水平、粮食价格方面以及粮食数量方面进行选择。具体包括中国 GDP、工业增加值、消费者信心指数、国内粮食产量、国内粮食库存量等。

1. 国内经济发展水平

一般地，国内经济水平越高，居民收入增加，人们对于粮食的购买能力越强，越容易获得粮食，且容易满足粮食多样化需求及对于粮食高品质的追求。因此，一国经济发展水平是粮食安全的基础保障。消费者信心指数也可从侧面反映一国的经济发展水平（王孝松、谢申祥，2012）。通过选取 GDP、消费者信心指数 $Conf_1$、消费者预期指数 $Conf_2$、人口规模 Pop 等来代表一国经济条件。

2. 粮食价格水平

粮食价格反映了城乡居民对粮食的经济获取能力，可以判断人们是否能够"吃得起"粮食。由于在全球化发展的背景下，国际粮食价格可通过贸易传导及信息诱发影响中国国内粮价，且随着中国市场开放程度不断提高，中国国内粮价与国际市场价格关联性不断增强（丁守海，2009；高帆、龚芳，2012；韩磊，2018），所以选择主要粮食种类（谷物、大豆）的国际市场价 Pf 作为解释变量之一。此外，能源价格也与粮食价格息息相关（Serra，2011；Alanoud，2017；彭新宇、樊海利，2019）。一方面，能源价格上升，会直接导致粮食生产成本上升。另一方面，能源价格的上升，促使生物能源的研发、使用增加，促使粮食价格上升。通过选取国际原油价格 Po、国际煤炭价格 Pc 作为影响粮食价格的变量加入模型。

3. 粮食产量水平

粮食产量水平直接影响一国的粮食供给，只有保证粮食在数量上供给充足，才能满足人们"吃得饱"的基本需求。另外，粮食储备主要作用体现在周转和应急，从侧面决定了粮食供给稳定水平，进而影响到粮食安全（魏霄云、史清华，2020；姚毓春、李冰，2021）。粮食消费主要包括口粮、饲料用粮、工业用粮、种子用粮、粮食损耗以及出口贸易。通过选取国内粮食产量 Pro、国内粮食库存量 $Stock$、国内粮食总消费量 Cons 等作为影响粮食数量的变量加入模型。

第二节　数据说明与分析

一　数据来源

目前，国际上对粮食的界定不统一。联合国粮农组织（FAO）一般运用"谷物"（Cereals）来界定"粮食"，包括小麦、稻谷、大麦、玉米、黑麦、燕麦、高粱等。中国国家统计局界定的"粮食"不仅包括 FAO 提出的谷物，还包括豆类和薯类。但是，随着中国居民生活水平的提高，薯类基本不再作为日常主要食物摄入，而对于可提供植物蛋白的大豆需求量越发增长。因此，结合中国的国情、粮情及居民消费实际情况，选择谷物、三大主粮（小麦、玉米、稻谷）及大豆作为主要研究对象，并构建 1988—2019 年的面板数据。

其中，中国粮食安全水平（S）、核心变量（$Indeg$、$Instr$、$Out\text{-}Central$、$Density$）是由前文测算得出。GDP、$Rvad$、Pro 等均源于《中国统计年鉴》（历年）。Pf 原始数据来自联合国粮农组织（FAO）数据库。$Stock$、$Cons$ 来自美国农业部（USDA）统计数据库。Po 与 Pc 来自 Wind 数据库。为保证数据可获得及时效性，将研究窗口期设定为 1988—2019 年。

二 描述性统计

由于部分变量的原始数据较大，为了消除量纲，将所有变量取对数，描述性统计分析结果如表 7-2 所示。通过对变量进行描述性统计，发现各个变量的数据样本差异较小，不会对估计结果的显著性造成影响。

表 7-2　　　　　　　　　　　　描述性统计分析

变量	观测值	均值	标准差	最小值	最大值
S	160	0.031	0.011	0.013	0.062
$Density$	160	-3.060	0.513	-4.070	-2.028
$Out\text{-}Central$	160	0.607	0.129	0.242	0.796
$Indeg$	160	0.088	0.055	0.000	0.250
$Instr$	160	0.403	0.384	0.000	1.000
GDP	160	0.772	1.266	-1.164	2.663
$Rvad$	160	-0.776	1.175	-2.949	0.801
Pro	160	-0.291	0.269	-1.231	0.006
$Stock$	160	-0.666	1.296	-3.761	1.561
$Cons$	160	0.297	0.930	-2.332	1.829
Pf	160	0.956	0.464	0.057	2.129
Pp	160	0.051	0.117	-0.201	0.432
Po	160	-0.988	0.697	-2.062	0.110
Pc	160	-0.597	0.423	-1.245	0.390

三 特征化事实

（一）不同粮食种类的安全水平

基于中国粮食安全评价指标体系，运用熵值法，分别将谷物及细分的粮食种类（小麦、稻谷、玉米及大豆）作为独立的研究对象，测算出各粮食细分种类 1988—2019 年的安全系数，其变化趋势如图 7-1 所示。整体来看，对于谷物及其他细分粮食种类，2003 年是重要转折点。在此之前，大豆粮食安全指数呈下降趋势，下降幅度高达 1/3，安全等级下降一级。谷物及小麦、稻谷、玉米的安全指数较低，且均处于波动状态。自 2003 年以后，谷物及其他细分粮食种类的粮食安全指数均呈上升状态，安全等级节节攀升，但是大豆的上升速度较缓。粮食安全水平发生变化的可能原因：一是随着时间推移，中国经济发展迅速，农业技术水平提高，人均收入增加，使粮食可供性及可得性双双增强；二是自 2000 年以来，中国对于农业发展的关注逐渐转向环境与资源的有效保护与利用，农药、化肥、塑料薄膜等生产资料的投入增幅有所收敛，同时，对于水土流失、除涝等方面的治理手段逐渐加强，有利于国内粮食安全系统的可持续发展；三是中国自 2001 年底加入世贸组织后，对外开放程度日益提升，有效利用国际市场调剂国内余缺，在一定程度上保障粮食供给数量及人们的多样化、高质量需求。

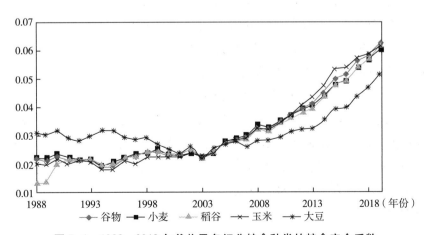

图 7-1 1988—2019 年谷物及各细分粮食种类的粮食安全系数

（二）不同粮食种类的贸易网络特征

根据社会网络分析方法，测算出谷物、小麦、稻谷、玉米及大豆贸易网络的关键性指标的演变趋势，如图 7-2 所示。其中，（a）（b）（c）（d）分别刻画出网络密度、出度中心势、中国贸易入度中心度、入强度等变化特征。从整体网络特征来看，谷物贸易网络的密度呈稳定上升趋势，出度中心势自 1991 年以来长期稳定在 0.7—0.8，但从 2008 年开始有下降趋势。细分粮食种类后，贸易网络密度方面，可看出小麦和大豆的相对于玉米和稻谷较低，尤其 2000 年以后，这种特点更明显。贸易网络出度中心势方面，小麦、稻谷、大豆的波动幅度较大，同时，自 2000 年以后，稻谷和玉米的出度中心势均大于另外两种粮食。由此说明：一是不论是谷物还是细分的粮食种类，国际贸易活动日益频繁，参与国家有所增加；二是出口国相对集中，较少的国家掌握着大多数的出口资源，尤其在稻谷与玉米方面较为显著。

从不同种类粮食的中国贸易地位来看，在相对入度中心度方面，谷物及小麦、稻谷、玉米、大豆都呈波动上升趋势，其中，小麦是从 2009 年开始有明显上升趋势。自 2000 年以来，稻谷和玉米的入度中心度在多数年份要大于小麦和大豆。在相对入强度方面，1988—2019 年，谷物及小麦、稻谷、玉米、大豆的波动均较大，且自 2008 年以来，基本呈上升趋势。在 1990 年、1996 年、2004 年、2013 年，各粮食种类的入强度出现峰值。细分粮食种类来看，小麦、玉米、稻谷、大豆均有较强的变化特征。小麦相对入强度数值较小，但是波动很大。玉米的相对入强度在 2008 年之前的大多数年份，均接近于 0。大豆相对入强度在 1994 年出现转折，之前基本为 0，随后急速上升，并自 2000 年以来一直保持 1。稻谷相对入强度自 2012 年以来长期保持为 1。此外，小麦与大豆的极差值高达 1。由此表明：一是中国各粮食种类的进口来源地逐渐增加，有利于分散外贸风险；二是中国各粮食种类的进口数量较大，尤其水稻与大豆近年来基本处于世界首位，玉米与小麦也有上升趋势，反映出国内供需不平衡，需要依靠进口弥补需求缺口。

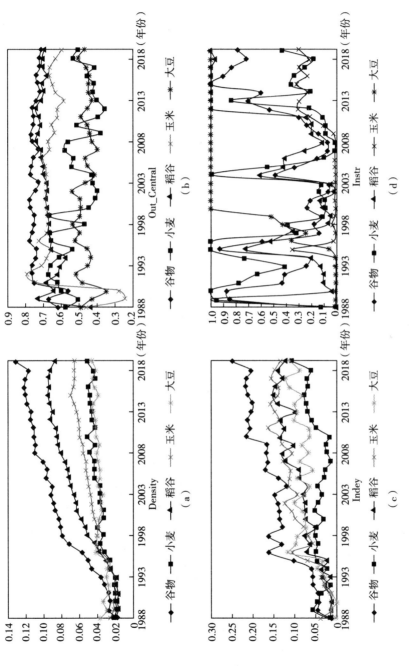

图7-2　1988—2019年主要粮食种类的世界贸易网络关键指标变化趋势

第三节 实证结果分析

一 基准回归

在第六章构建的 VAR 模型中，已经得出世界粮食贸易网络演变、中国贸易地位是中国粮食安全水平变动的格兰杰原因，但由于格兰杰因果关系只表明先动和后动的关系，并不能说明经济意义上的因果关联，所以运用普通最小二乘法（OLS）对式 7.2、式 7.3 进行分析，进一步验证粮食贸易网络演变对粮食安全水平的影响作用。

（一）世界粮食贸易网络演变对于粮食安全水平的影响

当考察世界粮食贸易网络变动对中国粮食安全水平的影响程度时，通过固定年份与粮食种类效应，由表 7-3 第（1）列结果可知，世界粮食贸易网络密度（Density）的估计系数为 0.426，且在 1% 的显著性水平下显著。世界粮食贸易网络的出度中心势（Out-Central）的估计系数为 -0.235，且在 5% 的显著性水平下显著。说明世界粮食贸易网络密度对中国粮食安全水平有显著的正向作用，网络密度每增加 1%，国内粮食安全水平上升 0.426%。世界粮食贸易网络的出度中心势对于中国粮食安全水平有显著的负效应，网络中心势每提高 1%，国内粮食安全水平下降 0.235%。

之后，逐步加入反映国内经济水平的具体变量、粮食数量相关因素与粮食价格相关因素，并将这一系列变量进行控制。最后确定的模型中，世界粮食贸易网络密度与出度中心势对应的估计系数分别为 0.213 与 -0.133，说明这两个核心变量对中国粮食安全水平的影响为一正一负，且网络密度的影响程度大于出度中心势的影响程度。该结果意味着世界粮食贸易网络的演变对于中国粮食安全水平具有经济意义上的影响作用，是国内粮食安全水平变动的显著原因之一。结合现实分析，不难发现，世界粮食贸易网络密度越大，说明粮食贸易参与方越多，贸易关系越频繁，中国粮食进口的来源更加广泛。不仅可以保证粮食的数量，还可以满足人们对于多样化、高品质粮食的需求，从粮食供给侧方面保障了国内粮食安全水平。另外,粮食贸易网络的出度中心势越大,说明粮食出口国较为集中,中国粮食进口来源国较少,那么在粮食贸易活动中,贸易话语权及主动权大都掌握在卖方手里,在贸易活动中中国处于劣势,不利于中国粮食安全水平的提升。

对于控制变量的估计结果并非本章关注的重点,但通过分析这些结果有利于更深入地了解中国粮食安全水平变动的影响因素。所有变量的系数符号均与预期相符,并且均显著,如表7-3第(4)列所示。国内 GDP、粮食产量,均与粮食安全水平呈正相关。粮食总消费量、粮食生产价格、国际煤炭价格,均与粮食安全水平呈负相关。表明中国经济发展水平越高,消费者对当前经济形势与前景越有信心,国内粮食产能越大时,中国粮食安全水平越高。国内粮食总消费量越大,对粮食需求越多,就越容易造成粮食短缺,那么就会从粮食数量方面体现出不安全性。粮食生产价格越高,人们的粮食可获得能力会相对降低。此外,国际能源价格的提高,会导致粮食生产成本提高或生物能源生产增加,均导致粮价上升,从价格方面体现出粮食的不安全性。

表7-3 世界粮食贸易网络演变对中国粮食安全水平影响的
基准回归结果

变量	(1)	(2)	(3)	(4)
Density	0.426*** (10.29)	0.426*** (10.29)	0.208*** (5.44)	0.213*** (6.01)
Out-Central	−0.235** (−1.98)	−0.235** (−1.98)	−0.102** (−1.19)	−0.133** (−1.68)
GDP		0.150*** (7.85)	0.212*** (11.46)	0.205*** (9.06)
Pro			0.281*** (7.93)	0.271*** (8.23)
Cons			−0.206*** (−8.98)	−0.204*** (−9.60)

续表

变量	（1）	（2）	（3）	（4）
Pp				-0.434^{***}
				(-4.63)
Pc				-0.0674
				(-0.76)
_cons	-2.139^{***}	-1.964^{***}	-2.624^{***}	-2.609^{***}
	(-11.37)	(-11.24)	(-16.79)	(-15.89)
时间固定效应	是	是	是	是
种类固定效应	是	是	是	是
N	160	160	160	160

注：括号中的值为标准差，$***$、$**$、$*$分别表示在1%、5%和10%的统计水平下显著。

（二）中国粮食贸易地位变化对于粮食安全水平的影响

中国作为世界粮食贸易网络中的重要参与者之一，关注其贸易地位变化对于国内粮食安全水平的影响，是世界贸易网络演变对中国粮食安全影响的深层次剖析，有助于中国贸易政策制定与粮食安全战略的完善。在同时控制年份与粮食种类效应的前提下，考察中国粮食贸易地位变动对国内粮食安全水平的影响程度时，由表7-4第（1）列结果可知，中国粮食贸易入度中心度的估计系数为1.886，在1%的显著性水平下显著。中国粮食贸易入强度的估计系数为-0.227，在1%的显著性水平下显著。由此说明，中国粮食贸易入度中心度对中国粮食安全水平有显著的正向作用，入度中心度提高1%，国内粮食安全水平将提升1.886%。中国粮食贸易入强度对于中国粮食安全水平有显著的负效应，相对入强度提高1%，国内粮食安全水平将下降0.227%。

表7-4　中国粮食贸易地位对中国粮食安全水平影响的基准回归结果

变量	（1）	（2）	（3）	（4）
$Indeg$	1.886^{***}	1.886^{***}	0.789^{**}	0.694^{**}
	(5.22)	(5.22)	(3.09)	(2.81)

变量	（1）	（2）	（3）	（4）
Instr	-0.227^{***}	-0.227^{***}	-0.0824^{***}	-0.0637^{**}
	(-7.59)	(-7.59)	(-3.52)	(-2.74)
GDP		0.244^{***}	0.271^{***}	0.272^{***}
		(11.86)	(18.45)	(12.85)
Cons			-0.243^{***}	-0.253^{***}
			(-11.46)	(-12.24)
Pro			0.248^{***}	0.242^{***}
			(6.51)	(6.58)
Pp				-0.343^{**}
				(-3.25)
Pc				-0.0897
				(-0.93)
_cons	-3.882^{***}	-3.598^{***}	-3.422^{***}	-3.461^{***}
	(-86.08)	(-90.97)	(-104.11)	(-45.17)
时间固定效应	是	是	是	是
种类固定效应	是	是	是	是
N	160	160	160	160

注：括号中的值为标准差，***、**、*分别表示在1%、5%和10%的统计水平下显著。

　　然后，同上一部分步骤相似，逐步加入反映国内经济水平的具体变量、粮食数量相关因素与粮食价格相关因素，并将这一系列变量进行控制。最后确定的模型中，中国粮食贸易入度中心度与入强度的估计系数分别为0.694与-0.0637，且均在5%的显著性水平下显著。说明中国粮食贸易入度中心度与入强度对中国粮食安全水平的影响为一正一负，且粮食贸易入度中心度的影响程度大于粮食贸易入强度。结合中国粮食贸易现状，粮食贸易入度中心度代表的是中国在粮食贸易网络中连接的粮食出口国相对数量，相对入度中心度越大，中国拥有的进口来源国数量越多，粮食供给越有保障，且在粮食贸易活动中越不容易被"卡脖子"。粮食贸易入强度反映的是中国在世界粮食贸易网络中粮食进口权重，粮食进口越多，一国粮食进口依赖度越高，在贸易活动中就容易处于被动方。粮食具有经济、社会、政治等多重属性，决定其在人们生活、国家发展乃至一国安全中的重要地位。因此，保障国内粮食的自给能力，拓展粮食进口来源国，扩大粮食贸易"朋友圈"，同时合理控制进口比重，对提升一国粮食安全水平至关重要。

其他控制变量的估计系数方向与预期一致，对于粮食安全的影响在上一小节已经详细说明，在此不一一赘述。

二　稳健性检验

为考察实证方法以及相关指标解释力的强壮性，需要对计量模型进行稳健性检验。通过变换控制变量进行回归，替换核心解释变量与因变量，来观察核心变量的估计系数正负方向与数值大小的变化，以确定计量模型的稳健性。

（一）替换控制变量进行稳健性检验

将国内生产总值、粮食产量、粮食生产价格、世界煤炭价格，分别用工业增加值、国内库存量、国际市场粮食价格、世界原油价格进行替换，代入计量模型（式7.2与式7.3）中，观察核心变量的估计系数及方向。如表7-5第（2）列所示，作为世界粮食贸易网络演变的核心变量 *Density* 与 *Out-Central*，估计系数分别为0.213与-0.133，且在1%的显著性水平下显著。对比基准检验结果可知，这两个核心变量的系数方向前后一致，数值较为稳定。如表7-5第（4）列作为中国贸易地位变化的核心变量，粮食贸易入度中心度与入强度的估计系数分别为0.720和-0.0819，分别在1%与5%的显著性水平下显著。对比前文的基准检验结果可知，这两个核心变量的影响方向一致，且数值大小变化很小。因此，通过替换控制变量后的回归结果与基准回归分析的结果较为一致，说明该计量模型较为稳健。

表7-5　　　　　　　　替换控制变量后的回归分析结果

变量	（1）	（2）	（3）	（4）
Density	0.426*** (10.29)	0.213*** (6.01)		

续表

变量	（1）	（2）	（3）	（4）
Out-Central	-0.235 （-1.98）	-0.133 （-1.68）		
Indeg			1.886*** （5.22）	0.720** （2.77）
Instr			-0.227*** （-7.59）	-0.0819*** （-3.51）
Vad		-0.275* （-2.27）		-0.397** （-2.92）
Stock		0.271*** （8.23）		0.244*** （6.38）
Cons		-0.204*** （-9.60）		-0.251*** （-11.41）
Pf		-0.434*** （-4.63）		0.0823 （1.25）
Po		0.302*** （3.56）		0.396*** （4.20）
_cons	-2.139*** （-11.37）	-2.731*** （-6.59）	-3.882*** （-86.08）	-3.805*** （-8.68）
时间固定效应	是	是	是	是
种类固定效应	是	是	是	是
N	160	160	160	160

注：括号中的值为标准差，***、**、*分别表示在1%、5%和10%的统计水平下显著。

（二）替换核心变量进行稳健性检验

由第四章可知，贸易网络的密度越大，代表网络中行动者之间的连线较多，彼此发生的贸易活动较为频繁。贸易网络的聚类系数，代表该网络所有行动者之间的整体关联性水平。贸易网络的出度中心势越大，代表出口国家相对集中。网络紧凑度，反映网络的聚集程度。因此，运用网络聚类系数（*Clustering Coefficient*）与网络紧凑度（*Compactness*）分别替换核心变量网络密度（*Density*）与出度中心势（*Out-Central*），进行模型的稳健性检验。如表7-6第（1）列所示，

将世界粮食贸易网络演变的核心变量替换为聚类系数 CC 与紧凑度
Com 以后，变量之前的估计系数分别为 0.660 与 -0.413，其方向与数
值均稳定，且分别在 5% 与 1% 的显著性水平下显著，而且在逐一加入
控制变量后，如表 7-6 第（2）列所示，其估计结果较为稳定。

表 7-6　　　　　　　　替换核心变量后的回归分析结果

	（1）	（2）	（3）	（4）
CC	0.660** (2.80)	0.683** (3.25)		
Com	-0.413* (-2.07)	-0.624*** (-3.51)		
$Effisize$			0.188*** (5.30)	0.176*** (5.52)
$Import$			-0.912*** (-17.65)	-0.341** (-2.73)
$lnGDP$		0.216*** (6.10)		0.237*** (11.76)
$lnPro$		0.348*** (5.43)		0.219*** (4.70)
$lnCons$		-0.103*** (-3.46)		-0.190*** (-4.56)
$lnPp$		-0.592*** (-3.40)		-0.360*** (-3.79)
$lnPc$		-0.150 (-0.94)		-0.0575 (-0.64)
$\_cons$	-3.805*** (-40.77)	-3.413*** (-23.35)	-3.797*** (-126.06)	-3.448*** (-48.83)
时间固定效应	是	是	是	是
种类固定效应	是	是	是	是
N	160	160	160	160

注：括号中的值为标准差，***、**、* 分别表示在 1%、5% 和 10% 的统计水平下
显著。

在中国贸易地位变化方面，分别选取有效规模（*Effisize*）与粮食进口在世界总出口量的占比（*Import*），来替换中国粮食贸易入度中心度（*Indeg*）与入强度（*Instr*）。网络行动者的有效规模，反映出该行动者在网络中的合作伙伴数量水平。粮食种类进口占比，在一定程度上反映了中国在世界粮食贸易中的进口权重。所以，选择这两个替换变量较为合理。在同时控制年份与粮食种类效应后，如表7-6第（3）列所示，有效规模（*Effisize*）与进口占比（*Import*）之前的估计系数分别为0.188与-0.912，且均在1%的显著性水平下显著。在逐步加入控制变量后，如表7-6第（4）列，其方向与数值较为一致且显著。

（三）加入滞后一期进行稳健性检验

考虑到中国粮食安全水平是动态性和延续性的，很可能当期的世界粮食贸易网络变动的影响会在中国粮食安全水平的下一期显现，所以选取被解释变量滞后一期对基准回归结果做稳健性检验。如表7-7第（1）列、第（2）列所示，作为世界粮食贸易网络演变的核心变量 *Density* 与 *Out-Central*，估计系数分别为0.521与-0.450，加入控制变量的估计系数为0.307与-0.344且结果在1%的显著性水平下显著，对比前文的基准检验结果可知，这两个核心变量的系数方向前后一致，数值较为稳定。如表7-7第（3）列、第（4）列作为中国贸易地位变化的核心变量，粮食贸易入度中心度与入强度的估计系数分别为1.983和-0.205，加入控制变量后的估计系数为0.743与-0.0491，且结果显著，对比前文的基准检验结果，滞后一期的回归结果较为稳定。因此，通过对变量滞后一期的回归结果与基准回归分析的结果较为一致，再次说明该计量模型较为稳健。

表 7-7　　　　　　　　滞后一期的回归分析结果

变量	（1）	（2）	（3）	（4）
Density	0.521*** (12.45)	0.307*** (7.49)		

变量	(1)	(2)	(3)	(4)
Out-Central	−0.450 *** (−4.02)	−0.344 *** (−4.12)		
Indeg			1.983 *** (5.11)	0.743 ** (2.62)
Instr			−0.205 *** (−6.55)	−0.0491 (−1.89)
GDP		0.163 *** (6.66)		0.264 *** (11.39)
Pro		0.257 *** (7.52)		0.222 *** (5.31)
ln*Cons*		−0.178 *** (−7.86)		−0.265 *** (−11.32)
ln*Pp*		−0.176 (−1.82)		−0.0740 (−0.62)
ln*Pc*		−0.00481 (−0.05)		−0.0470 (−0.44)
_*cons*	−1.654 *** (−8.92)	−2.177 *** (−11.89)	−3.802 *** (−75.72)	−3.492 *** (−41.98)
时间固定效应	是	是	是	是
种类固定效应	是	是	是	是
N	155	155	155	155

注：括号中的值为标准差，***、**、* 分别表示在1%、5%和10%的统计水平下显著。

（四）内生性检验

由于粮食安全水平与中国粮食贸易地位可能互为因果关系，所以内生性问题是必须关注和考察的问题。在第六章中，通过构建 VAR 模型可知，世界粮食贸易网络密度、中国粮食贸易入度中心度与中国粮食安全水平互为格兰杰因果关系。因此，网络密度与中国粮食入度中心度变量并不是外生的。为解决世界粮食贸易网络与中国贸易地位的内生性问题，分别选取粮食贸易整体网络的平均度数（*Avg Deg*）与世界其他国家的粮食进口占比（*Importw*），作为网络密度与中国粮食贸易入度中心度的工具变量。其原因有二：一是中国作为粮食生产、消费及贸易大国，作为网络中的重要参与者之一，粮食贸易整体网络的平均度数与中国本身度数高度相关，但是不会直接影响到国内粮食安全水平；二是世界粮食贸易总量在每个年份断面上是既定的，如果除中国之外的其他粮食贸易参与国进口需求增加，就会影响到中国的相对进口强度，但别国的进口需求是不会直接影响到中国国内的粮食安全水平。

在同时控制年份与粮食种类时间效应后，采用 IV 进行回归。如表 7-8 第（1）列、第（3）列所示，第一阶段回归结果表明工具变量与内生变量具有强相关性。如表 7-8 第（2）列、第（4）列所示，第二阶段回归结果中世界粮食贸易网络演变与中国粮食贸易地位变化均对中国粮食安全水平有显著影响。具体表现为：世界粮食贸易网络密度、出度中心势的影响系数与基准检验结果较为一致，且分别在 1% 与 10% 的显著性水平下显著。中国粮食贸易入度中心度、入强度的估计系数前后较为一致，且分别在 5% 与 10% 的显著性水平下显著。因此，内生性检验结果进一步证明了基准结果的稳健性。此外，表中汇报了弱工具变量检验的 *F* 值，结果验证了所选工具变量的合理性及有效性。

表 7-8　　　　　　　　　工具变量回归结果

变量	（1）第一阶段	（2）第二阶段	（3）第一阶段	（4）第二阶段
Density	0.452*** (9.05)	0.264*** (5.77)		
Out-Central	-0.257* (-2.12)	-0.179* (-2.13)		
Indeg			2.410*** (5.08)	0.729** (2.68)

续表

变量	(1) 第一阶段	(2) 第二阶段	(3) 第一阶段	(4) 第二阶段
Instr			−0.497*** (−8.31)	−0.0748* (−1.74)
GDP		0.186*** (7.33)		0.272*** (12.84)
Pro		0.273*** (8.22)		0.241*** (6.54)
Cons		−0.183*** (−7.55)		−0.247*** (−9.09)
Pp		−0.438*** (−4.63)		−0.330** (−2.92)
Pc		−0.0585 (−0.65)		−0.0909 (−0.94)
_*cons*	−2.029*** (−9.15)	−2.407*** (−11.99)	−3.878*** (−66.57)	−3.463*** (−44.86)
年份固定效应	是	是	是	是
种类固定效应	是	是	是	是
N	160	160	160	160
F	12.42	29.60	17.58	14.78

注：括号中的值为标准差，***、**、*分别表示在1%、5%和10%统计水平下显著。Cragg-Donald Wald *F* 统计量表示弱工具变量检验，门槛值分别是：10%为16.38；15%为8.96。该值大于门槛值，表示不存在弱工具变量问题。

三　机制检验

(一) 整体网络演变对中国粮食安全影响的机制检验

整体网络对于中国粮食安全的影响主要在于网络密度与出度中心势两方面。网络密度可通过要素替代效应促进中国粮食安全的提升，并采用机械投工比作为代理变量。出度中心势可通过极化效应对中国粮食安全造成影响，采用第一产业对 *GDP* 的贡献率作为代理变量。借鉴 Banron 和 Kenny (1986) 的做法，本部分运用三步法进行机制检验：

$$\begin{cases} S_{x,t}=\beta_0+\beta_1 Density_{x,t}+\beta_2 Control_{x,t}+\varepsilon_{x,t} \\ S_{x,t}=\omega_0+\omega_1 Out\text{-}Central_{x,t}+\omega_2 Control_{x,t}+\xi_{x,t} \end{cases}$$

$$\begin{cases} ML_{x,t}=\partial_0+\alpha_1 Density_{x,t}+\alpha_2 Control_{x,t}+\delta_{x,t} \\ GCR_{x,t}=\eta_0+\eta_1 Out\text{-}Central_{x,t}+\eta_2 Control_{x,t}+\vartheta_{x,t} \end{cases}$$

$$\begin{cases} S_{x,t}=\mu_0+\mu_1 ML_{x,t}+\mu_2 Control_{x,t}+\sigma_{x,t} \\ S_{x,t}=\theta_0+\theta_1 GCR_{x,t}+\theta_2 Control_{x,t}+\pi_{x,t} \end{cases} \tag{7.8}$$

式中：S 为各种类粮食的安全水平；$Control$ 为所有的控制变量；$Density$、$Out\text{-}Central$ 为核心解释变量，即世界粮食贸易网络的密度与出度中心势；ML、GCR 为中介变量，即国内粮食种植的机械投工比、第一产业对 GDP 的贡献率。

由基准模型估计结果可知，网络密度对粮食安全水平有显著的正向效应。当中国进口粮食的时候，相当于进口了粮食中隐含的生产要素。根据比较优势与要素禀赋理论，中国在国际贸易中进口的是生产中处于相对劣势的产品。当用进口品替代本国生产时，释放出国内粮食的生产要素，使资源配置更加优化。同时，通过专业分工，提高中国劳动生产率，生产技术也会提高。由于劳动力转移，可能采用以机械为代表的资本要素来保持粮食生产，为实现机械作业的规模效应生产者会扩大粮食生产规模，同时机械化作业可以提高生产效率。以机械投工比（ML）度量以机械为代表的资本要素替代程度，具体测算方法是粮食生产过程中机械费用与劳动力人数投入的比值。关于网络密度通过替代效应来提高粮食安全水平的机制检验。第一步，验证网络密度（$Density$）对机械投工比（ML）的影响。第二步，验证 ML 的上升是否会提高国内粮食安全水平。回归结果如表7-9的第（1）列至第（2）列所示，在第（1）列中，$Density$ 对 ML 影响的估计系数显著为正，表示网络密度的增长提高了机械投工比，即提高了粮食生产的资本要素比例。在第（2）列中，ML 对粮食安全水平影响的估计系数显著为正，表明机械投工比越高，资本要素占比越大，粮食安全水平提高得越多，这说明网络密度通过替代效应显著促进了粮食安全水平的提高。

表 7-9　　　　　　整体网络演变对中国粮食安全影响的机制检验

变量	（1）ML	（2）S	（3）GCR	（4）S
Density	0.629*** （12.31）			
ML		0.489*** （12.13）		
Out-Central			−0.745*** （−3.84）	
GCR				0.135*** （5.08）
_cons	0.196 （1.11）	−3.081*** （−28.77）	1.217*** （4.48）	−4.008*** （−41.51）
控制变量	是	是	是	是
N	160	160	160	160
年份固定效应	是	是	是	是
种类固定效应	是	是	是	是

　　注：括号中的值为标准差，***、**、*分别表示在1%、5%和10%的统计水平下显著，所有回归均加入了控制变量。

　　由基准模型估计结果可知，粮食贸易网络的出度中心势对粮食安全水平有显著的负向效应。对于有生产先发优势的国家或者产业，生产要素的集聚有利于该国或者产业的指数级发展，在世界或者产业间成为增长极，但是对于缺乏发展有利条件的国家或者产业，其处境会更加艰难，由于生产要素的转移，生产规模萎缩，产业很难获得长足发展，那么产生"极化负效应"。由于粮食生产高度依赖地理位置与自然资源，生产大国往往是出口大国。出度中心势越大，意味着粮食出口国越集中，这些国家逐渐转移至网络核心位置，而长期进口的国家在贸易活动中处于被动地位，粮食产业发展衰弱，容易受到少数处于核心位置出口大国的牵制。运用第一产业对 GDP 的贡献率（GCR）即第一产业对国内生产总值增长速度的贡献率，可以侧面反映出粮食产业的发展情况，所以将作为极化负效应的代理变量，并进行机制检验。第一步，验证网络出度中心势（*Out-Central*）对第一产业对 *GDP* 的贡献率（*GCR*）的影响。第二步，验证 *GCR* 的上升是否会提高国内粮食安全水平。回归结果如表 7-9 的第（3）列至第（4）列所示，在第（3）列中，*Out-Central* 对 *GCR* 影响的估计系数显著为负，表示网络出度中心势的增长降低了第一产业对 *GDP* 的贡献率，对粮食产业的长足发展具有阻碍作用。在第（4）列中，*GCR* 对粮食安全水平影响的估计系数显著为正，表明第一产业对 *GDP* 的贡献率越高，粮食产业发展越稳定，粮食安全水平提高得越多，这说明了网络出度中心势通过极化效应显著影响了国内粮食安全水平。

（二）中国粮食贸易地位变化对粮食安全影响的机制检验

中国贸易地位对中国粮食安全的影响主要体现在入度中心度与入强度方面。入度中心度可通过传导效应对中国粮食安全水平产生影响，采用国内价格波动指数作为代理变量。入强度则是通过挤出效应对中国粮食安全水平造成负向影响，采用粮食产销比与粮食种植比例作为代理变量。同上，借鉴 Banron 和 Kenny（1986）的做法，运用三步法进行机制检验：

$$\begin{cases} S_{x,t}=\beta_0+\beta_1 Indeg_{x,t}+\beta_2 Control_{x,t}+\varepsilon_{x,t} \\ S_{x,t}=\omega_0+\omega_1 Instr_{x,t}+\omega_2 Control_{x,t}+\xi_{x,t} \end{cases}$$

$$\begin{cases} Ppf_{x,t}=\partial_0+\alpha_1 Indeg_{x,t}+\alpha_2 Control_{x,t}+\delta_{x,t} \\ SSR_{x,t}=\eta_0+\eta_1 Instr_{x,t}+\eta_2 Control_{x,t}+\vartheta_{x,t} \\ ARER_{x,t}=\sigma_0+\sigma_1 Instr_{x,t}+\sigma_2 Control_{x,t}+\zeta_{x,t} \end{cases}$$

$$\begin{cases} S_{x,t}=\mu_0+\mu_1 Ppf_{x,t}+\mu_2 Control_{x,t}+\tau_{x,t} \\ S_{x,t}=\theta_0+\theta_1 SSR_{x,t}+\theta_2 Control_{x,t}+\pi_{x,t} \\ S_{x,t}=\varphi_0+\varphi_1 ARER_{x,t}+\varphi_2 Control_{x,t}+\psi_{x,t} \end{cases} \tag{7.9}$$

式中：*S* 为各种类粮食的安全水平；*Control* 为所有的控制变量；*Indeg*、*Instr* 为核心解释变量，即中国在粮食贸易网络中的入度中心度与入强度；*Ppf*、*SSR*、*ARER* 为中介变量，即国内各粮食种类的价格波动指数、产消比、种植比重。

由前文的基准模型估计结果可知，中国在粮食贸易网络中的入度中心度对粮食安全水平具有显著正效应。入度中心度，反映的是中国与进口贸易网络中其他节点的连接程度。中国作为粮食进口大国，是粮食贸易网络中的关键节点之一，贸易网络的波动以及节点间关系的变化势必会牵连国内市场，进而对国内粮食安全水平造成影响。当受到国际市场波动的影响时候，入度中心度越高，对于粮食进口来源国的选择性越强，可以分散贸易带来的不确定性风险。一般地，国际产品价格变动时，国内价格发生同方向变动，两者变动态势趋同，而入度中心度的提高有利于平缓国内市场粮食价格的波动，所以运用粮食国内零售价格波动指数作为代理变量，进行传导效应的机制检验。第一步，验证入度中心度（$Indeg$）对国内粮食价格波动指数（Ppf）的影响。第二步，验证 Ppf 的下降是否会提高国内粮食安全水平。回归结果如表 7-10 的第（1）列至第（2）列所示，在第（1）列中，$Indeg$ 对 Ppf 影响的估计系数显著为负，表示入度中心度的增长降低了国内粮食价格波动幅度，有利于稳定国内市场粮食价格水平。在第（2）列中，Ppf 对粮食安全水平影响的估计系数显著为负，表明国内粮食价格波动水平越高，越不利于粮食安全水平提升，说明提高入度中心度有利于保障国内粮食安全水平。

表 7-10　　中国粮食贸易地位变动对粮食安全影响的机制检验

变量	（1）Ppf	（2）S	（3）SSR	（4）S	（5）$ARER$	（6）S
$Indeg$	−0.334 (−1.92)					
Ppf		−0.0315** (−3.14)				
$Instr$			−0.0390 (−1.75)		0.0624* (2.24)	
SSR				0.268 (1.88)		
$ARER$						0.232** (3.22)

续表

变量	(1) Ppf	(2) S	(3) SSR	(4) S	(5) $ARER$	(6) S
_cons	−4.541*** (−5.06)	−3.925*** (−39.21)	0.388*** (6.62)	−3.902*** (−35.80)	−1.512*** (−20.53)	−3.259*** (−21.96)
控制变量	是	是	是	是	是	是
N	158	160	160	160	160	160
年份固定效应	是	是	是	是	是	是
种类固定效应	是	是	是	是	是	是

注：括号中的值为标准差，***、**、*分别表示在1%、5%和10%的统计水平下显著，所有回归均加入了控制变量。

由前文的基准模型估计结果可知，中国在粮食贸易网络中的相对入强度对粮食安全水平具有显著负效应。入强度刻画的是网络中边线的权重，中国在网络中的相对入强度越大，意味着中国进口的粮食数量越多，对外依存度越高。当进口流入量过多时，影响农民种粮积极性，对国内粮食产业产生较大压力，长期会通过挤出效应使得国内粮食种植面积以及产量减少，阻碍粮食安全水平提升。选择粮食产量占消费量的比重与粮食种植面积占农作物种植面积的比重作为代理指标，进行挤出效应的机制检验。第一步，验证相对入强度（$Instr$）分别对国内粮食产消比（SSR）与粮食种植比（$ARER$）的影响。第二步，验证 SSR 与 $ARER$ 的上升是否会提高国内粮食安全水平。回归结果如表7-10的第（3）列至第（6）列所示，在第（3）列中，$Instr$ 对 SSR 影响的估计系数显著为负，表示相对入强度的增长降低了国内粮食产消比，国内粮食自给水平降低，进口依存度提高。在第（4）列中，SSR 对粮食安全水平影响的估计系数显著为正，表明国内粮食产消比越高，越有助于粮食安全水平的提升，这说明提高相对入强度，导致进口依赖性增强，对国内粮食生产有挤出效应，不利于国内粮食安全水平的提升。在第（5）列中，$Instr$ 对 $ARER$ 影响的估计系数显著为负，表示相对入强度的增长降低了国内粮食种植比。在第（6）列中，$ARER$ 对粮食安全水平影响的估计系数显著为正，表明国内粮食种植比越高，越有助于粮食安全水平的提升，这说明提高相对入强度对国内粮食生产有挤出效应，不利于国内粮食安全水平的提升。

本章小结

本章运用普通最小二乘法（OLS），基于 1988—2019 年谷物、三大主粮及大豆的世界贸易网络与中国贸易地位的相关指标，采用固定效应模型，研究世界贸易网络演变对中国粮食安全的影响。

选取经济发展、粮食价格因素、粮食数量因素等方面的相关变量，通过基准回归分析、稳健性检验及内生性检验，深入研究世界粮食贸易网络、中国粮食贸易地位与国内粮食安全水平的经济关系，以及前两者对国内粮食安全水平的影响程度。结果显示：世界粮食贸易网络密度对中国粮食安全水平具有显著的正向影响效应，贸易网络的出度中心势对国内粮食安全具有显著的负向影响效应，且影响程度前者大于后者；中国粮食贸易入度中心度对国内粮食安全水平具有显著的正效应，入强度对国内粮食安全水平具有显著的负效应，且前者的影响程度大于后者。

通过机制检验可知，粮食贸易整体网络会通过替代效应、极化效应对粮食安全水平有显著影响，中国粮食贸易地位则会通过挤出效应和传导效应对粮食安全产生显著影响。因此，粮食贸易网络中的参与者越多，网络规模越大，贸易关系越紧密，越有利于中国粮食安全水平的提升。而世界粮食贸易出口国越集中，中国在贸易活动中越容易处于被动地位，越不利于中国粮食安全水平的提升。中国粮食贸易的进口来源国越多，对于粮食供给方面越有保障，有利于国内粮食安全水平的提升。中国粮食进口强度越大，粮食进口依赖性越强，外部不确定性越强，越不利于粮食安全水平的提升。

第八章 粮食贸易网络演变对中国粮食安全影响的区域分析

第七章基于国家层面，运用普通最小二乘法（OLS）研究了世界粮食贸易网络演变、中国粮食贸易地位对中国粮食安全水平的影响，验证了前者对后者具有经济意义上的显著影响作用。2003年，中国财政部就根据相关农产品产量对粮食主产区进行了具体界定。那么，世界粮食贸易网络演变及中国粮食贸易地位变化对省域层面的粮食安全水平是否有显著影响？对于不同粮食生产区域的影响是否有所区别？不同的粮食细分种类，如小麦、稻谷、玉米、大豆等重要农产品种类是否存在异质性？深入考察以上问题，有助于为保障中国粮食安全提供更细致的建议。因此，本章内容基于主要粮食种类安全水平的省级维度，构建省级面板数据，深入分析世界粮食贸易网络对于中国粮食安全水平的影响，并分别从生产区域及粮食种类两方面进行异质性分析。

第一节 模型构建与变量选择

一 模型构建

本章研究将沿用第七章提出的理论模型，即：

$$S_{x,j,t} = \alpha_0 + \alpha_1 Density_{x,t} + \alpha_2 Out - Central_{x,t} + \sum_i \theta_i w_{i,j,t} + \varepsilon_{x,j,t}$$

$$(8.1)$$

$$S_{x,j,t} = \beta_0 + \beta_1 Indeg_{x,t} + \beta_2 Instr_{x,t} + \sum_i \theta_i w_{i,j,t} + \delta_{x,j,t} \quad (8.2)$$

被解释变量 $S_{x,j,t}$，代表不同省份（j）的谷物、三大主粮（小麦、稻谷、玉米）及大豆等不同种类粮食（x），在不同时期（t）的安全水平。ω_i 表示影响粮食安全水平的其他方面因素，该部分的研究将会控制这些因素，着重考察世界粮食贸易网络演变以及中国粮食贸易地位变化对省域层面的粮食安全水平的影响作用。α_0、β_0 是常数项，α_1、α_2、β_1、β_2 是待估系数，ε、δ 是残差项。

二 变量选择

根据前文关于粮食世界贸易网络与粮食安全水平关系的理论分析，考虑到数据的可得性、时效性，选取合适的被解释变量与解释变量，如表 8-1 所示。

表 8-1　　　　　　　　　　　变量含义及构造

变量			含义	预期符号
被解释变量	S		各省（市、区）谷物、三大主粮（小麦、稻谷、玉米）及大豆安全水平指数的对数值	
核心解释变量	$Indeg$		中国粮食贸易相对入强度对数值	+
	$Instr$		中国粮食贸易相对入度中心度对数值	−
	OD		世界粮食贸易网络出度中心势对数值	−
	$Density$		世界粮食贸易网络密度对数值	+
控制变量	经济发展变量	GDP	各省（市、区）GDP 的对数值	+
		Vad	各省（市、区）工业增加值的对数值	+
		Pop	各省（市、区）常住人口数量的对数值	−
	价格方面变量	Pf	国际市场粮食价格的对数值	
		Po	国际市场原油价格的对数值	
		Pc	国际市场煤炭价格的对数值	
		Pp	各省（市、区）谷物、三大主粮（小麦、稻谷、玉米）及大豆生产价格指数的对数值	−
	数量方面变量	Pro	各省（市、区）谷物、三大主粮（小麦、稻谷、玉米）及大豆产量的对数值	+
		$Power$	各省（市、区）农业机械总动力的对数值	+
		$Area$	各省（市、区）农作物成灾面积的对数值	−

被解释变量是中国各省（市、区）谷物及三大主粮（小麦、玉米、稻谷）、大豆等粮食种类在 2000—2019 年的安全水平指数。考虑到数据可获得性、时效性以及客观性原则，结合国家与省级层面指标的现实差异性，2000—2019 年各省（市、区）谷物、三大主粮（小麦、稻谷、玉米）及大豆的安全水平测算过程中，在第 5 章评价指标体系的基础上，做出合理的删减、替换等变动。此处，被解释变量 S 代表各省（市、区）谷物、小麦、稻谷、玉米及大豆的安全水平。

核心解释变量主要包括各主要粮食种类贸易网络中的关键指标，即中国粮食贸易相对入强度与相对入度中心度，世界粮食贸易网络出度中心势与网络密度。运用社会网络分析方法，构建谷物、三大主粮（小麦、稻谷、玉米）及大豆 5 个世界贸易网络，并将测算出每个贸易网络对应的 4 个关键网络指标，即中国谷物、三大主粮（小麦、稻谷、玉米）及大豆贸易相对入强度与相对入度中心度，世界谷物、三大主粮（小麦、稻谷、玉米）及大豆贸易网络的出度中心势与密度，作为本研究部分的核心解释变量。

控制变量主要包括经济发展变量、价格方面及数量方面的变易，如各省（市、区）GDP、人口规模、主要粮食种类的生产价格指数、农业机械总动力、粮食种类产量等。

第二节　数据说明与分析

一　数据来源

本章节涉及各变量数据，其中，S、$Indeg$、$Instr$、$Out\text{-}Central$、$Density$ 根据前文方法进行测算。GDP、Vad、Pop 主要来自于《中国统计年鉴》（历年），Pp、$Power$、$Area$ 主要来源于《中国农村统计年鉴》（历年），Pf 来源于联合国粮食及农业组织（FAO）官网数据库、Po 与 Pc 来自于 Wind 数据库。由于北京、天津、上海、重庆、西藏等地区没有统计相关农业生产资料价格指数或相关指标数据缺失，利用粮食安全水平评价指标体系测算时，可能会出现测算误差较大的结果，故选取其他 26 省（市、区）样本。为保证数据可获得及时效性，将研究窗口期设定为 2000—2019 年。

二 描述性统计

依据模型（8.1）设定，表 8-2 报告了模型中被解释变量、核心解释变量与控制变量的观测值、均值、标准差、最小值和最大值。

表 8-2 描述性统计分析

粮食种类	变量	观测值	均值	标准差	最小值	最大值
谷物	S	520	−3.076	0.396	−3.936	−2.192
	Density	520	−2.248	0.131	−2.498	−2.028
	Out-Central	520	−0.291	0.027	−0.339	−0.252
	Indeg	520	−1.738	0.208	−2.147	−1.386
	Instr	520	−1.264	0.979	−2.915	0.000
	GDP	520	−0.149	1.187	−3.636	2.376
	Vad	520	−1.132	1.302	−4.955	1.371
	Pop	520	−0.957	0.760	−2.963	0.142
	Pro	520	−2.059	1.032	−5.356	−0.393
	Power	520	0.811	0.863	−1.605	2.592
	Area	520	−0.783	1.077	−6.908	1.426
	Pf	520	1.114	0.354	0.478	1.625
	Pp	520	0.031	0.082	−0.217	0.347
	Po	520	−0.547	0.487	−1.409	0.110
	Pc	520	−0.378	0.385	−1.150	0.390
小麦	S	500	−3.066	0.372	−3.949	−2.190
	Density	500	−3.137	0.129	−3.390	−2.947
	Out-Central	500	−0.794	0.144	−1.032	−0.546
	Indeg	500	−3.160	0.561	−4.477	−2.234
	Instr	500	−1.964	1.383	−5.891	0.000
	GDP	500	−0.086	1.157	−3.636	2.376
	Vad	500	−1.034	1.225	−4.821	1.371
	Pop	500	−0.897	0.712	−2.963	0.142

续表

粮食种类	变量	观测值	均值	标准差	最小值	最大值
小麦	*Pro*	498	−2.711	2.635	−9.210	1.320
	Power	500	0.884	0.795	−1.362	2.592
	Area	500	−0.704	0.975	−4.962	1.426
	Pf	500	0.748	0.319	0.190	1.257
	Pp	500	4.642	0.084	4.413	5.011
	Po	500	−0.547	0.487	−1.409	0.110
	Pc	500	−0.378	0.385	−1.150	0.390
稻谷	*S*	500	−3.066	0.370	−4.007	−2.192
	Density	500	−3.137	0.129	−3.390	−2.947
	Out−Central	500	−0.794	0.144	−1.032	−0.546
	Indeg	500	−2.231	0.261	−2.676	−1.883
	Instr	500	−1.178	1.353	−5.227	0.000
	GDP	500	−0.066	1.122	−3.523	2.376
	Vad	500	−1.048	1.244	−4.955	1.371
	Pop	500	−0.880	0.668	−2.893	0.142
	Pro	500	−1.281	1.953	−9.210	1.036
	Power	500	0.883	0.799	−1.605	2.592
	Area	500	−0.718	1.038	−6.908	1.426
	Pf	500	1.465	0.405	0.729	2.129
	Pp	500	4.639	0.081	4.440	4.949
	Po	500	−0.547	0.487	−1.409	0.110
	Pc	500	−0.378	0.385	−1.150	0.390
玉米	*S*	500	−3.086	0.422	−4.238	−2.152
	Density	500	−3.137	0.129	−3.390	−2.947
	Out−Central	500	−0.794	0.144	−1.032	−0.546
	Indeg	500	−2.066	0.158	−2.369	−1.816
	Instr	500	−3.686	2.556	−9.721	−1.145
	GDP	500	−0.086	1.157	−3.636	2.376
	Vad	500	−1.034	1.225	−4.821	1.371
	Pop	500	−0.897	0.712	−2.963	0.142
	Pro	500	−1.262	1.742	−7.195	1.382

粮食种类	变量	观测值	均值	标准差	最小值	最大值
玉米	Power	500	0.884	0.795	−1.362	2.592
	Area	500	−0.704	0.975	−4.962	1.426
	Pf	500	0.620	0.366	0.057	1.276
	Pp	499	4.632	0.089	4.094	4.843
	Po	500	−0.547	0.487	−1.409	0.110
	Pc	500	−0.378	0.385	−1.150	0.390
大豆	S	500	−3.051	0.329	−3.843	−2.190
	Density	500	−3.137	0.129	−3.390	−2.947
	Out−Central	500	−0.794	0.144	−1.032	−0.546
	Indeg	500	−2.475	0.207	−2.890	−2.109
	Instr	500	0.000	0.000	0.000	0.000
	GDP	500	−0.066	1.122	−3.523	2.376
	Vad	500	−1.048	1.244	−4.955	1.371
	Pop	500	−0.880	0.668	−2.893	0.142
	Pro	500	−1.353	1.339	−5.521	2.055
	Power	500	0.883	0.799	−1.605	2.592
	Area	500	−0.718	1.038	−6.908	1.426
	Pf	500	1.342	0.348	0.706	1.865
	Pp	500	4.638	0.101	3.936	4.977
	Po	500	−0.547	0.487	−1.409	0.110
	Pc	500	−0.378	0.385	−1.150	0.390

三 特征化事实

（一）粮食细分种类贸易网络异质性分析

基于 2000—2019 年小麦、稻谷、玉米及大豆的双边贸易数据，运用社会网络分析方法构建对应的贸易网络，测算得出小麦、稻谷、玉米及大豆贸易网络的关键性指标，如表 8−3 所示。整体来说，小麦、稻谷及大豆贸易网络的密度均呈上升趋势，说明全球粮食贸易联系逐渐频繁而紧密，贸易活动较为活跃。网络出度中心势方面，由大到小依次是稻谷、玉米、小麦与大豆。稻谷的出口地区最为集中，且集聚性有变强的趋势。玉米的出度中心势长期维持在 0.6 左右，集聚性水平较高。小麦的出度中心势波动较大，集聚性呈"增强—减弱—增强"的态势。大豆出度中心势波动不大，且整体有下降趋势。

表 8-3　　　　2000—2019 年部分年份各粮食种类贸易网络的
关键指标测算结果

年份	粮食种类	Density	Out-Central	Indeg	Instr	粮食种类	Density	Out-Central	Indeg	Instr
2000	小麦	0.0337	0.4438	0.0298	0.0897	稻谷	0.0584	0.6843	0.0744	0.0992
2005		0.0436	0.5485	0.0284	0.5427		0.0721	0.6996	0.0880	0.4174
2010		0.0525	0.5140	0.0168	0.0843		0.0850	0.7210	0.1330	0.1955
2015		0.0481	0.4166	0.0791	0.3624		0.0952	0.7099	0.1521	1.0000
2019		0.0521	0.5015	0.1071	0.4204		0.0878	0.6952	0.1239	1.0000
2000	玉米	0.0430	0.6849	0.0969	0.0001	大豆	0.0382	0.4943	0.0753	1.0000
2005		0.0509	0.6890	0.1122	0.0057		0.0376	0.4500	0.0909	1.0000
2010		0.0592	0.6555	0.1346	0.1002		0.0415	0.4522	0.0651	1.0000
2015		0.0696	0.6498	0.1394	0.3182		0.0393	0.4465	0.0833	1.0000
2019		0.0655	0.5993	0.1333	0.2866		0.0454	0.4727	0.1094	1.0000

资料来源：基于社会网络分析方法，采用 UCINET 软件进行测算。

中国在不同粮食种类贸易网络中的地位表现迥异。在相对入度中心度方面，稻谷和玉米对应的数值较大，且一致呈上升趋势，说明这两类粮食的进口来源国较为广泛。小麦与大豆对应的数值较小，则说明中国小麦与大豆的进口来源国较少，不利于规避贸易活动中外部不确定性所带来的风险。在相对入强度方面，大豆长期为 1，稻谷近五年也基本处于 1 的水平，说明这两种粮食种类的进口量很大，大豆进口量长期居世界第 1，稻谷进口量近年来也节节攀升。小麦的相对入强度波动较大，但近 5 年进口量在世界排名，均保持在前二十位。玉米的相对入强度呈强势增长状态，进口量激增。因此，不同粮食种类贸易网络的关键指标测算结果，印证了中国粮食的贸易现状。

（二）不同地域粮食安全水平异质性分析

本书选取 26 个省（市、区）作为研究对象，根据中国财政部 2003 年对粮食主产区的界定标准①，将河北、内蒙古、辽宁、吉林、黑龙江、江苏等 13 个省份划分为粮食主产区，其余 13 个省份划分为粮食非主产区，运用熵值法将主产区与非主产区 2000—2019 年的粮食安全水平分别进行测算，具体结果如图 8-1 所示。整体来看，粮食主产区的粮食安全水平要远高于粮食非主产区，且变化趋势在 2007 年出现一条分水岭。粮食主产区在 2007 年之前，粮食安全水平在 0.0433—0.0457 波动，但在 2007 年陡然上升至 0.0503，之后基本保持在 0.05 以上的水平；粮食非主产区在 2007 年之前，粮食安全水平在 0.0312—0.0335 波动，但在 2007 年骤降至 0.0267，之后一直处于较低水平。

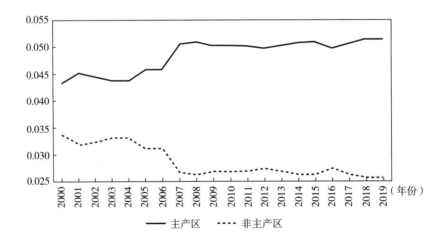

图 8-1　2000—2019 年中国粮食主产区与非主产区的粮食安全水平情况

注：依据第五章的指标评价体系，运用熵值法，区分粮食主产区、非主产区进行测算。

2003 年，中国财政部根据相关农产品产量对粮食主产区进行了具

① 国家农业综合开发办公室，财政部关于印发《关于改革和完善农业综合开发若干政策措施的意见》的通知，中华人民共和国财政部，http：//www.mof.gov.cn/gp/xxgkml/gjnyzhkfbgs/200806/t20080625_2502826.htm。

体界定。此后，粮食主产区的生产产量、播种面积在全国占比呈增长态势。长期以来，粮食主产区播种面积稳定在全国播种总面积的70%以上，粮食产量占全国总产量的75%以上。截至2019年，生产产量为52370万吨、播种面积为87654千公顷，占比分别为78.89%、75.52%。因此，粮食主产区的生产情况不但能直接影响本区域的粮食有效供给，而且会在很大程度上决定国内的粮食安全水平。粮食非主产区的生产产量及播种面积长期以来呈下降趋势。可能的原因有：一是气候环境、耕地条件及其他生产资源约束了粮食产量；二是随着二、三产业的发展，粮食非主产区种粮机会成本增大，农业用地转移为工业用地，同时农民开始向非农产业转移。

第三节　实证结果分析

一　基准回归

基准回归的过程，选择中国26个省（市、区）① 的谷物作为研究对象，考察世界谷物贸易网络演变及中国谷物贸易地位变迁对于谷物安全水平的影响情况。表8-4汇报了基准回归结果：前两列表示世界谷物贸易网络演变对谷物安全水平的影响结果，其中，第（1）列加入省份和年份的固定效应，第（2）列在第（1）列的基础上加入控制变量；后两列表示中国谷物贸易地位对谷物安全水平的影响，其中，第（3）列加入省份和年份的固定效应，第（4）列在第（3）列基础上加入控制变量。回归结果显示，世界谷物贸易网络密度、出度中心势的回归系数分别为一正一负，并在1%的水平下通过了显著性检验，中国谷物贸易相对入度中心度、相对入强度的回归系数均为正，且在1%的水平下通过了显著性检验。基准回归结果表明：在其他条件不变的情况下，世界谷物贸易网络密度越大、出度中心势越

---

① 北京市、天津市、上海市、重庆市、西藏自治区等省份没有相关农业生产资料价格指数且其他部分指标数据缺失，为避免在安全水平测算时出现较大误差，故从样本中剔除，仅选取26省（市、区）进行研究。

小；中国谷物贸易相对入度中心度与相对入强度越大，越有助于中国谷物安全水平在省级维度上的提升。

表 8-4 基准回归结果

项目	世界贸易网络		中国贸易地位	
	（1）	（2）	（3）	（4）
Density	0.939*** (20.13)	0.967*** (5.35)		
Out-Central	−2.586*** (−11.4)	−1.521*** (−4.00)		
Indeg			0.996*** (20.46)	0.566*** (7.52)
Instr			0.598*** (18.09)	0.274*** (6.86)
GDP		0.262*** (8.44)		0.217*** (7.54)
Pop		0.598** (2.67)		0.537* (2.50)
Pro		0.374*** (8.25)		0.313*** (6.98)
Area		−0.0613*** (−5.31)		−0.0533*** (−4.75)
Pp		−0.509*** (−5.15)		−0.635*** (−7.31)
Po		−0.289*** (−12.49)		−0.212*** (−7.92)
_cons	0.293 (1.05)	0.104 (0.24)	−1.594*** (−16.92)	−0.941*** (−3.97)
年份固定效应	是	是	是	是
省份固定效应	是	是	是	是
N	520	520	520	520

注：括号中的值为标准差，***、**、*分别表示在1%、5%和10%的统计水平下显著。

世界谷物贸易网络对中国谷物安全水平影响的验证结果与第七章一致，说明谷物贸易参与国越多、贸易活动越频繁越有助于中国谷物安全水平的保障，而出口国家越集中，越不利于中国谷物安全水平的提升。该结论再次印证了世界粮食贸易网络会通过扩散效应与极化效应对中国粮食安全水平产生一正一负的影响作用。中国谷物贸易地位的变化对中国谷物安全水平影响的验证结果与第七章是不同的，主要体现在相对入强度的影响方向：第七章的影响方向为负，本部分为正。产生这一不同结果的原因在于：一是由于统计数据选取不同。第七章基于粮食种类面板数据的固定效应模型，是将谷物、三大主粮（小麦、玉米、稻谷）及大豆构建面板数据，而本部分基于与国际统计口径一致性考虑，在基准检验部分仅以谷物为研究对象构建省级面板数据，数据上有比较大的差距，例如，2019 年中国谷物及三大主粮进口量分别仅为大豆进口量的 20% 与 12% 左右，因此获得的结论也就会不同。二是实践表明，仅就谷物而言，相对入度数与相对入强度的适度增加，有助于谷物安全的保障。一方面由于谷物进口来源国增加，进口不确定风险分散，不易被"卡脖子"，对保障中国粮食安全有利；另一方面就历史数据来看，中国谷物自给率基本保持在 95% 左右，属于基本自给，进口部分主要是满足居民多样化、品质化需求。因此，谷物的相对入强度适度增加，是中国实施"以我为主，适度进口"战略的体现，从某种程度上说对保障粮食安全有积极意义。

从控制变量的回归结果来看，各省（市、区）GDP、人口规模的估计系数分别在 1%、5% 的水平下显著为正，表明经济发展水平越高，人口规模越大的省份，越有助于谷物安全水平的提高。其原因是经济水平较高的省份，收入水平相对较高，同时，人口规模较大，能够带来较多的有效需求，促进劳动分工多元化，粮食的经济可得性会增强。谷物产量的估计系数在 1% 的水平下显著为正，农作物成灾面积的估计系数则在 1% 的水平下显著为负，说明提高粮食自给率有助于粮食安全水平的提升，该结果与中国粮食安全战略提出的"以我为主，立足国内"要求相符。谷物生产价格指数的系数与世界原油价格指数的估计系数为负，表明粮食价格与能源价格的上升，不利于粮食安全的保障。

二 稳健性检验

（一）替换控制变量进行稳健性检验

将各省（市、区）GDP、谷物产量、谷物生产价格指数、世界原油价格，分别用各省（市、区）工业增加值、农业机械总动力、国际市场粮食价格、世界煤炭价格进行替换，代入计量模型（8-1）、模型（8-2）中，观察核心变量的估计系数及方向的变动情况。如表8-5第（1）列、第（4）列所示，在替换控制变量后，世界网络密度与出度中心势的估计系数分别在10%的水平下显著，且系数符号与基准检验的结果相一致。中国谷物贸易相对入度数与相对入强度均在1%的水平下显著为正，与基准检验结果一致。

表 8-5　　　　　　　　　　稳健性检验结果

项目	（1）	（2）	（3）	（4）	（5）	（6）
	S	S	LS	S	S	LS
Density	0.523* (2.36)		1.042*** (5.53)			
Out-Central	-0.913* (-2.49)		-2.080*** (-5.46)			
CC		1.932*** (7.82)				
Com		-0.801* (-2.44)				
Indeg				0.776*** (8.87)		0.433*** (5.38)
Instr				0.334*** (7.54)	0.333*** (6.74)	0.316*** (7.31)
Effisize					0.573*** (5.61)	
Vad	0.467*** (11.74)			0.159*** (4.51)		

续表

项目	(1)	(2)	(3)	(4)	(5)	(6)
	S	S	LS	S	S	LS
GDP		0.357*** (15.28)	0.240*** (7.53)		0.299*** (10.54)	0.220*** (6.82)
Pop	0.0324 (0.13)	0.0856 (0.44)	0.597* (2.49)	0.691** (2.75)	0.856*** (3.67)	0.593* (2.49)
Power	−0.0277 (−0.59)			0.0939 (1.88)		
Pro		0.275*** (7.06)	0.315*** (6.32)		0.374*** (7.82)	0.280*** (5.51)
Area	−0.0472*** (−4.13)	−0.0417*** (−4.16)	−0.0333** (−2.83)	−0.0621*** (−5.05)	−0.0584*** (−4.67)	−0.0229 (−1.92)
Pf	−0.329*** (−6.07)			−0.333*** (−5.69)		
Pp		−0.273** (−3.16)	−0.391*** (−3.93)		−0.255*** (−4.56)	−0.625*** (−6.92)
Pc	−0.120*** (−3.34)			0.0117 (0.28)		
Po		−0.195*** (−9.68)	−0.286*** (−12.28)		−0.231*** (−5.56)	−0.210*** (−7.48)
_cons	−1.757** (−3.04)	−1.590*** (−5.96)	−0.0858 (−0.20)	−0.776** (−2.96)	−1.154*** (−4.08)	−1.236*** (−4.79)
年份固定效应	是	是	是	是	是	是
省份固定效应	是	是	是	是	是	是
N	520	520	494	520	520	494

注：括号中的值为标准差，***、**、*分别表示在1%、5%和10%的统计水平下显著。

（二）替换核心变量进行稳健性检验

根据社会网络分析方法（刘军，2004），分别测算世界谷物贸易网络运用网络聚类系数（*Clustering Coefficient*）、网络紧凑度（*Compactness*）、中国谷物贸易有效规模指数（*Effisize*），分别替换核心变量

网络密度 (*Density*)、出度中心势 (*Out-Central*)、中国谷物贸易相对入度中心度 (*Indeg*)，进行模型的稳健性检验。如表8-5第（2）列、第（5）列所示，将世界粮食贸易网络演变的核心变量替换为聚类系数 *CC* 与紧凑度 *Com* 以后，其估计系数分别在1%与10%的水平下显著，符号与基准检验符号一致。中国谷物贸易地位的核心变量替换为有效规模指数后，其估计系数在1%的水平上显著为正，证实了基准回归结果的稳健性。

（三）加入滞后一期进行稳健性检验

考虑到谷物安全水平的动态性和延续性，当期谷物贸易网络变动的影响会在谷物安全水平的下一期显现，所以选取被解释变量滞后一期对基准回归结果做稳健性检验。如表8-5第（3）列、第（6）列所示，作为世界粮食贸易网络演变的核心变量 *Density* 与 *Out-Central*，估计系数均在1%的水平下显著，且符号与基准检验结果较为一致。中国贸易地位变化的核心变量 *Indeg* 与 *Instr* 的估计系数，则在1%的水平上显著为正，与基准检验结果一致，再次验证了基准回归检验结果的稳健性。

三 异质性检验

（一）不同粮食种类的异质性分析

粮食涵盖范围较广，其中，三大主粮（稻谷、玉米、小麦）占粮食产量近9成，占世界食物总量的一半以上。另外，中国国内大豆供需严重不平衡，目前已成为大豆消费严重依赖进口的国家，2019年的进口依赖度高达90%。现有文献大多将"粮食"作为整体性概念进行研究，其隐含假设是不同细分粮食作物品种是同质的，这与事实存在较大偏差。同时，在对整体"粮食"定量分析中，进行加工后的数据也会造成信息丢失、计量误差，对于细分的粮食种类研究不足，可能会导致实证结果存在偏误。事实上，不同粮食种类的世界贸易网络演变特征不尽相同，而且中国国内不同粮食种类的安全水平变动具有较大差异。因此，世界不同粮食种类的贸易网络分别对稻谷、玉米、小麦及大豆安全水平的影响方向如何？影响程度如何？深入研究这些问题，有利于国家应对国际贸易形势，提升粮食安全水平。

因此，利用模型（8.1），区分小麦、玉米、稻谷与大豆等不同粮食种类进行实证分析，考察世界粮食贸易网络演变与中国贸易地位变动对不同粮食作物的影响。具体实证结果如表8-6和表8-7所示。

表8-6 不同粮食种类的异质性检验结果一

项目	谷物	小麦	稻谷	玉米	大豆
Density	0.967*** (5.35)	0.185* (2.35)	0.208** (3.24)	0.214** (3.15)	0.201*** (3.40)
Out-Central	-1.521*** (-4.00)	-0.339* (-2.27)	-0.488*** (-3.92)	-0.276* (-2.17)	-0.562*** (-4.88)
Vad	0.262*** (8.44)	0.479*** (16.29)	0.574*** (26.29)	0.431*** (16.55)	0.516*** (23.32)
Pop	0.598** (2.67)	0.886** (3.25)	0.164 (0.75)	0.954*** (4.05)	0.507* (2.28)
Pro	0.374*** (8.25)	0.274*** (17.27)	0.255*** (8.06)	0.300*** (11.41)	0.380*** (17.13)
Area	-0.0613*** (-5.31)	-0.0926*** (-5.98)	-0.0417*** (-3.64)	-0.0848*** (-6.43)	-0.0409*** (-3.58)
Pp	-0.509*** (-5.15)	-0.728*** (-6.62)	-0.122** (-2.75)	-0.613*** (-6.32)	-0.241*** (-3.36)
Po	-0.289*** (-12.49)	-0.350*** (-11.66)	-0.239*** (-7.43)	-0.276*** (-10.12)	-0.313*** (-14.70)
_cons	0.104 (0.24)	1.170 (1.62)	-3.906*** (-8.85)	0.529 (0.89)	-2.741*** (-4.88)
N	520	498	500	499	500
年份固定效应	是	是	是	是	是
省份固定效应	是	是	是	是	是

注：括号中的值为标准差，***、**、*分别表示在1%、5%和10%的统计水平下显著。

表 8-7 不同粮食种类的异质性检验结果二

项目	谷物	小麦	稻谷	玉米	大豆
Indeg	0.566*** (7.52)	0.185*** (8.30)	0.166** (2.75)	0.463*** (3.36)	0.119** (2.75)
Instr	0.274*** (6.86)	−0.142*** (−3.65)	0.191*** (6.20)	0.740*** (4.65)	—— ——
GDP	0.217*** (7.54)	0.353*** (14.77)	0.299*** (10.14)	0.297*** (11.70)	0.423*** (21.34)
Pop	0.537* (2.50)	0.613* (2.38)	0.669** (2.89)	0.514* (2.28)	0.532* (2.36)
Pro	0.313*** (6.98)	0.274*** (18.45)	0.226*** (6.52)	0.235*** (9.11)	0.391*** (17.39)
Area	−0.0533*** (−4.75)	−0.0699*** (−4.69)	−0.0747*** (−6.12)	−0.0575*** (−4.46)	−0.0442*** (−3.82)
Pp	−0.635*** (−7.31)	−0.497*** (−4.37)	−0.775*** (−7.98)	−0.357*** (−6.01)	−0.240** (−3.30)
Po	−0.212*** (−7.92)	−0.243*** (−7.91)	−0.278*** (−11.05)	−0.0577 (−1.23)	−0.309*** (−13.44)
_cons	−0.941*** (−3.97)	1.341* (2.37)	1.784*** (3.68)	−1.858*** (−9.06)	−0.819 (−1.96)
N	520	498	500	500	500
年份固定效应	是	是	是	是	是
省份固定效应	是	是	是	是	是

注：括号中的值为标准差，***、**、*分别表示在1%、5%和10%的统计水平下显著。

世界不同粮食种类的贸易网络演变对于中国不同粮食种类安全水平的影响（见表8-6），网络密度对小麦、稻谷、玉米及大豆的影响显著为正，但数值大小各不相同，其中，对玉米的影响程度最大，为0.214%，对小麦的影响程度最小，为0.185%，稻谷与大豆居中，分别为0.208%和0.201%。以上结果说明，世界粮食贸易网络密度越大，贸易往来越频繁，贸易关系越紧密，越有利于提升中国不同粮食

种类的安全系数。出度中心势对小麦、稻谷、玉米及大豆的影响显著
为负，数值大小各不同。其中，对大豆影响最大，其估计系数为
-0.562%，稻谷次之，为-0.488%，小麦与玉米对应的估计系数分别
为-0.339%和-0.276%。由此可知，大豆贸易网络的集聚度越高，出
口国家越集中，就容易将贸易资源控制在少数国家手中，对于中国不
同粮食种类安全的威胁较大。尤其是对于大豆种类，中国作为大豆的
消费与进口大国，进口来源国集中从美国、巴西及阿根廷进口数量就
占中国进口市场份额的95%以上。因此，出度中心势越大，越不利于
分散贸易风险。

中国贸易地位变化对不同粮食种类的影响（见表8-7），在数值
与影响方向方面均不同。中国在网络中的相对入度中心度对小麦、稻
谷、玉米及大豆的影响方向均显著为正，其中，对于玉米的影响程度
最大，估计系数为0.463%，对小麦的影响程度为0.185%，对稻谷的
影响程度为0.166%，对大豆的影响程度最低，为0.119%。说明中国
相对入度中心度越大，进口来源国越多，越容易分散贸易带来的不确
定性风险，对于保障国内不同粮食种类的安全具有积极影响。中国相
对入强度对于小麦的影响方向为负，对稻谷与玉米的影响方向为正，
由于大豆的相对入强度多年来持续为最大值1，没有变动，所以大豆
的相对入强度未放入模型讨论。从影响系数来看，相对入强度对玉米
的影响程度最大，谷物次之，小麦最小。验证结果说明，从省级层面
分析，中国小麦进口越多，越不利于保障其小麦安全，而稻谷与玉米
适度进口，则有利于其安全水平的提升。

中国贸易地位变化对不同粮食种类的影响程度与方向不同。可能
的原因：一是小麦供应链不稳定性加剧。自改革开放以来，中国小麦
播种面积总体呈下降趋势，且产区集中化趋势明显。2020年中国小麦
播种面积降低至2338万公顷，是2006年最低小麦收购价政策实施以
来最低值。同时，黄淮海、长江中下游、西南、西北、东北五大小麦
优势生产区中，除黄淮海生产区的其他四大优势生产区的小麦播种面
积及产量均在下降。在国内产能萎靡的情况下，小麦贸易面临外部环
境日趋复杂。如2019年，世贸组织裁定中国两大口粮补贴超出8.5%

的微量许可政策空间，目前中国正在按照世贸组织裁决要求进行改革完善，支持政策空间缩小。二是得益于最低收购价政策对稻谷的"托底"作用，以及水稻高产技术的国际领先水平，中国对于稻谷的进口量相对较少，当前中国水稻生产已由高产导向转为绿色优质高效导向，因此，水稻的进口主要是为满足新时代居民对优质食品的需求。三是受饲料需求和深加工需求拉动，玉米近年来总需求不断上升，但从各分项需求来看，约65%用于饲料，25%用于深加工，食用玉米仅保持在4%—5%，种用需求及损耗大约3%—4%。中国玉米虽然是净进口，但是作为饲料粮来说，大麦、高粱、DDGS（玉米干酒糟）等均可作为替代性饲料，所以玉米的适度进口对其安全水平短期内不会造成威胁。因此，小麦进口强度增大，囿于供应链的不稳定性，不利于其安全水平的提升，而稻谷与玉米的适度进口短期之内不会威胁到国内粮食安全。

（二）粮食生产区域的异质性分析

不同地理区位的资源禀赋、自然条件、气候环境、政治及经济水平均存在显著差异，因而粮食的生产优势表现不同。粮食主产区如辽宁、河北、河南等，播种面积和粮食产量长期占全国总播种面积和产量的70%以上，对保障中国粮食安全有至关重要的作用。2019中央一号文件强调"要毫不放松抓好粮食生产，发挥粮食主产区优势，压实主销区和产销平衡区稳定粮食生产责任"。那么，如何利用国内外两种市场、两种资源，畅通国内外双循环，落实"以我为主，适度进口"的粮食安全战略，亟须厘清世界粮食贸易网络演变对不同生产区域粮食安全水平的影响情况。因此，本书将区分粮食主产区与非主产区进行实证考察世界粮食贸易网络演变、中国粮食贸易地位变化与粮食安全水平之间的关系机制。

利用模型（8.1），区分粮食主产区与非主产区，考察世界粮食贸易网络演变与中国贸易地位变动对谷物粮食安全水平的影响，实证结果如表8-8所示。世界粮食贸易网络方面，网络密度对粮食主产区与非主产区的影响均显著为正，但是对于主产区的影响程度要低于非主产区。网络出度中心度对粮食主产区与非主产区的影响均显著为负，但是对于粮食主产区的影响程度较大。中国贸易地位的变化方面，相对入度中心度与相对入强度对于主产区与非主产区的影响均显著为正，但是两者对于非主产区的影响程度均较大。验证结果说明，中国粮食贸易地位的变化，对于非主产区粮食安全水平的影响较为明显，可能的原因是粮食主产区的综合生产能力较强，能够稳定本区域内的粮食有效供给，进而保障该区域粮食安全水平。

表 8-8　　　　　　　　粮食生产区域的异质性检验结果

项目	主产区	非主产区	主产区	非主产区
R	0.718 ** (3.08)	1.350 *** (4.64)		
OD	−1.833 *** (−3.67)	−1.394 * (−2.49)		
Indeg			0.272 ** (2.72)	0.346 ** (3.04)
Instr			0.0953 * (1.74)	0.137 * (2.25)
GDP	0.232 *** (6.12)	0.225 *** (4.28)	0.356 *** (8.18)	0.365 *** (7.72)
Pop	2.863 *** (5.49)	−0.0451 (−0.16)	2.223 *** (4.55)	−0.267 (−1.09)
Pro	0.348 *** (5.18)	0.460 *** (6.25)	−0.0600 *** (−3.83)	−0.0353 * (−2.43)
Are	−0.0818 *** (−4.89)	−0.0556 *** (−3.44)	0.213 *** (3.42)	0.378 *** (5.71)
Pp	−0.414 ** (−3.26)	−0.554 *** (−3.77)	−0.531 *** (−5.17)	−0.576 *** (−4.80)
Po	−0.282 *** (−9.38)	−0.263 *** (−7.41)	−0.258 *** (−8.11)	−0.215 *** (−6.31)
_cons	0.124 (0.21)	0.964 (1.50)	−1.300 *** (−3.59)	−1.752 *** (−4.66)
N	260	260	260	260

项目	主产区	非主产区	主产区	非主产区
年份固定效应	是	是	是	是
省份固定效应	是	是	是	是

注：括号中的值为标准差，＊＊＊、＊＊、＊分别表示在1%、5%和10%的统计水平下显著。

本章小结

基于主要粮食种类安全水平的省级维度，构建省级面板数据，通过基准回归、稳健性检验与异质性检验，深入分析世界粮食贸易网络对于中国粮食安全水平的影响。世界粮食贸易网络密度、出度中心势对中国省级层面的粮食安全水平的影响效应分别为一正一负，中国粮食贸易的相对入度中心度、相对入强度对中国省级层面的粮食安全水平均有显著正效应。

分别对小麦、稻谷、玉米、大豆等重要农产品进行粮食种类的异质性分析可知，世界粮食贸易网络演变与中国贸易地位变化对于不同粮食种类的影响方向与程度均不同。网络密度对小麦、稻谷、玉米及大豆的影响显著为正，影响程度由大到小分别是玉米、稻谷、大豆、小麦；出度中心势对小麦、稻谷、玉米及大豆的影响显著为负，影响程度由大到小分别是大豆、稻谷、小麦与玉米。中国在网络中的相对入度中心度对小麦、稻谷、玉米及大豆的影响方向均显著为正，影响程度由大到小分别是玉米、小麦、稻谷、大豆；中国相对入强度对于小麦的影响方向为负，对稻谷与玉米的影响方向为正，对玉米的影响程度最大，谷物次之，小麦最小。由此表明，在其他条件不变的情况下，世界谷物贸易网络密度越大、出度中心势越小，同时，中国谷物贸易入度相对中心度与相对入强度越大，越有助于中国谷物安全水平在省级维度上的提升。

　　对粮食生产区域异质性进行分析可知，世界粮食贸易网络演变与中国贸易地位变化对于不同粮食生产区域的影响方向与程度均不同。世界粮食贸易网络密度对粮食主产区与非主产区的影响均显著为正，但是对于主产区的影响程度要低于非主产区。网络出度中心度对粮食主产区与非主产区的影响均显著为负，但是对粮食非主产区的影响程度较大。中国粮食贸易相对入度中心度与相对入强度对于主产区与非主产区的影响均显著为正，但两者对非主产区的影响程度均较大。因此，中国粮食贸易地位的变化，对非主产区粮食安全水平的影响较为明显。

第九章　研究结论、政策建议及研究展望

第一节　研究结论

　　"民以食为天，食以粮为先。"中国作为世界人口大国，也是粮食消费大国，保障粮食安全是经济社会发展的"定海神针""压舱石"，发展粮食贸易是粮食安全的"调节阀""稳压器"。本书以保障中国粮食安全为研究目标，以社会网络理论、产业安全理论与市场均衡理论等为研究基础，以世界粮食贸易网络与中国粮食安全水平之间的关系为研究主线，基于1988—2019年世界粮食双边贸易数据，运用社会网络分析法刻画世界粮食贸易网络32年的变化特征并探究中国粮食贸易地位变迁规律，厘清世界粮食贸易网络对于中国粮食安全的影响机制及具体路径，运用指标评价体系结合熵值法客观评估粮食安全水平，采用历史数据构建VAR模型初步分析世界粮食贸易网络对中国粮食安全水平的影响，并运用OLS方法构建固定效应模型进一步从粮食种类与省域层面验证世界粮食贸易网络对中国粮食安全水平的影响。通过系统分析，世界粮食贸易网络演变通过扩散效应、极化效应、挤出效应和传导效应对粮食安全产生显著影响，具体结论体现在六个方面。

　　一是世界粮食贸易网络存在显著的整体网特征和个体网特征。整体网特征包括网络扩张趋势明显、贸易互惠性不断增强、网络中心势波动性较大，个体网特征包括贸易空间分布不均衡、贸易网络集中度较高、贸易网络异质性较强，且行动者遵循"有效规模指数越高，其

限制度指数越低"的规律。距离差异网络 *DIST*、陆地接壤 0—1 网络 *CONT*、经济规模差异网络 *GDP*、产量差异网络 *PRO*、人口规模差异网络 *POP*、物流绩效差异网络 *LPI*、法制水平差值网络 *RL*、世贸组织 0—1 网络 *WTO* 及语言 0—1 网络 *LG* 9 个自变量与世界粮食贸易网络 W_g 均显著相关,但是在不同时期的相关程度迥异。*GDP*、*PRO*、*POP*、*DIST*、*CONT*、*LPI* 对于 W_g 的影响程度较强,而 *LG*、*RL*、*WTO* 对 W_g 的影响程度较弱。*GDP*、*PRO*、*WTO*、*CONT* 对于 W_g 的影响系数为正向,而 *POP*、*LPI*、*DIST*、*RL*、*LG* 对于 W_g 的影响系数为负向。

二是中国作为贸易网络中的重要参与者,其粮食贸易地位经历了"持续波动—显著提升—明显下滑—稳中向上"的阶段,且粮食贸易地位优势并不显著。具体表现为:出度中心度较高、入度中心度偏低、出强度处于较低水平、入强度增长迅猛、结构洞指数波动幅度不大等特征,这也印证了中国粮食贸易面临国际环境复杂性增加、进口来源地集中、进口依赖性较强等问题。

三是从可供性、可得性、稳定性及可持续性 4 个一级维度,运用熵权法构建指标评价体系,对 1988—2019 年中国粮食安全水平进行评估可知,中国粮食安全水平不断变化,其中,谷物安全综合指数的变化趋势可分为缓降(1988—1994 年)、平稳(1994—2004 年)、陡增(2004—2019 年)三个阶段;大豆安全综合指数的变化趋势可分为波动(1988—1995 年)、下降(1995—2003 年)、上升(2003—2019 年)三个阶段。目前,中国粮食安全在可供性、可得性、稳定性及可持续性方面暴露出产能提升难度加大、科技力量介入程度不高、产需空间分布不平衡、进口结构不合理等亟待解决的安全隐患。

四是基于 1988—2019 年中国粮食安全水平与世界粮食贸易网络演变的关键指标,构建 VAR 模型深入分析,世界粮食贸易网络演变与中国粮食安全水平具有格兰杰因果关系。从短期动态视角出发,以谷物为研究对象,可知粮食入度中心度、入强度变动均是引起中国粮食安全水平变动的格兰杰原因。以大豆为研究对象,可知世界大豆贸易网络密度、出度中心势与中国粮食安全水平具有单向格兰杰因果关系。同时,中国粮食安全依赖稳定的世界贸易网络,而中国在世界粮食贸易网络的关键地位又会改变或重塑整体网络格局。因此，中国应该准确把握国内外粮食市场的风向，充分利用好国际国内两大市场、两种资源，不仅要扩大粮食进口来源国，分散贸易风险，还应该通过国际贸易适当调剂国内粮食余缺，保障粮食供给，进一步提高中国粮食安全水平。

五是采用1988—2019年中国主要粮食种类的安全水平与世界主要粮食种类的贸易网络演变关键指标，构建固定效应模型，基于粮食细分种类，世界粮食贸易网络演变对中国粮食安全水平有显著影响。世界粮食贸易网络密度对中国粮食安全水平具有显著的正向影响效应，贸易网络的出度中心势对国内粮食安全具有显著的负向影响效应，且影响程度前者大于后者。中国粮食贸易相对入度中心度对国内粮食安全水平具有显著的正效应，相对入强度对国内粮食安全水平具有显著的负效应，且前者的影响程度大于后者。通过机制检验可知，粮食贸易整体网络会通过扩散效应、极化效应对粮食安全水平产生显著影响，中国粮食贸易地位则会通过挤出效应和传导效应对粮食安全产生显著影响。

六是基于2000—2019年中国各省（市、区）的粮食安全水平与世界粮食贸易网络演变的关键指标，构建固定效应模型，可知世界粮食贸易网络演变对中国各省（市、区）粮食安全水平有显著影响。世界粮食贸易网络密度、出度中心势对中国省级层面粮食安全水平的影响效应为一正一负，中国粮食贸易的相对入度中心度、相对入强度对中国省级层面的粮食安全水平均有显著正效应。进一步对粮食种类和生产区域异质性分析可知，网络密度对主要粮食种类的影响显著为正，影响程度由大到小分别是玉米、稻谷、大豆、小麦，出度中心势对主要粮食种类的影响显著为负，影响程度由大到小分别是大豆、稻谷、小麦与玉米。中国入度中心度对主要粮食种类的影响显著为正，影响程度由大到小分别是玉米、小麦、稻谷、大豆，入强度对于小麦的影响方向为负，对稻谷与玉米的影响方向为正，对玉米的影响程度最大，谷物次之，小麦最小。世界粮食贸易网络密度对粮食主产区与非主产区的影响均显著为正，但是对于主产区的影响程度要低于非主产区。网络出度中心度对粮食主产区与非主产区的影响均显著为负，但对粮食非主产区的影响程度较大。中国贸易入度中心度与入强度对于主产区与非主产区的影响均显著为正，但对非主产区的影响程度较大。

第二节　政策建议

中国是世界人口第一大国，也是粮食消费大国，粮食安全是国家生命线。在面临世界百年未有之大变局、国内产业结构转型升级的背景下，保障中国粮食安全，必须抓好"双循环"发展机遇，充分运用国内外两个市场、两种资源，积极参与国际粮食贸易，使粮食安全真正能够起到"稳得住、压得实"的作用。为此，特提出针对性建议。

一　扩大粮食贸易朋友圈，提升网络节点中心度

世界粮食贸易网络规模快速扩张，网络密度不断增加，意味着各国贸易往来更频繁，国际市场机遇不断增加。在粮食贸易关系中，中国不仅要扮演好"接收者"的角色，更要积极成为"发出者"。

一是深化农业贸易与投资领域合作。通过"引进来"，依托粮食贸易、吸引外国资本和技术合作，补充国内的粮食供应；通过"走出去"，提高对国外农业资源和农产品市场的掌控能力。同时，中国应加强粮食种植的海外合作，开拓国外粮食种植基地，增设"海外粮仓"，开展农业投资合作，引导和支持本土大粮商开展跨国经营、开拓海外市场，积极对接全球农业产业链、供应链和价值链。

二是支持农业企业参与国际分工。分区域、分标准加强对企业进行国际粮食安全合作的引导与服务，促进当地农业发展、提高当地农民福祉。鼓励影响力大的国营粮食贸易企业与全球粮食产业巨头合作，在全球范围内开展股权并购、兼并、重组，实现对国际主要粮食种植企业、贸易商以及仓储、港口物流企业的战略合作，构建全球范围的全产业链贸易平台。同时，通过金融、财政政策支持等资本运作方式，支持灵活性更高的中小型企业组建"产业联盟"与"抱团出

197

海"走出去,构建境外仓储物流、售后服务等网络,向境外延伸流通渠道,参与粮食产业国际分工。

三是借助贸易合作平台,优化粮食贸易结构。中国充分发挥"一带一路"倡议、国际进口博览会的积极影响作用,开展双边及多边粮食贸易便利化谈判,不断拓展中国粮食贸易伙伴范围,扩大粮食进口渠道,降低地域集中度,实现农业领域的"买全球,卖全球"。

二 提高粮食供给质量,增强网络参与度

随着国际分工日益专业化,各国间拥有巨大的合作需求和空间。同时,中国在世界粮食贸易网络中的中心地位不断提升,已具备一定的自身影响力,并有能力推动国际粮食贸易格局的重塑,所以应从生产、加工和贸易方面着手,不断深化粮食贸易参与度。

一是提高产业化水平,深挖增产潜力。培育种粮大户和粮食生产龙头企业,鼓励农户与生产经营企业联合,形成产销合作模式,发展规模经济,通过延长生产链条降低经营成本。持续优化粮食品种结构和区域布局。以市场需求为导向优化粮食生产结构,扩大黄淮海地区强筋低筋小麦、青贮及专用玉米和高油高蛋白大豆种植规模,打造东北地区优质稻谷、玉米及大豆核心区,重点扶持长江经济带双季稻和优质专用小麦产业带建设,大力打造国际知名品牌,以"优质"为招牌参与国际贸易。

二是以新基建筑牢粮食产业基础设施。抓住当前新基建的重大机遇,加大对粮食领域新基建的投入,加速粮食数字化、智能化、设施化建设,加大对城乡分布式冷链、智能供应链体系、规模工业化生产基地、智能化粮食存储设备建设的支持力度,推动物联网、人工智能等关键技术在粮食产业中落地,推动粮食产业信息化发展,提升粮食产业转型升级动力,有效提高应对各类风险挑战的防御、恢复和发展能力,以新基建为粮食贸易高质量发展注入新动能。

三是优化粮食贸易结构,充分利用"两种资源、两个市场"。积极发挥中国出口参与度较高的优势,利用现代信息技术手段,通过"网络集聚"代替"地理集聚",形成虚拟粮食产业集群,提升出口竞争力。确保"适度进口"战略的有效实施,满足国内居民多样化、个性化需求，加大粮食中间产品及替代品的进口。

三　挖掘粮食贸易潜力，提高网络互通性

中国在世界粮食贸易网络中的有效规模指数不断增加，限制度持续下降，表明中国拥有较高的贸易自由度，对于贸易资源的控制力较强。因此，应提升中国在网络中的"枢纽"地位，发挥偏好依附的积极效应。

一是加强区域合作，稳定粮食供应链。全球贸易格局正发生深刻变革，贸易体系逐渐从多边贸易体制转向区域互惠互利贸易安排。粮食安全是中非合作论坛、中阿合作论坛、中拉合作论坛、澜沧江—湄公河合作以及中国东盟"10+1"等机制下的优先发展领域，表明中国与地区国家在保障粮食安全方面达成了合作共识。应充分利用 RCEP 等区域经济一体化组织，深度挖掘与现有贸易伙伴之间的合作潜力，优先考虑与中国政治关系更稳定的国家，降低国际政治因素的制约和影响。目前中国正在谈判及研究的自贸区协定有二十余个，应利用多双边谈判促进重要农产品贸易。

二是降低贸易成本，提高贸易效率。积极推进与粮食生产及贸易大国（如泰国、越南、乌克兰等国）的互惠贸易协议签署，继续强化在边境、海关、质检、过境运输、电子商务等领域的对接合作，制定区域内统一共享的供应链安全标准、检验检疫标准以及 AEO 的互认标准。着力加强在信息互换、监管互认、执法互助方面的海关合作，完善口岸基础设施建设，推行"单一窗口制"，简化通关程序，提高通关效率。推动贸易金融合作，积极搭建金融结算服务平台，完善构建统一的支付结算网络体系，着力疏通人民币清算渠道，加快推进本币结算进程。总之，要通过简化贸易通关手续、统一认证标准等手段，减少非关税壁垒的形成，降低贸易成本、提高粮食贸易通关效率。

三是树立"大国"威信，积极参与全球粮食安全治理。大力实施农业"走出去"战略，结合"一带一路"倡议，按照重点区域、重点产品和重点国家，优化农产品海外供给布局，以便更好地参与全球粮食安全治理。在全球层面，中国和联合国粮农组织、世界粮食计划署、国际农发基金都建立了南南合作伙伴关系，中国的粮食安全治理经验将通过国际机制惠及更多国家。未来中国应积极响应并参与联合国粮农组织、世界粮食计划署等涉粮国际组织的倡议和活动，推进中国加入国际谷物理事会（IGC）的进程，提升中国优势领域标准的国际话语权，维护全球农业贸易和市场秩序。

四　强化粮食贸易绿色发展，把握粮食安全主动权

一是强化绿色粮食生产体系，提高国际竞争力。利用遗传、生物和信息等高新技术培育优质品种，抓紧培育具有自主知识产权的优良品种，推广粮食生产污染防治、粮食清洁和无公害生产等优化生态环境技术，不仅从源头上保障国家粮食安全，还可提高中国粮食国际竞争力。持续提高农业生产领域科研投入能力与转换率，通过轮作与培育等方式，改良中低产田土壤，并采取休耕与轮作方法，刺激土壤生产活力，提升土壤单位面积生产水平。

二是提升粮食产业可持续性，把握粮食安全主动权。控制农药化肥侵害，严格治理工业污染。加大对化肥、农药工厂的监管，帮助农民更新施肥知识，提高农药化肥利用效率。对于水源、基本农田保护区的排污工厂及超标排放污染大气的单位，利用经济杠杆促进企业治理污染。严守耕地红线，盘活闲置土地。严守耕地红线和永久基本农田控制线，确保耕地保有量不低于1.24亿公顷，粮食作物面积稳定在1.10亿公顷左右。建立耕地面积监测信息化平台，加强监管力度。同时，盘活农村闲置土地资源，提高利用效率。科学规划水利基础设施的建设，合理利用水资源。维护、改造和新修高标准的水利基础设施，根据水源的余缺程度，针对性地建设灌溉基础设施。

五　构建粮食安全预警机制，防范网络异常波动风险

枢纽经济体对于贸易资源的控制能力较强，面对动荡的国际环境时，会通过贸易收缩手段来缓解负面影响，并通过贸易网络的循环闭合效应，将市场风险进行传导。因此，中国在关注国内粮食安全水平的同时，应有效识别世界粮食贸易网络中的关键节点，防范风险传染效应。

一是完善数据采集体系，构建安全评价模型。充分运用大数据、

云计算、物联网等现代信息技术，围绕生产、加工、消费、贸易、库存等数据开展监测，对接国际统计口径，夯实数据基础，开发针对粮食安全评价的模型及算法，构建完善的评价指标体系。

二是及时预测安全趋势，加强完善预警模型。根据供需平衡、价格波动等实时动态，有效预测在不同空间与时间维度的粮食安全趋势。利用大数据健全预警指标，完善农业灾害、产销匹配度、产业运行风险等预警模型，并进行分级评估及仿真模拟，在粮食供需突发事件发生后能迅速制订应对方案。

三是建立信息发布平台，合理进行前瞻指引。建立严格的信息发布预告和审批制度，一旦发现市场异动，及时预报粮食安全的警情状况，增强市场透明度，提升粮食调控精准度。与粮食生产加工者积极互动，帮助其解读新政策法规，正面回应热点及难点问题，及时了解公众反馈，发挥数据信息的引导功能，促进市场平稳运行。

六　完善粮食安全法制体系，强化粮食安全法制保障

一是加快粮食安全立法修规进程，推动《中华人民共和国粮食安全保障法》早日出台。目前，中国并未出台相关的专项粮食安全保障法律，《中华人民共和国粮食安全保障法》自2018年9月列入立法规划以来，目前仍处于立法草案阶段。应抽调农业部门、法律部门等相关专业人员进行部门间的高效协调合作，进一步加快《中华人民共和国粮食安全保障法》立法进程。同时，粮食产业相关的部分规章条例不健全，修订不到位，相关部门应牵头加快推动修订工作。如《粮食流通管理条例》《中央储备粮管理条例》最新修订时间为2016年，《粮食和物资储备标准化工作管理办法》处于公开征求意见阶段，《粮食储备安全管理条例》还处于规划起草阶段。应该积极完善诸如此类的配套法规，利用法规规章的高时效性，与粮食安全基本法形成良好配套效应，实现粮食安全法律体系下的有规可依、有标可循。

二是突出粮食安全立法修规重点，做好法律衔接，避免监管空白或监管重叠。关于粮食安全的立法，不仅应该覆盖国内粮食生产、流通、储备、应急、监管等领域，还应该立足国际视角，对于粮食进出口企业、跨国粮商等主体，完善外商投资产业准入、粮食进出口许可、关税、检验检疫等相关制度，积极衔接国际通行规则，强化依法管理、合规经营。同时，应关注绿色生产、节粮减损等问题，加强粮食产业可持续发展。如面源污染防治的相关规定在《中华人民共和国农业法》《中华人民共和国农产品质量安全法》《中华人民共和国环境保护法》《中华人民共和国水污染防治法》等法律中均有体现，内容的重叠引发了责任主体不明确、治理难度大、实施效果不佳等问题。因此，应厘清重叠内容，针对重点问题单独出台法规，明确规定查处条例，增强治理工作的实操性。

第三节　研究展望

本书基于社会网络与产业安全理论分析框架，测算1988—2019年世界粮食贸易网络演变的关键特征指标及中国的贸易地位，评估中国近32年来的粮食安全水平，兼顾理论机制与实证分析，探究世界粮食贸易网络对中国粮食安全的影响机制与路径，以期为中国制定相关国际贸易战略及构建粮食安全保障体系，提供决策参考。虽然在丰富农业贸易理论研究成果与拓展粮食安全内涵边界方面，尽笔者努力做出点滴边际贡献，但世界粮食贸易格局是动态变化的，粮食安全系统具有复杂性，因此，后续研究还可从以下两方面进行深入探索：

一是随着未来研究方法的改进与数据资料的完善，对于粮食贸易网络的演变特征在后续的研究中可进一步细化，加入核心—半边缘—边缘、社团（区域）等分析，由于本书的研究重点是世界粮食贸易网络演变对于中国粮食安全水平的影响，因此未能将这些特征全部呈现出。

二是随着农业"三链同构"即产业链、价值链、供应链协同构建的提出，农业质量效益和国际竞争力的提升路径更加明晰。那么，作为"三链"之一的价值链，应重点关注如何提升中国重要农产品全球价值链的嵌入位置。因此，将粮食全球价值链嵌入至世界粮食贸易网络中进行深入研究将是作者未来研究的方向之一。

附　　录

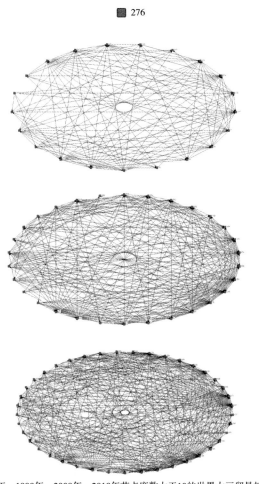

1988年、1998年、2008年、2018年节点度数大于10的世界大豆贸易拓扑结构

附录1　1988—2019 年节点度数大于 10 的世界大豆贸易拓扑结构

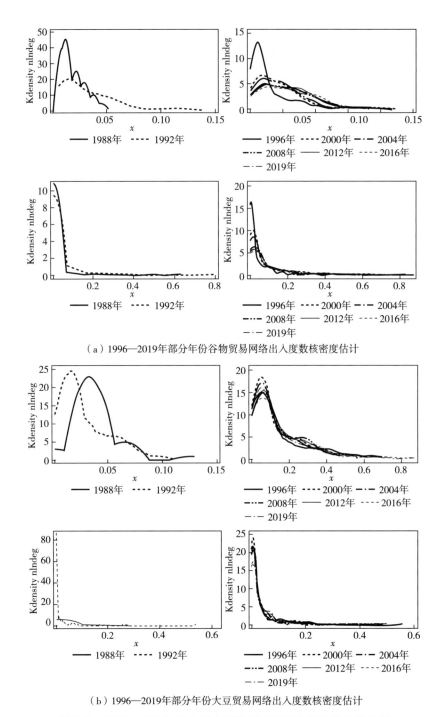

（a）1996—2019年部分年份谷物贸易网络出入度数核密度估计

（b）1996—2019年部分年份大豆贸易网络出入度数核密度估计

附录 2 1996—2019 年谷物及大豆贸易网络出入度数核密度估计

附录3　1988—2018 年部分年份世界粮食贸易网络出度中心度排名前十的国家

	排序	1988 年		1992 年		1996 年	
		国别	出度中心度	国别	出度中心度	国别	出度中心度
	1	澳大利亚	0.6293	美国	0.7921	美国	0.8291
	2	德国	0.5000	泰国	0.5644	印度	0.5327
	3	印度	0.3362	加拿大	0.4356	法国	0.5075
	4	希腊	0.2241	中国	0.3861	加拿大	0.4724
	5	日本	0.1552	澳大利亚	0.3465	意大利	0.4724
	6	韩国	0.0862	德国	0.3317	德国	0.4523
	7	葡萄牙	0.0776	印度	0.2921	阿根廷	0.4322
	8	瑞士	0.0517	西班牙	0.2822	英国	0.4171
	9	芬兰	0.0259	荷兰	0.2376	澳大利亚	0.3417
	10	海地	0.0086	土耳其	0.2327	比利时—卢森堡	0.3417
	排序	2000 年		2004 年		2008 年	
		国别	出度中心度	国别	出度中心度	国别	出度中心度
	1	美国	0.8510	美国	0.8598	美国	0.8720
	2	泰国	0.6827	泰国	0.7383	泰国	0.8341
	3	法国	0.6106	印度	0.6262	中国	0.6967
谷物	4	加拿大	0.5337	巴基斯坦	0.6028	印度	0.6588
	5	意大利	0.5240	意大利	0.5794	意大利	0.6445
	6	印度	0.5096	加拿大	0.5748	阿根廷	0.6019
	7	中国	0.4808	中国	0.5607	巴基斯坦	0.5972
	8	阿根廷	0.4760	阿根廷	0.5514	越南	0.5735
	9	英国	0.4567	法国	0.5140	德国	0.5545
	10	澳大利亚	0.4471	越南	0.4907	加拿大	0.5450
	排序	2012 年		2016 年		2019 年	
		国别	出度中心度	国别	出度中心度	国别	出度中心度
	1	美国	0.8692	美国	0.8592	美国	0.8409
	2	印度	0.7664	泰国	0.7746	印度	0.7864
	3	泰国	0.7570	印度	0.7559	泰国	0.7818
	4	中国	0.6916	巴基斯坦	0.6479	中国	0.7364
	5	意大利	0.6308	阿根廷	0.6385	法国	0.6591
	6	巴基斯坦	0.6262	法国	0.6244	意大利	0.6455
	7	阿根廷	0.6168	意大利	0.6244	巴西	0.6364
	8	法国	0.5981	越南	0.6244	加拿大	0.6182
	9	越南	0.5701	加拿大	0.5869	德国	0.6182
	10	加拿大	0.5514	中国	0.5775	巴基斯坦	0.6136

续表

排序	1988 年		2006 年		2006 年	
	国别	出度中心度	国别	出度中心度	国别	出度中心度
1	德国	0.5161	美国	0.5400	美国	0.5575
2	韩国	0.1935	加拿大	0.2800	加拿大	0.3982
3	瑞士	0.1935	巴西	0.2700	阿根廷	0.2832
4	澳大利亚	0.0968	中国	0.2600	英国	0.2212
5	日本	0.0968	德国	0.2100	荷兰	0.2124
6	印度	0.0645	荷兰	0.1900	巴西	0.2035
7	葡萄牙	0.0323	巴拉圭	0.1700	德国	0.1858
8	—	—	新加坡	0.0900	中国	0.1681
9	—	—	日本	0.0800	法国	0.1504
10	—	—	泰国	0.0800	意大利	0.1416

排序	2000 年		2004 年		2008 年	
	国别	出度中心度	国别	出度中心度	国别	出度中心度
1	美国	0.4795	美国	0.4487	美国	0.4663
2	加拿大	0.3836	加拿大	0.4167	中国	0.4479
3	巴西	0.3014	中国	0.3654	加拿大	0.3988
4	阿根廷	0.2603	巴西	0.3397	巴西	0.3620
5	中国	0.2397	阿根廷	0.2885	阿根廷	0.3067
6	荷兰	0.2329	印度	0.2308	法国	0.2761
7	德国	0.1781	德国	0.2051	印度	0.2515
8	意大利	0.1644	荷兰	0.1987	荷兰	0.2086
9	印度	0.1507	比利时—卢森堡	0.1731	德国	0.1963
10	英国	0.1507	泰国	0.1667	英国	0.1902

排序	2012 年		2016 年		2019 年	
	国别	出度中心度	国别	出度中心度	国别	出度中心度
1	中国	0.4940	美国	0.4824	中国	0.5156
2	美国	0.4881	加拿大	0.3941	美国	0.4427
3	加拿大	0.3988	中国	0.3941	加拿大	0.4063
4	印度	0.3214	巴西	0.3000	巴西	0.3177
5	巴西	0.2857	印度	0.2529	印度	0.3125
6	阿根廷	0.2321	乌克兰	0.2412	法国	0.3073
7	法国	0.2321	荷兰	0.2294	德国	0.2604
8	荷兰	0.2321	法国	0.2118	奥地利	0.2448
9	德国	0.2143	德国	0.2118	荷兰	0.2188
10	乌克兰	0.1905	阿根廷	0.1941	英国	0.2188

大豆

附录4　　1988—2018 年部分年份世界粮食贸易网络入度中心度排名前十的国家

		1988 年		1992 年		1996 年	
	排序	国别	入度中心度	国别	入度中心度	国别	入度中心度
	1	美国	0.0517	德国	0.1386	德国	0.3166
	2	奥地利	0.0431	美国	0.1337	荷兰	0.3015
	3	加拿大	0.0431	法国	0.1238	法国	0.2814
	4	法国	0.0431	比利时—卢森堡	0.1139	美国	0.2714
	5	意大利	0.0431	意大利	0.1139	英国	0.2613
	6	西班牙	0.0431	英国	0.1139	意大利	0.2211
	7	英国	0.0431	荷兰	0.1089	比利时—卢森堡	0.2161
	8	比利时—卢森堡	0.0345	瑞士—列支敦士登	0.1089	土耳其	0.2111
	9	丹麦	0.0345	俄罗斯	0.1040	西班牙	0.2060
	10	日本	0.0345	西班牙	0.0941	波兰	0.1960
		2000 年		2004 年		2008 年	
	排序	国别	入度中心度	国别	入度中心度	国别	入度中心度
	1	美国	0.3510	美国	0.3645	美国	0.3744
	2	法国	0.3317	德国	0.3318	英国	0.1659
	3	德国	0.3077	法国	0.3084	法国	0.1659
	4	英国	0.2933	荷兰	0.3084	德国	0.1280
谷物	5	荷兰	0.2644	意大利	0.2757	意大利	0.3175
	6	西班牙	0.2452	英国	0.2757	荷兰	0.1137
	7	意大利	0.2404	西班牙	0.2617	加拿大	0.2227
	8	土耳其	0.2212	加拿大	0.2383	西班牙	0.1327
	9	加拿大	0.2115	瑞士—列支敦士登	0.2290	阿拉伯联合酋长国	0.3365
	10	比利时—卢森堡	0.2067	比利时—卢森堡	0.2243	比利时—卢森堡	0.2938
		2012 年		2016 年		2019 年	
	排序	国别	入度中心度	国别	入度中心度	国别	入度中心度
	1	美国	0.4346	美国	0.4460	法国	0.4500
	2	英国	0.3879	法国	0.3897	荷兰	0.4227
	3	荷兰	0.3645	德国	0.3850	美国	0.4182
	4	德国	0.3598	荷兰	0.3850	英国	0.4045
	5	法国	0.3458	英国	0.38450	德国	0.4000
	6	意大利	0.3178	比利时—卢森堡	0.3286	加拿大	0.3818
	7	比利时—卢森堡	0.2850	意大利	0.3286	阿拉伯联合酋长国	0.3591
	8	加拿大	0.2850	加拿大	0.3192	比利时—卢森堡	0.3500
	9	波兰	0.2757	土耳其	0.3052	加纳	0.3409
	10	西班牙	0.2710	阿拉伯联合酋长国	0.3005	西班牙	0.3318

续表

	1988 年		1992 年		1996 年	
排序	国别	入度中心度	国别	入度中心度	国别	入度中心度
1	美国	0.1290	日本	0.1100	英国	0.2035
2	澳大利亚	0.0645	美国	0.0900	德国	0.2035
3	比利时—卢森堡	0.0645	意大利	0.0900	荷兰	0.1681
4	丹麦	0.0645	马来西亚	0.0800	法国	0.1681
5	法国	0.0645	德国	0.0700	西班牙	0.1681
6	意大利	0.0645	荷兰	0.0700	奥地利	0.1416
7	德国	0.0323	西班牙	0.0700	捷克	0.1416
8	瑞士	0.0323	比利时—卢森堡	0.0700	美国	0.1327
9	澳大利亚	0.0323	法国	0.0700	瑞士	0.1239
10	日本	0.0323	新加坡	0.0600	中国	0.1150
	2000 年		**2004 年**		**2008 年**	
排序	国别	入度中心度	国别	入度中心度	国别	入度中心度
1	法国	0.1644	荷兰	0.1731	德国	0.1779
2	荷兰	0.1438	意大利	0.1667	英国	0.1718
3	英国	0.1438	美国	0.1603	荷兰	0.1534
4	德国	0.1370	德国	0.1538	意大利	0.1534
5	美国	0.1164	加拿大	0.1410	法国	0.1472
6	瑞士	0.1164	马来西亚	0.1410	西班牙	0.1411
7	印度尼西亚	0.1164	法国	0.1346	罗马尼亚	0.1350
8	意大利	0.1096	英国	0.1346	美国	0.1288
9	比利时—卢森堡	0.1096	瑞典	0.1154	马来西亚	0.1166
10	日本	0.1027	比利时—卢森堡	0.1090	奥地利	0.1104
	2012 年		**2016 年**		**2019 年**	
排序	国别	入度中心度	国别	入度中心度	国别	入度中心度
1	意大利	0.2083	德国	0.2529	荷兰	0.2813
2	德国	0.1845	美国	0.2118	德国	0.2708
3	美国	0.1786	荷兰	0.2059	法国	0.2292
4	马来西亚	0.1548	意大利	0.1882	美国	0.2031
5	奥地利	0.1488	法国	0.1706	西班牙	0.2031
6	英国	0.1488	英国	0.1647	意大利	0.1823
7	西班牙	0.1488	西班牙	0.1588	加拿大	0.1771
8	丹麦	0.1369	奥地利	0.1353	英国	0.1719
9	荷兰	0.1310	马来西亚	0.1353	奥地利	0.1615
10	瑞士	0.1310	比利时—卢森堡	0.1294	瑞士	0.1615

大豆（表格左侧纵向标注）

附录 5　　1988—2019 年部分年份世界粮食贸易网络出强度
排名前十的国家

		1988 年		1992 年		1996 年	
	排序	国别	出强度	国别	出强度	国别	出强度
	1	澳大利亚	1.0000	美国	1.0000	美国	1.0000
	2	德国	0.4954	加拿大	0.3830	加拿大	0.2803
	3	印度	0.1585	澳大利亚	0.1446	法国	0.2730
	4	希腊	0.1178	德国	0.1383	阿根廷	0.1541
	5	葡萄牙	0.0010	中国	0.1320	德国	0.1129
	6	韩国	0.0005	泰国	0.1293	澳大利亚	0.1060
	7	芬兰	0.0004	匈牙利	0.0425	英国	0.0703
	8	日本	0.0001	丹麦	0.0392	印度	0.0487
	9	瑞士	0.0001	希腊	0.0386	泰国	0.0280
	10	海地	0.0000	土耳其	0.0369	丹麦	0.0210
		2000 年		2004 年		2008 年	
	排序	国别	出强度	国别	出强度	国别	出强度
	1	法国	1.0000	法国	1.0000	美国	1.0000
	2	阿根廷	0.7627	阿根廷	0.3448	加拿大	0.3476
	3	美国	0.6444	美国	0.2836	法国	0.2883
	4	中国	0.4801	中国	0.2468	阿根廷	0.2782
谷物	5	德国	0.4504	德国	0.2450	乌克兰	0.1781
	6	澳大利亚	0.4283	澳大利亚	0.1444	俄罗斯	0.1724
	7	泰国	0.1978	泰国	0.1149	澳大利亚	0.1179
	8	英国	0.1923	英国	0.1051	泰国	0.1152
	9	加拿大	0.1388	加拿大	0.0987	德国	0.1117
	10	哈萨克斯坦	0.1336	哈萨克斯坦	0.0951	印度	0.0893
		2012 年		2016 年		2019 年	
	排序	国别	出强度	国别	出强度	国别	出强度
	1	法国	1.0000	美国	1.0000	阿根廷	1.0000
	2	阿根廷	0.5803	乌克兰	0.4590	俄罗斯	0.5577
	3	美国	0.4600	阿根廷	0.4397	乌克兰	0.3665
	4	中国	0.4569	俄罗斯	0.4074	巴西	0.2117
	5	德国	0.4446	法国	0.3320	塞尔维亚	0.1948
	6	澳大利亚	0.4413	加拿大	0.2825	罗马尼亚	0.1616
	7	泰国	0.3707	巴西	0.2630	加拿大	0.1176
	8	英国	0.3547	澳大利亚	0.2369	立陶宛	0.0976
	9	加拿大	0.3080	德国	0.1600	波兰	0.0897
	10	哈萨克斯坦	0.1572	罗马尼亚	0.1525	泰国	0.0861

续表

	1988 年		1992 年		1996 年	
排序	国别	出强度	国别	出强度	国别	出强度
1	德国	1	美国	1.0000	美国	1.0000
2	印度	0.5801	巴西	0.1852	巴西	0.1501
3	瑞士—列支敦士登	0.1344	中国	0.0366	阿根廷	0.0856
4	澳大利亚	0.0315	巴拉圭	0.0314	加拿大	0.0256
5	韩国	0.0238	荷兰	0.0196	巴拉圭	0.0249
6	日本	0.0212	加拿大	0.0140	荷兰	0.0085
7	葡萄牙	0.0006	玻利维亚	0.0036	中国	0.0079
8	—	—	匈牙利	0.0014	玻利维亚	0.0043
9	—	—	墨西哥	0.0013	乌拉圭	0.0030
10	—	—	德国	0.0012	俄罗斯	0.0026

	2000 年		2004 年		2008 年	
排序	国别	出强度	国别	出强度	国别	出强度
1	巴西	1.0000	美国	1.0000	美国	1.0000
2	美国	0.4308	巴西	0.9471	巴西	0.7311
3	阿根廷	0.3587	阿根廷	0.3220	阿根廷	0.3516
4	巴拉圭	0.1800	巴拉圭	0.1670	巴拉圭	0.1097
5	加拿大	0.0833	荷兰	0.0592	加拿大	0.0795
6	荷兰	0.0826	加拿大	0.0508	荷兰	0.0230
7	中国	0.0192	瑞士	0.0243	中国	0.0143
8	玻利维亚	0.0190	乌拉圭	0.0211	乌拉圭	0.0110
9	比利时—卢森堡	0.0085	中国	0.0166	乌克兰	0.0064
10	印度	0.0047	印度	0.0108	比利时—卢森堡	0.0059

	2012 年		2016 年		2019 年	
排序	国别	出强度	国别	出强度	国别	出强度
1	美国	1.0000	美国	1.0000	巴西	1.0000
2	巴西	0.7593	巴西	0.8906	美国	0.7167
3	阿根廷	0.1462	阿根廷	0.1573	阿根廷	0.1384
4	加拿大	0.0843	巴拉圭	0.0940	巴拉圭	0.0662
5	巴拉圭	0.0683	加拿大	0.0767	加南大	0.0552
6	乌克兰	0.0360	乌克兰	0.0488	乌克兰	0.0334
7	乌拉圭	0.0324	荷兰	0.0252	乌拉圭	0.0267
8	荷兰	0.0314	乌拉圭	0.0130	俄罗斯	0.0123
9	中国	0.0075	俄罗斯	0.0076	荷兰	0.0109
10	玻利维亚	0.0073	英国	0.0045	罗马尼亚	0.0036

大豆

附录6　　1988—2019年部分年份世界粮食贸易网络入强度
排名前十的国家

		1988 年		1992 年		1996 年	
	排序	国别	入强度	国别	入强度	国别	入强度
	1	日本	1.0000	俄罗斯	1.0000	日本	1.0000
	2	伊朗	0.8033	日本	0.8862	中国	0.5792
	3	埃及	0.7902	中国	0.4140	韩国	0.5121
	4	伊拉克	0.6048	韩国	0.2978	墨西哥	0.4399
	5	荷兰	0.5859	墨西哥	0.2817	意大利	0.3189
	6	沙特阿拉伯	0.5738	沙特阿拉伯	0.1981	荷兰	0.2906
	7	意大利	0.5460	意大利	0.1912	埃及	0.2867
	8	印度	0.4673	埃及	0.1678	印尼	0.2484
	9	比利时—卢森堡	0.4547	南非	0.1583	巴西	0.2446
	10	英国	0.3374	美国	0.1464	比利时—卢森堡	0.2318
		2000 年		2004 年		2008 年	
	排序	国别	入强度	国别	入强度	国别	入强度
谷物	1	日本	1.0000	日本	1.0000	日本	1.0000
	2	巴西	0.9817	中国	0.4872	埃及	0.6421
	3	韩国	0.9374	韩国	0.4654	墨西哥	0.6136
	4	伊朗	0.7610	墨西哥	0.4577	西班牙	0.4990
	5	荷兰	0.6845	埃及	0.4360	韩国	0.4859
	6	意大利	0.6661	西班牙	0.4321	沙特阿拉伯	0.4560
	7	沙特阿拉伯	0.6387	意大利	0.4174	荷兰	0.4413
	8	西班牙	0.6079	荷兰	0.3878	伊朗	0.4381
	9	阿尔及利亚	0.4673	沙特阿拉伯	0.3472	阿尔及利亚	0.4147
	10	比利时—卢森堡	0.4607	阿尔及利亚	0.3241	意大利	0.3670
		2012 年		2016 年		2019 年	
	排序	国别	入强度	国别	入强度	国别	入强度
	1	埃及	1.0000	埃及	1.0000	日本	1.0000
	2	日本	0.9675	日本	0.9267	墨西哥	0.9037
	3	墨西哥	0.6708	中国	0.8977	埃及	0.8594
	4	韩国	0.5506	墨西哥	0.8410	中国	0.7712
	5	沙特阿拉伯	0.5467	沙特阿拉伯	0.6969	西班牙	0.6875
	6	中国	0.5273	伊朗	0.6805	土耳其	0.6389
	7	西班牙	0.5182	韩国	0.6066	越南	0.5758
	8	伊朗	0.5118	西班牙	0.5724	荷兰	0.5718
	9	荷兰	0.4610	荷兰	0.5527	意大利	0.5535
	10	印尼	0.4108	阿尔及利亚	0.5448	沙特阿拉伯	0.5064

续表

	1988 年		1992 年		1996 年	
排序	国别	入强度	国别	入强度	国别	入强度
1	沙特阿拉伯	1.0000	荷兰	1.0000	荷兰	1.0000
2	澳大利亚	0.7077	日本	0.9233	日本	0.9333
3	意大利	0.3630	墨西哥	0.4039	墨西哥	0.5798
4	丹麦	0.2927	中国台湾	0.4035	德国	0.4653
5	德国	0.1801	西班牙	0.3687	西班牙	0.4493
6	荷兰	0.1051	比利时—卢森堡	0.2485	中国	0.3542
7	法国	0.1007	德国	0.2466	韩国	0.3101
8	瑞典	0.0587	韩国	0.2223	比利时—卢森堡	0.2293
9	美国	0.0536	意大利	0.1792	英国	0.1728
10	瑞士—列支敦士登	0.0502	以色列	0.0979	意大利	0.1705
	2000 年		2004 年		2008 年	
排序	国别	入强度	国别	入强度	国别	入强度
1	中国	1.0000	中国	1.0000	中国	1.0000
2	荷兰	0.8756	荷兰	0.2375	日本	0.1049
3	德国	0.4652	日本	0.2299	德国	0.1034
4	日本	0.4347	德国	0.2237	西班牙	0.0945
5	西班牙	0.3662	墨西哥	0.1760	墨西哥	0.0935
6	巴西	0.1582	西班牙	0.1283	荷兰	0.0905
7	泰国	0.1535	伊朗	0.0935	阿根廷	0.0517
8	意大利	0.1378	意大利	0.0795	意大利	0.0440
9	韩国	0.1321	泰国	0.0688	泰国	0.0382
10	英国	0.1210	印度尼西亚	0.0627	印度尼西亚	0.0359
	2012 年		2016 年		2019 年	
排序	国别	入强度	国别	入强度	国别	入强度
1	中国	1.0000	中国	1.0000	中国	1.0000
2	德国	0.0755	墨西哥	0.0479	墨西哥	0.0639
3	墨西哥	0.0600	荷兰	0.0476	荷兰	0.0519
4	西班牙	0.0563	德国	0.0435	阿根廷	0.0459
5	日本	0.0512	西班牙	0.0377	西班牙	0.0444
6	荷兰	0.0386	日本	0.0372	埃及	0.0393
7	埃及	0.0360	伊朗	0.0321	日本	0.0367
8	泰国	0.0352	印度尼西亚	0.0301	泰国	0.0345
9	印度尼西亚	0.0336	泰国	0.0299	土耳其	0.0295
10	意大利	0.0239	俄罗斯	0.0272	印度尼西亚	0.0288

大豆

附录7　　1988—2019 年部分年份世界粮食贸易网络有效规模指数
排名前十的国家

		1988 年		1992 年		1996 年	
	排序	国别	有效规模	国别	有效规模	国别	有效规模
	1	澳大利亚	70.1908	美国	148.8529	美国	150.2877
	2	德国	56.5984	泰国	102.3197	法国	99.9841
	3	印度	36.6707	加拿大	76.5294	德国	90.4281
	4	希腊	24.4286	中国	68.8708	印度	90.1360
	5	日本	17.2727	德国	58.8368	意大利	84.7101
	6	葡萄牙	10.9231	澳大利亚	56.9500	加拿大	80.5800
	7	韩国	9.1538	西班牙	53.9540	英国	78.7296
	8	瑞士	5.6500	印度	49.8060	阿根廷	70.7762
	9	芬兰	3.25	荷兰	42.7000	比利时—卢森堡	64.2387
	10	美国	3.25	土耳其	40.8583	荷兰	63.6976
		2000 年		2004 年		2008 年	
	排序	国别	有效规模	国别	有效规模	国别	有效规模
谷物	1	美国	155.2420	美国	158.6832	美国	154.7414
	2	泰国	119.3804	泰国	131.0054	泰国	145.1706
	3	法国	114.5153	印度	108.0452	中国	119.8709
	4	加拿大	91.0839	巴基斯坦	103.6355	印度	106.8343
	5	意大利	89.4843	意大利	99.4208	意大利	106.3941
	6	英国	88.2949	加拿大	98.0805	巴基斯坦	100.3295
	7	印度	84.9221	中国	96.8345	法国	98.4021
	8	德国	82.1146	法国	94.0540	阿根廷	95.4503
	9	中国	78.5586	阿根廷	93.1963	越南	92.4295
	10	阿根廷	76.9958	越南	81.9213	德国	91.9335
		2016 年		2016 年		2019 年	
	排序	国别	有效规模	国别	有效规模	国别	有效规模
	1	美国	157.7563	美国	149.7824	美国	149.6679
	2	印度	132.0051	泰国	129.3349	印度	132.6454
	3	泰国	129.9950	印度	124.7220	泰国	131.7876
	4	中国	120.7461	法国	106.1829	中国	127.0645
	5	意大利	104.9975	巴基斯坦	104.2303	法国	117.8648
	6	法国	103.9876	意大利	101.6084	加拿大	110.1227
	7	巴基斯坦	102.1161	阿根廷	100.3406	德国	106.2299
	8	阿根廷	99.6721	越南	98.2938	巴西	105.9070
	9	加拿大	94.7737	加拿大	96.3756	土耳其	103.6846
	10	越南	93.3396	中国	93.2071	意大利	103.4741

续表

排序	1988 年		1992 年		1996 年	
	国别	有效规模	国别	有效规模	国别	有效规模
1	德国	15. 2647	美国	53. 2857	美国	56. 0769
2	韩国	5. 6667	加拿大	25. 6774	加拿大	40. 2870
3	瑞士—列支敦士登	4. 2143	巴西	25. 1333	英国	32. 4271
4	日本	3. 5000	中国	24. 0345	荷兰	26. 6047
5	澳大利亚	3. 0000	德国	20. 1071	阿根廷	26. 1974
6	美国	3. 0000	荷兰	18. 1346	德国	25. 8295
7	印度	2. 0000	巴拉圭	13. 6667	法国	19. 6806
8	—	—	新加坡	11. 5333	中国	18. 0313
9	—	—	日本	10. 2632	巴西	17. 2083
10	—	—	马来西亚	8. 9000	奥地利	16. 3966

排序	2000 年		2004 年		2008 年	
	国别	有效规模	国别	有效规模	国别	有效规模
1	美国	63. 0575	美国	69. 1632	美国	68. 3247
2	加拿大	49. 0362	加拿大	60. 7529	中国	66. 1548
3	荷兰	37. 1455	中国	49. 5970	加拿大	57. 2375
4	巴西	36. 1563	巴西	45. 5091	巴西	49. 6048
5	阿根廷	32. 1395	阿根廷	37. 5196	法国	46. 8841
6	中国	28. 8804	德国	33. 5089	阿根廷	40. 8947
7	英国	26. 6860	荷兰	32. 5776	荷兰	36. 7881
8	德国	25. 6848	印度	30. 5541	英国	35. 9746
9	意大利	23. 9375	比利时—卢森堡	28. 4091	印度	35. 6196
10	法国	21. 2949	意大利	27. 0500	德国	35. 1311

排序	2012 年		2016 年		2019 年	
	国别	有效规模	国别	有效规模	国别	有效规模
1	美国	77. 6027	美国	78. 3263	中国	89. 9333
2	中国	76. 9000	中国	63. 8256	美国	80. 2661
3	加拿大	59. 5000	加拿大	60. 9659	加拿大	71. 9286
4	印度	48. 6406	印度	45. 9123	印度	60. 5854
5	巴西	39. 9623	巴西	42. 8839	德国	55. 7059
6	德国	36. 5448	德国	42. 5696	法国	54. 6990
7	荷兰	36. 4016	荷兰	38. 5541	巴西	50. 2955
8	法国	32. 8017	法国	37. 6462	荷兰	45. 1979
9	意大利	31. 7213	乌克兰	36. 2321	英国	42. 4733
10	英国	30. 0918	意大利	36. 1984	奥地利	39. 0000

大豆

附录8　　1988—2019 年部分年份世界粮食贸易网络限制度指数
排名前十的国家

		1988 年		1992 年		1996 年	
	排序	国别	限制度	国别	限制度	国别	限制度
	1	澳大利亚	0.0727	美国	0.0399	美国	0.0388
	2	德国	0.0760	泰国	0.0535	法国	0.0488
	3	印度	0.1039	中国	0.0565	印度	0.0497
	4	希腊	0.1167	澳大利亚	0.0595	德国	0.0498
	5	日本	0.1464	加拿大	0.0616	意大利	0.0501
	6	葡萄牙	0.1505	德国	0.0630	英国	0.0519
	7	韩国	0.2090	印度	0.0633	荷兰	0.0537
	8	美国	0.2355	西班牙	0.0638	加拿大	0.0538
	9	意大利	0.2492	南非	0.0664	阿根廷	0.0552
	10	英国	0.2492	土耳其	0.0678	澳大利亚	0.0553
		2000 年		2004 年		2008 年	
	排序	国别	限制度	国别	限制度	国别	限制度
	1	美国	0.0306	美国	0.0289	美国	0.0288
	2	法国	0.0353	泰国	0.0333	泰国	0.0308
	3	泰国	0.0359	印度	0.0351	中国	0.0326
谷物	4	加拿大	0.0383	加拿大	0.0353	意大利	0.0340
	5	英国	0.0387	巴基斯坦	0.0358	阿根廷	0.0344
	6	意大利	0.0388	阿根廷	0.0361	印度	0.0344
	7	印度	0.0398	意大利	0.0365	加拿大	0.0345
	8	德国	0.0404	中国	0.0366	巴基斯坦	0.0346
	9	阿根廷	0.0407	法国	0.0370	法国	0.0349
	10	中国	0.0411	英国	0.0380	越南	0.0352
		2012 年		2016 年		2019 年	
	排序	国别	限制度	国别	限制度	国别	限制度
	1	美国	0.0279	美国	0.0284	美国	0.0286
	2	泰国	0.0306	泰国	0.0312	印度	0.0312
	3	印度	0.0311	印度	0.0317	泰国	0.0315
	4	中国	0.0317	法国	0.0326	中国	0.0325
	5	法国	0.0332	阿根廷	0.0334	法国	0.0326
	6	阿根廷	0.0336	巴基斯坦	0.0335	加拿大	0.0340
	7	意大利	0.0337	加拿大	0.0336	德国	0.0341
	8	巴基斯坦	0.0338	意大利	0.0337	意大利	0.0350
	9	加拿大	0.0338	中国	0.0340	荷兰	0.0355
	10	英国	0.0348	德国	0.0343	土耳其	0.0359

续表

	1988 年		1992 年		1996 年	
	排序	国别	限制度	国别	限制度	国别	限制度
	1	德国	0.1333	美国	0.0646	美国	0.0652
	2	韩国	0.2361	中国	0.1234	加拿大	0.0930
	3	日本	0.4063	巴西	0.1351	英国	0.1084
	4	印度	0.5000	加拿大	0.1480	荷兰	0.1174
	5	澳大利亚	0.5347	德国	0.1593	德国	0.1230
	6	美国	0.5347	荷兰	0.1807	阿根廷	0.1353
	7	瑞士—列支敦士登	0.5819	巴拉圭	0.1844	法国	0.1456
	8	—	—	新加坡	0.2054	中国	0.1625
	9	—	—	日本	0.2646	巴西	0.1721
	10	—	—	马来西亚	0.2780	比利时—卢森堡	0.1726

	2000 年		2004 年		2008 年	
	排序	国别	限制度	国别	限制度	国别	限制度
大豆	1	美国	0.0631	美国	0.0580	中国	0.0612
	2	加拿大	0.0776	加拿大	0.0647	美国	0.0615
	3	荷兰	0.0916	中国	0.0785	加拿大	0.0751
	4	巴西	0.1039	巴西	0.0852	巴西	0.0778
	5	中国	0.1119	德国	0.0974	法国	0.0803
	6	阿根廷	0.1126	阿根廷	0.0978	英国	0.0906
	7	德国	0.1209	荷兰	0.1029	阿根廷	0.0910
	8	英国	0.1214	印度	0.1051	印度	0.0924
	9	意大利	0.1284	意大利	0.1168	德国	0.0928
	10	比利时—卢森堡	0.1364	比利时—卢森堡	0.1175	荷兰	0.0963

	2012 年		2016 年		2019 年	
	排序	国别	限制度	国别	限制度	国别	限制度
	1	美国	0.0542	美国	0.0513	中国	0.0485
	2	中国	0.0565	中国	0.0631	美国	0.0522
	3	加拿大	0.0704	加拿大	0.0687	加拿大	0.0600
	4	印度	0.0816	印度	0.0756	印度	0.0652
	5	巴西	0.0886	德国	0.0811	德国	0.0655
	6	德国	0.0922	巴西	0.0845	法国	0.0667
	7	荷兰	0.0967	法国	0.0883	荷兰	0.0733
	8	意大利	0.1032	荷兰	0.0887	巴西	0.0738
	9	法国	0.1036	乌克兰	0.0917	英国	0.0800
	10	英国	0.1053	意大利	0.0956	奥地利	0.0838

附录 9　　2011—2018 年中国主要粮食进口来源国

项目		2011 年	2012 年	2013 年	2014 年
谷物	1	美国 35.52% 71608.98 万美元	美国 39.82% 189167.77 万美元	美国 43.58% 220260.26 万美元	美国 33.93% 209528.04 万美元
	2	澳大利亚 31.72% 63950.14 万美元	澳大利亚 28.16% 133763.72 万美元	澳大利亚 21.89% 110626.24 万美元	澳大利亚 27.96% 172654.43 万美元
	3	泰国 12.68% 25566.16 万美元	越南 14.36% 68213.03 万美元	越南 12.19% 61629.79 万美元	越南 10.14% 62611.19 万美元
	4	越南 6.13% 12359.07 万美元	巴基斯坦 5.66% 26878.07 万美元	加拿大 9.34% 47195.49 万美元	泰国 7.85% 48486.85 万美元
	5	加拿大 5.11% 10297.18 万美元	加拿大 5.60% 26602.71 万美元	泰国 4.67% 23587.03 万美元	加拿大 5.20% 32123.62 万美元
合计		91.16% 36756.30 万美元	93.60% 444625.30 万美元	91.67% 463298.81 万美元	85.09% 525404.13 万美元
大豆	1	美国 42.32% 1257864.39 万美元	美国 43.98% 1538123.32 万美元	巴西 50.37% 1914365.57 万美元	巴西 46.51% 1872413.86 万美元
	2	巴西 39.66% 1179023.51 万美元	巴西 40.77% 1426002.69 万美元	美国 34.97% 1329185.93 万美元	美国 40.56% 1632869.39 万美元
	3	阿根廷 14.56% 432931.33 万美元	阿根廷 10.54% 368511.28 万美元	阿根廷 9.62% 365771.46 万美元	阿根廷 8.35% 336212.96 万美元
合计		96.54% 956606.41 万美元	95.28% 3332637.29 万美元	94.96% 3609322.95 万美元	95.41% 3841496 万美元

续表

项目		2015 年		2016 年		2017 年		2018 年	
谷物	1	美国	29.72% 277787.44 万美元	美国	26.96% 152624.19 万美元	澳大利亚	29.10% 186268.30 万美元	澳大利亚	23.28% 134870.71 万美元
	2	澳大利亚	22.81% 213250.49 万美元	澳大利亚	22.12% 125233.58 万美元	美国	23.59% 150983.63 万美元	美国	15.69% 90867.19 万美元
	3	法国	11.74% 109783.57 万美元	越南	12.96% 73393.49 万美元	越南	15.96% 102170.40 万美元	加拿大	14.90% 86289.90 万美元
	4	乌克兰	11.35% 106116.92 万美元	乌克兰	10.07% 57025.57 万美元	泰国	8.5% 54437.35 万美元	乌克兰	12.76% 73917.45 万美元
	5	越南	7.83% 73241.17 万美元	泰国	8.16% 46222.61 万美元	乌克兰	8.1% 51826.26 万美元	越南	12.64% 73196.42 万美元
合计			83.46% 780179.59 万美元		80.28% 454499.44 万美元		85.25% 545685.94 万美元		79.27% 459141.67 万美元
大豆	1	巴西	48.54% 1688709.49 万美元	巴西	45.77% 1555179.55 万美元	巴西	52.77% 2091604.09 万美元	巴西	75.75% 2884306.29 万美元
	2	美国	35.67% 1240952.52 万美元	美国	40.50% 1376375.90 万美元	美国	35.17% 1394060.38 万美元	美国	18.54% 706030.88 万美元
	3	阿根廷	11.25% 391565.22 万美元	阿根廷	9.51% 323071.08 万美元	阿根廷	6.77% 268344.90 万美元	加拿大	2.01 76496.04 万美元
合计			95.46% 3321227 万美元		95.78% 3254626 万美元		94.71% 3754009 万美元		96.30% 3666833 万美元

资料来源："UN Comtrade Database/Extract Data"，https：//comtrade.un.org/data。

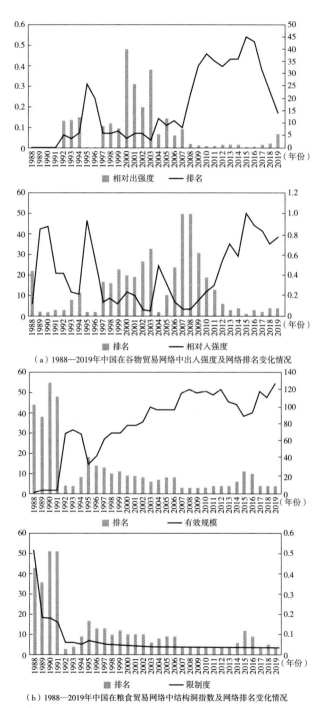

（a）1988—2019年中国在谷物贸易网络中出入强度及网络排名变化情况

（b）1988—2019年中国在粮食贸易网络中结构洞指数及网络排名变化情况

附录 10　1988—2019 年中国谷物贸易地位变化情况

附录 11   1996—2018 年世界粮食贸易网络 QAP 相关分析结果

项目	1996 年	1997 年	1998 年	1999 年	2000 年	2001 年
DIST	0.0139	0.0230	−0.0362**	−0.0353**	−0.0700***	−0.0537***
CONT	0.0085	−0.0064	0.1417***	0.1336***	0.1715***	0.1607***
GDP	0.1244***	0.1499***	0.2213***	0.2358***	0.1003**	0.1173***
POP	0.0040	−0.0273*	−0.0600**	−0.0022	−0.0674**	−0.0606*
PRO	0.0818**	0.1057***	0.1781***	0.1766***	0.1264***	0.1211***
LPI						
RL	−0.0207	0.0177	−0.0183	−0.0057	−0.0352***	−0.0290**
WTO	0.0429*	0.0265	0.0440**	0.0260	0.0017	0.01850
LG	0.0772***	−0.0021	0.0216	0.0208	0.0248*	0.0116
样本量	6972	10100	11556	11556	12882	16512

项目	2002 年	2003 年	2004 年	2005 年	2006 年	2007 年
DIST	−0.0324***	−0.0551***	−0.0369**	−0.0462***	−0.0383**	−0.0384**
CONT	0.0567**	0.1398***	0.1343***	0.1359***	0.1347***	0.1397***
GDP	0.1015***	0.2053***	0.2252***	0.1999***	0.2268***	0.2486***
POP	−0.0306*	−0.0975**	−0.0713**	−0.0652**	−0.0548**	−0.0608**
PRO	0.0880***	0.2081***	0.1989**	0.1772**	0.1643**	0.2011***
LPI						−0.0299**
RL	0.0118	−0.0129	−0.0137	−0.0146	−0.0116	−0.0121
WTO	0.0180	0.0229	0.0326*	0.0189	0.0304*	0.0301
LG	0.0445***	0.0203	0.0134	0.0144	0.0212	0.0171
样本量	13572	15006	15252	17556	15500	15750

项目	2008 年	2009 年	2010 年	2011 年	2012 年	2013 年
DIST	−0.0396**	−0.0495***	−0.0407**	−0.0374**	−0.0410**	−0.0425**
CONT	0.1310***	0.1342***	0.1246***	0.1268***	0.1405***	0.1504***
GDP	0.2196***	0.1957***	0.2010***	0.1956***	0.1565***	0.1859***
POP	−0.03810*	−0.0297*	−0.0340*	−0.0424**	−0.0631**	−0.0812**

项目	2008 年	2009 年	2010 年	2011 年	2012 年	2013 年
PRO	0. 1647 ***	0. 1513 ***	0. 1469 **	0. 1436 ***	0. 1267 ***	0. 1563 ***
LPI			−0. 0299 **			
RL	−0. 0099	−0. 0204	−0. 0164	−0. 0150	−0. 0192	−0. 0157
WTO	0. 0275	0. 0301 *	0. 0265	0. 0230	0. 0359 *	0. 0351 *
LG	0. 0207	0. 0092	0. 0163	0. 0126	0. 0162	0. 0202
样本量	18360	16256	17030	17822	17822	17556

项目	2014 年	2015 年	2016 年	2017 年	2018 年	
DIST	−0. 0479 **	−0. 0335 *	−0. 0334 **	−0. 0378 **	−0. 0374 **	
CONT	0. 1443 ***	0. 1344 ***	0. 1343 ***	0. 1383 ***	0. 1282 ***	
GDP	0. 1874 ***	0. 1835 ***	0. 1870 ***	0. 1725 ***	0. 1779 ***	
POP	−0. 0732 **	−0. 0805 **	−0. 0657 **	−0. 0696 **	−0. 0581 **	
PRO	0. 1616 ***	0. 1557 ***	0. 1549 ***	0. 1504 ***		
LPI	−0. 0046		−0. 0395 ***		−0. 0423 ***	
RL	−0. 0145	−0. 0148	−0. 0211 *	−0. 0224 *	−0. 0257 **	
WTO	0. 0286	0. 0368 *	0. 0290	0. 03042	0. 0167	
LG	0. 0087	0. 0021	0. 0018	0. 0018	0. 0057	
样本量	16770	16770	17822	17030	15750	

注：＊＊＊、＊＊、＊分别表示在 1%、5%、10%的统计水平下显著。

附录 12　1988—2018 年世界粮食贸易网络 QAP 回归分析结果

项目	1996 年	1997 年	1998 年	1999 年	2000 年	2001 年
DIST	0. 00091 （0. 0221）	0. 00118 （0. 01667）	−0. 00178 * （−0. 01985）	−0. 00162 （−0. 01833）	−0. 00496 *** （−0. 04481）	−0. 00354 ** （−0. 03073）
CONT	−0. 00008 （−0. 00124）	−0. 00040 （−0. 00387）	0. 01721 *** （0. 13334）	0. 01689 *** （0. 13057）	0. 02580 *** （0. 15791）	0. 02526 *** （0. 15169）
GDP	0. 00203 （0. 0360）	0. 00601 ** （0. 05603）	0. 00920 ** （0. 06650）	0. 02761 *** （0. 20087）	−0. 00567 （−0. 03238）	0. 00048 （0. 00248）

续表

项目	1996 年	1997 年	1998 年	1999 年	2000 年	2001 年
POP	−0.01131 *** (−0.21463)	−0.01780 *** (−0.18491)	−0.03406 *** (−0.28104)	−0.00089 (−0.00738)	−0.02832 *** (−0.18609)	−0.02987 *** (−0.18259)
PRO	0.01291 *** (0.2490)	0.02218 ** (0.23639)	0.04498 *** (0.38045)	0.00815 ** (0.06878)	0.04286 *** (0.30277)	0.04163 *** (0.27276)
LPI						
RL	−0.00094 (−0.02373)	0.00059 (0.00876)	−0.00228 ** (−0.02753)	−0.00125 (−0.01483)	−0.00273 ** (−0.02671)	−0.00250 ** (−0.02402)
WTO	0.00050 (0.0256)	0.00075 * (0.02270)	0.00159 *** (0.03933)	0.00064 (0.01567)	0.00083 (0.01627)	0.00104 (0.01962)
LG	0.00228 *** (0.07264)	−0.00024 (−0.00436)	−0.00081 (−0.01234)	−0.00066 (−0.00993)	−0.00086 (−0.01069)	−0.00151 * (−0.01870)
常数项	−0.00003	−0.00072	0.00100	0.00043	0.00353	0.00296
R^2	0.03150	0.02952	0.08721	0.07790	0.05340	0.04912
Adj-R^2	0.03038	0.02875	0.08658	0.07726	0.05281	0.04866
样本量	6972	10100	11556	11556	12882	16512

项目	2002 年	2003 年	2004 年	2005 年	2006 年	2007 年
DIST	−0.00147 ** (−0.02454)	−0.00334 *** (−0.03946)	−0.00171 * (−0.02129)	−0.00261 *** (−0.03288)	−0.00181 ** (−0.02270)	−0.00216 ** (−0.02638)
CONT	0.00386 ** (0.04380)	0.01612 *** (0.12681)	0.01499 *** (0.12691)	0.01499 *** (0.12478)	0.01509 *** (0.12446)	0.01654 *** (0.12938)
GDP	0.00051 (0.00506)	−0.00192 (−0.01365)	0.00741 ** (0.05586)	0.00275 (0.02003)	0.01427 *** (0.10534)	0.00746 ** (0.05300)
POP	−0.01412 *** (−0.16875)	−0.03378 *** (−0.28515)	−0.02529 *** (−0.22621)	−0.03179 *** (−0.27864)	−0.02648 *** (−0.23840)	−0.03504 *** (−0.30298)
PRO	0.01897 *** (0.22843)	0.04807 *** (0.45219)	0.03491 *** (0.34256)	0.04281 *** (0.39512)	0.03336 *** (0.29939)	0.04441 *** (0.41149)
LPI						−0.00245 ** (−0.03050)
RL	0.00058 (0.01049)	−0.00093 (−0.01191)	−0.00161 ** (−0.02221)	−0.00150 ** (−0.02071)	−0.00162 ** (−0.02269)	−0.00059 (−0.00782)

续表

项目	2002 年	2003 年	2004 年	2005 年	2006 年	2007 年
WTO	0.00052 (0.01806)	0.00083* (0.02073)	0.00084 (0.02278)	0.00068 (0.01795)	0.00074 (0.02010)	0.00070 (0.01801)
LG	0.00147* (0.03215)	−0.00057 (−0.00946)	−0.00079 (−0.01406)	−0.00051 (−0.00928)	−0.00017 (−0.00290)	−0.00056 (−0.00929)
常数项	0.00010	0.00136	0.00099	0.00158	0.00104	0.00164
R^2	0.02060	0.08381	0.08326	0.07487	0.07846	0.09799
Adj-R^2	0.02002	0.08332	0.08278	0.07444	0.07798	0.09748
样本量	13572	15006	15252	17556	15500	15750
项目	2008 年	2009 年	2010 年	2011 年	2012 年	2013 年
DIST	−0.00206** (−0.02666)	−0.00282*** (−0.03619)	−0.00263** (−0.03195)	−0.00251** (−0.02829)	−0.00341** (−0.03191)	−0.00350** (−0.02974)
CONT	0.01428*** (0.11986)	0.01515*** (0.12291)	0.01437*** (0.11266)	0.01619*** (0.11717)	0.02101*** (0.13024)	0.02514*** (0.13879)
GDP	0.00800** (0.05919)	0.00611* (0.04523)	0.01086** (0.07827)	0.01169** (0.08210)	0.01301** (0.07426)	0.02523** (0.13021)
POP	−0.03380*** (−0.29922)	−0.03020*** (−0.26699)	−0.03125*** (−0.26566)	−0.03347*** (−0.26025)	−0.02405*** (−0.15746)	−0.01454** (−0.08627)
PRO	0.04022*** (0.36895)	0.03625*** (0.33102)	0.03605*** (0.30812)	0.03954*** (0.30193)	0.03300*** (0.20432)	0.01970** (0.11549)
LPI			−0.00259** (−0.03211)			
RL	−0.00159** (−0.02219)	−0.00175** (−0.02407)	−0.00096 (−0.01272)	−0.00177** (−0.02142)	−0.00187* (−0.01868)	−0.00201* (−0.01829)
WTO	0.00083 (0.02225)	0.00106 (0.02774)	0.00065*** (0.01625)	0.00087 (0.01958)	0.00158** (0.02968)	0.00154 (0.02578)
LG	−0.00014 (−0.00248)	−0.00074 (−0.01250)	−0.00033 (−0.00518)	−0.00047 (−0.00727)	−0.00056 (−0.00700)	−0.00036 (−0.00402)
常数项	0.00115	0.00191	0.00236	0.00175	0.00207	0.00243

续表

项目	2008 年	2009 年	2010 年	2011 年	2012 年	2013 年
R^2	0.07989	0.07048	0.06882	0.06498	0.04850	0.05850
Adj-R^2	0.07949	0.07003	0.06833	0.06456	0.04807	0.05807
样本量	18360	16256	17030	17822	17822	17556

项目	2014 年	2015 年	2016 年	2017 年	2018 年	
DIST	-0.00434 *** (-0.04000)	-0.00307 ** (-0.02820)	-0.00269 ** (-0.02851)	-0.00306 ** (-0.03232)	-0.00253 ** (-0.02368)	
CONT	0.02217 *** (0.13250)	0.02065 *** (0.12610)	0.01776 *** (0.12549)	0.01853 *** (0.12773)	0.01879 *** (0.11658)	
GDP	0.01088 (0.06166)	0.02207 *** (0.12503)	0.01994 *** (0.12827)	0.00891 * (0.05768)	0.00241 *** (0.01445)	
POP	-0.02678 *** (-0.17437)	-0.01421 *** (-0.09307)	-0.01741 *** (-0.12998)	-0.02367 *** (-0.17635)	-0.03613 *** (0.24563)	
PRO	0.03919 *** (0.25183)	0.02038 ** (0.12416)	0.02101 ** (0.15096)	0.03489 *** (0.24600)	0.05280 *** (0.34600)	
LPI	-0.00104 (-0.00855)		-0.00580 *** (-0.05142)		-0.00563 *** (-0.04451)	
RL	-0.00079 (-0.00770)	-0.00158 (-0.01520)	-0.00009 (-0.00100)	-0.00196 ** (-0.02148)	-0.00064 (-0.00613)	
WTO	0.00145 * (0.02556)	0.00178 ** (0.03058)	0.00103 (0.01975)	0.00142 * (0.02710)	-0.00021 * (-0.00246)	
LG	-0.00111 (-0.01363)	-0.00153 ** (-0.01903)	-0.00161 ** (-0.02311)	-0.00140 ** (-0.01952)	-0.00103 * (-0.01258)	
常数项	0.00267	0.00178	0.00286	0.00208	0.00390	
R^2	0.06128	0.05399	0.05921	0.05484	0.05969	
Adj-R^2	0.06078	0.05354	0.05874	0.05440	0.05916	
样本量	16770	16770	17822	17030	15750	

注：***、**、*分别表示在1%、5%、10%的统计水平下显著。

附录 13　　　　1988—2019 年中国粮食安全评价指数结果汇总

项目	年份	S	等级	R_1	等级	R_2	等级	R_3	等级	R_4	等级
谷物安全水平	1988	0.02210	I	0.01533	V	0.00072	I	0.00303	IV	0.00302	I
	1989	0.02115	I	0.01530	V	0.00071	I	0.00198	II	0.00316	I
	1990	0.02230	I	0.01638	V	0.00078	I	0.00167	I	0.00346	I
	1991	0.02097	I	0.01397	IV	0.00083	I	0.00250	III	0.00367	I
	1992	0.02122	I	0.01422	IV	0.00085	I	0.00249	III	0.00365	I
	1993	0.02095	I	0.01343	IV	0.00102	I	0.00290	III	0.00361	I
	1994	0.01894	I	0.01132	III	0.00114	I	0.00281	III	0.00367	I
	1995	0.01912	I	0.01213	III	0.00192	I	0.00140	I	0.00368	I
	1996	0.02168	I	0.01264	IV	0.00285	I	0.00226	II	0.00393	I
	1997	0.02254	I	0.01134	III	0.00341	I	0.00361	V	0.00417	I
	1998	0.02398	I	0.01190	III	0.00370	I	0.00372	V	0.00466	I
	1999	0.02393	I	0.01138	III	0.00408	I	0.00392	V	0.00456	I
	2000	0.02269	I	0.00944	II	0.00517	I	0.00318	IV	0.00490	I
	2001	0.02325	I	0.00910	II	0.00551	I	0.00370	V	0.00493	I
	2002	0.02409	I	0.00903	II	0.00603	I	0.00401	V	0.00502	I
	2003	0.02200	I	0.00703	I	0.00641	I	0.00369	V	0.00487	I
	2004	0.02393	I	0.00899	II	0.00670	I	0.00253	III	0.00571	II
	2005	0.02754	II	0.00850	I	0.00960	II	0.00348	IV	0.00597	II
	2006	0.02881	II	0.00827	I	0.01054	II	0.00361	V	0.00639	II
	2007	0.02967	II	0.00667	I	0.01161	II	0.00401	V	0.00737	III
	2008	0.03302	II	0.00762	I	0.01294	III	0.00375	V	0.00870	III
	2009	0.03232	II	0.00675	I	0.01433	III	0.00404	V	0.00720	III
	2010	0.03449	II	0.00743	I	0.01605	III	0.00357	V	0.00744	III
	2011	0.03720	III	0.00778	I	0.01803	III	0.00355	V	0.00783	III
	2012	0.03973	III	0.00883	II	0.01979	IV	0.00282	III	0.00829	III
	2013	0.04126	III	0.00885	II	0.02074	IV	0.00281	III	0.00886	III
	2014	0.04491	IV	0.01033	II	0.02262	IV	0.00250	III	0.00945	IV
	2015	0.04948	IV	0.01209	III	0.02469	IV	0.00151	I	0.01119	IV
	2016	0.05143	IV	0.01171	III	0.02554	IV	0.00260	III	0.01158	V
	2017	0.05587	V	0.01318	IV	0.02701	V	0.00276	III	0.01292	V
	2018	0.05790	V	0.01325	IV	0.02901	V	0.00295	III	0.01269	V
	2019	0.06154	V	0.01416	IV	0.03085	V	0.00328	IV	0.01325	V

续表

项目	年份	S	等级	R_1	等级	R_2	等级	R_3	等级	R_4	等级
	1988	0.03091	Ⅱ	0.01787	Ⅴ	0.00055	Ⅰ	0.00982	Ⅴ	0.00267	Ⅰ
	1989	0.03051	Ⅱ	0.01692	Ⅴ	0.00060	Ⅰ	0.01019	Ⅴ	0.00280	Ⅰ
	1990	0.03156	Ⅱ	0.01735	Ⅴ	0.00065	Ⅰ	0.01051	Ⅴ	0.00306	Ⅰ
	1991	0.02906	Ⅱ	0.01451	Ⅳ	0.00077	Ⅰ	0.01053	Ⅴ	0.00325	Ⅰ
	1992	0.02822	Ⅱ	0.01346	Ⅳ	0.00087	Ⅰ	0.01067	Ⅴ	0.00323	Ⅰ
	1993	0.02984	Ⅱ	0.01601	Ⅴ	0.00095	Ⅰ	0.00969	Ⅴ	0.00319	Ⅰ
	1994	0.03183	Ⅱ	0.01688	Ⅴ	0.00118	Ⅰ	0.01053	Ⅴ	0.00324	Ⅰ
	1995	0.03166	Ⅱ	0.01607	Ⅴ	0.00183	Ⅰ	0.01051	Ⅴ	0.00325	Ⅰ
	1996	0.02946	Ⅱ	0.01377	Ⅳ	0.00237	Ⅰ	0.00985	Ⅴ	0.00347	Ⅰ
	1997	0.02863	Ⅱ	0.01315	Ⅳ	0.00291	Ⅰ	0.00888	Ⅴ	0.00369	Ⅰ
	1998	0.02913	Ⅱ	0.01270	Ⅳ	0.00330	Ⅰ	0.00902	Ⅴ	0.00412	Ⅰ
	1999	0.02704	Ⅰ	0.01100	Ⅲ	0.00369	Ⅰ	0.00832	Ⅳ	0.00403	Ⅰ
	2000	0.02532	Ⅰ	0.01023	Ⅲ	0.00449	Ⅰ	0.00628	Ⅲ	0.00433	Ⅰ
	2001	0.02384	Ⅰ	0.00886	Ⅱ	0.00489	Ⅰ	0.00573	Ⅲ	0.00435	Ⅰ
大	2002	0.02589	Ⅰ	0.00965	Ⅱ	0.00535	Ⅰ	0.00645	Ⅲ	0.00443	Ⅰ
豆	2003	0.02205	Ⅰ	0.00776	Ⅱ	0.00563	Ⅰ	0.00435	Ⅱ	0.00430	Ⅰ
安	2004	0.02533	Ⅰ	0.00985	Ⅱ	0.00590	Ⅱ	0.00454	Ⅱ	0.00504	Ⅱ
全	2005	0.02693	Ⅰ	0.00863	Ⅱ	0.00848	Ⅱ	0.00455	Ⅱ	0.00527	Ⅱ
水	2006	0.02784	Ⅰ	0.00772	Ⅱ	0.00934	Ⅱ	0.00515	Ⅱ	0.00564	Ⅱ
平	2007	0.02625	Ⅰ	0.00525	Ⅰ	0.01023	Ⅱ	0.00426	Ⅱ	0.00651	Ⅲ
	2008	0.02824	Ⅱ	0.00691	Ⅰ	0.01115	Ⅱ	0.00250	Ⅰ	0.00768	Ⅲ
	2009	0.02851	Ⅱ	0.00669	Ⅰ	0.01272	Ⅲ	0.00273	Ⅰ	0.00636	Ⅲ
	2010	0.02947	Ⅱ	0.00680	Ⅰ	0.01418	Ⅲ	0.00193	Ⅰ	0.00657	Ⅲ
	2011	0.03130	Ⅱ	0.00610	Ⅰ	0.01597	Ⅲ	0.00232	Ⅰ	0.00692	Ⅲ
	2012	0.03221	Ⅱ	0.00542	Ⅰ	0.01750	Ⅳ	0.00197	Ⅰ	0.00732	Ⅲ
	2013	0.03257	Ⅱ	0.00469	Ⅰ	0.01831	Ⅳ	0.00174	Ⅰ	0.00782	Ⅲ
	2014	0.03548	Ⅲ	0.00558	Ⅰ	0.01997	Ⅳ	0.00158	Ⅰ	0.00835	Ⅳ
	2015	0.03917	Ⅳ	0.00564	Ⅰ	0.02181	Ⅳ	0.00184	Ⅰ	0.00988	Ⅳ
	2016	0.03973	Ⅳ	0.00513	Ⅰ	0.02257	Ⅴ	0.00181	Ⅰ	0.01023	Ⅴ
	2017	0.04382	Ⅳ	0.00702	Ⅰ	0.02388	Ⅴ	0.00151	Ⅰ	0.01141	Ⅴ
	2018	0.04684	Ⅴ	0.00805	Ⅱ	0.02563	Ⅴ	0.00195	Ⅰ	0.01120	Ⅴ
	2019	0.05138	Ⅴ	0.01019	Ⅲ	0.02725	Ⅴ	0.00223	Ⅰ	0.01170	Ⅴ

附录 14 VAR 模型相关变量数据选取情况

项目	年份	DlnS	DlnIndeg	DlnInstr	项目	年份	DlnS	DlnR	DlnOD
	1988	—	—	—		1988	——	——	——
	1989	-0.1039	0.9629	2.0344		1989	-0.0123	-0.2245	-0.1499
	1990	0.3952	-0.0746	0.0303		1990	0.0422	0.1348	-0.2062
	1991	0.1098	0.0312	-0.7387		1991	-0.0820	-0.1864	0.3353
	1992	-0.0627	0.2305	-0.0084		1992	-0.0618	-0.0107	0.0659
	1993	-0.0082	0.0626	-0.5997		1993	0.0837	0.0589	-0.1343
	1994	-0.0515	0.0000	-0.0987		1994	0.0648	-0.0308	-0.0443
	1995	0.0078	0.5452	1.5073		1995	0.0085	-0.0211	0.0503
	1996	0.1152	0.4750	-0.4731		1996	-0.0607	0.3743	0.1361
	1997	0.0358	-0.2127	-1.4787		1997	-0.0210	0.0145	-0.0433
	1998	-0.0059	0.2177	0.2750		1998	0.0072	-0.0293	0.0741
	1999	-0.0143	-0.2326	-0.4335		1999	-0.0838	-0.0560	-0.0836
	2000	0.0308	0.0498	0.7049		2000	-0.0425	0.0000	0.0000
	2001	-0.0519	0.0000	-0.0993		2001	-0.0356	-0.0846	0.0010
	2002	-0.0354	0.0255	-1.3373		2002	0.0497	0.0715	0.0859
谷物	2003	-0.0445	0.0572	0.0000	大豆	2003	-0.1151	-0.0974	-0.1537
	2004	-0.0392	-0.2245	2.1960		2004	0.1023	0.1262	-0.1140
	2005	0.1306	0.1625	-0.3899		2005	0.0840	-0.0314	0.0868
	2006	0.0390	0.2068	-0.7906		2006	0.0460	-0.0080	0.0339
	2007	-0.0252	-0.0477	-0.8812		2007	-0.0719	0.0573	-0.1574
	2008	0.0626	0.0290	0.0019		2008	0.0872	0.0348	0.0734
	2009	0.0122	-0.0047	0.8201		2009	0.0013	-0.0895	0.0315
	2010	0.0481	0.2639	0.4804		2010	0.0333	0.1040	0.0235
	2011	0.0233	-0.0398	0.2448		2011	0.0596	-0.0097	0.0770
	2012	0.0497	0.0178	0.5937		2012	0.0395	0.0288	-0.0722
	2013	0.0994	-0.0410	0.2816		2013	0.0042	0.0529	-0.0594
	2014	-0.0111	-0.0091	-0.1743		2014	0.0794	-0.0113	0.0427
	2015	0.1351	0.0501	0.5327		2015	0.0985	-0.1152	-0.0009
	2016	0.0403	0.0267	-0.1079		2016	0.0178	0.0969	-0.0108
	2017	0.0938	-0.0093	-0.0811		2017	0.1000	0.0363	0.0419
	2018	0.0302	-0.0674	-0.1518		2018	0.0769	-0.0763	0.0936
	2019	0.0316	0.2231	0.0811		2019	0.0037	0.0878	-0.0678

参考文献

蔡宏波等:《国际农产品贸易:基于复杂网络的分析》,《北京师范大学学报》(自然科学版)2018年第2期。

蔡文香等:《中国粮食安全脆弱性评价与政策建议》,《中国人口·资源与环境》2015年第S1期。

陈丽娴:《全球生产服务贸易网络特征及其对全球价值链分工地位的影响——基于社会网络分析的视角》,《国际商务(对外经济贸易大学学报)》2017年第4期。

陈颀、刘波:《中国与"一带一路"国家体育用品贸易的空间关联网络结构特征及影响因素》,《武汉体育学院学报》2020年第2期。

陈少炜、Patrick Qiang:《金砖国家贸易网络结构特征及其对贸易分工地位的影响——基于网络分析方法》,《国际经贸探索》2018年第3期。

陈艺文、李二玲:《"一带一路"国家粮食贸易网络空间格局及其演化机制》,《地理科学进展》2019年第10期。

成丽红等:《全球工程机械类产品贸易网络结构特征识别——基于复杂网络理论》,《经济经纬》2016年第1期。

程国强、朱满德:《中国农业实施全球战略的路径选择与政策框架》,《改革》2014年第1期。

仇焕广等:《生物能源发展对中国消费者福利的影响》,《中国人口·资源与环境》2013年第11期。

戴翔、郑岚:《制度质量如何影响中国攀升全球价值链》,《国际贸易问题》2015年第12期。

戴晓鹂:《基于成本收益分析的中国粮食安全实证研究》,《农村经济与科技》2015 年第 12 期。

丁守海：《国际粮价波动对我国粮价的影响分析》，《经济科学》2009 年第 2 期。

董迪等：《基于复杂网络的国际铜矿石贸易格局》，《经济地理》2016 年第 10 期。

杜运苏、彭冬冬：《生产性服务进口复杂度、制度质量与制造业分工地位——基于 2000—2014 年世界投入产出表》，《国际贸易问题》2019 年第 1 期。

高帆、龚芳：《国际粮食价格是如何影响中国粮食价格的》，《财贸经济》2012 年第 11 期。

贯君等：《基于社会网络分析的数字图书馆资源聚合实证研究》，《数字图书馆论坛》2014 年第 6 期。

郭宝宇等：《基于社会网络分析的世界一流大学品牌影响力研究》，《情报杂志》2020 年第 6 期。

韩磊：《国际粮食价格对中国粮食价格的非对称传导——基于门限自回归模型的研究》，《当代经济科学》2018 年第 2 期。

何树全、高旻：《国内外粮价对我国粮食进出口的影响——兼论我国粮食贸易的"大国效应"》，《世界经济研究》2014 年第 3 期。

何则等：《世界能源贸易网络的演化特征与能源竞合关系》，《地理科学进展》2019 年第 10 期。

胡岳岷、刘元胜：《中国粮食安全：价值维度与战略选择》，《经济学家》2013 年第 5 期。

黄季焜：《食物安全与农业经济》，《科学观察》2019 年第 3 期。

黄季焜等：《新时期国家粮食安全战略和政策的思考》，《农业经济问题》2012 年第 3 期。

蒋和平：《未来我国粮食安全应突出三大"有效"点》，《农村工作通讯》2018 年第 19 期。

蒋小荣等：《基于上市公司数据的中国城市网络空间结构》，《城市规划》2017 年第 6 期。

康继军等：《文化认同对中国出口分行业贸易影响分析》，《国际贸易问题》2019年第1期。

康伟等：《公共管理研究领域中的社会网络分析》，《公共行政评论》2014年第6期。

匡远配、谢杰：《中国农产品贸易的资源效应和环境效应的实证分析》，《国际贸易问题》2011年第11期。

冷炳荣等：《中国城市经济网络结构空间特征及其复杂性分析》，《地理学报》2011年第2期。

黎恒等：《碳足迹研究现状与演变：基于社会网络视角分析》，《世界地理研究》2019年第6期。

李光泗等：《中国粮食市场开放与国际粮食价格波动——基于粮食价格波动溢出效应的分析》，《中国农村经济》2015年第8期。

李敬等：《"一带一路"沿线国家货物贸易的竞争互补关系及动态变化——基于网络分析方法》，《管理世界》2017年第4期。

李梦楠、贾振全：《社会网络理论的发展及研究进展评述》，《中国管理信息化》2014年第3期。

李腾飞、亢霞：《新常态下中国粮食安全的价值取向与保障体系分析》，《中国科技论坛》2016年第8期。

李显戈、周应恒：《世界粮食危机期间国际粮价格向国内传导的分析》，《统计与决策》2015年第18期。

李艳君：《我国粮食贸易特点及未来发展趋势》，《国际经济合作》2012年第3期。

李振福等：《北极航线经济圈贸易网络的结构洞分析》，《华中师范大学学报》（自然科学版）2017年第1期。

林桂军等：《入世以来中国农产品进口的水土节约效应》，《国际贸易》2012年第6期。

刘宝全等：《权重国际贸易网络的结构分析》，《上海交通大学学报》2007年第12期。

刘劲松：《基于社会网络分析的世界天然气贸易格局演化》，《经济地理》2016年第12期。

刘军：《社会网络分析导论》，社会科学文献出版社2004年版。

刘立涛等：《基于复杂网络理论的中国石油流动格局及供应安全分析》，《资源科学》2017年第8期。

刘林奇：《基于粮食安全视角的我国主要粮食品种进口依赖性风险分析》，《农业技术经济》2015年第11期。

刘赛红、李朋朋：《农村金融发展的空间关联及其溢出效应分析》，《经济问题》2020年第2期。

刘卫东：《"一带一路"建设的科学内涵与科学问题》，《地理科学进展》2016年第6期。

刘志高等：《中国崛起与世界贸易网络演化：1980—2018年》，《地理科学进展》2019年第10期。

陆一流等：《丝绸之路经济带"贸易网络结构实证分析》，《上海管理科学》2017年第6期。

吕学朝：《我国玉米贸易发展趋势预测及政策建议》，《中国畜牧业》2014年第3期。

罗纳德·伯特：《结构洞》，上海人民出版社2008年版。

罗蓉、王志凌：《农产品价格传导机制研究方法的创新探索——兼评〈农产品市场价格传导机制研究〉》，《农业经济问题》2016年第6期。

马述忠、屈艺：《全球化背景下的中国粮食安全评价》，《云南师范大学学报》（哲学社会科学版）2013年第5期。

马述忠等：《一国农产品贸易网络特征及其对全球价值链分工的影响——基于社会网络分析视角》，《管理世界》2016年第3期。

马远、雷会妨：《丝绸之路经济带沿线国家能源贸易网络演化及互联互通效应模拟》，《统计与信息论坛》2019年第9期。

苗媛媛等：《基于复杂网络的全球铅矿贸易格局演化特征分析》，《中国矿业》2019年第11期。

倪娜、杨丽梅：《基于社会网络分析的稀土永磁贸易国际格局研究》，《稀土》2019年第6期。

潘峰华等：《经贸视角下中国周边地缘环境分析——基于社会网络分析方法》，《地理研究》2015年第4期。

彭新宇、樊海利：《国际原油价格对中国大宗农产品价格的影响研究》，《宏观经济研究》2019年第1期。

乔小勇等：《增加值贸易与反倾销网络的结构特征及关联效应——基于社会网络分析视角》，《商业研究》2019年第12期。

邱语等：《"一带一路"沿线国家铁矿石贸易的空间结构及影响因素研究》，《中国矿业》2019年第11期。

宋青、汪小帆：《最短路径算法加速技术研究综述》，《电子科技大学学报》2012年第2期。

宋周莺等：《"一带一路"贸易网络与全球贸易网络的拓扑关系》，《地理科学进展》2017年第11期。

苏昕、张辉：《中国与"一带一路"沿线国家农产品贸易网络结构与合作态势》，《改革》2019年第7期。

孙才志、郑靖伟：《基于MRIO与SNA的中国水资源空间转移网络分析》，《水资源保护》2020年第1期。

孙天阳等：《制造业全球价值链网络的拓扑特征及影响因素——基于WWZ方法和社会网络的研究》，《管理评论》2018年第9期。

万俊毅、曾丽军：《外资并购与中国农产品的安全保障对策》，《农村经济》2015年第10期。

汪云林等：《主要经济体间国际贸易的社会网络分析》，《电子科技大学学报》（社会科学版）2007年第3期。

王大为、蒋和平：《基于农业供给侧结构性改革下对中国粮食安全的若干思考》，《经济学家》2017年第6期。

王国敏、张宁：《中国粮食安全三层次的逻辑递进研究》，《农村经济》2015年第4期。

王宏宇：《非传统视角下的粮食安全》，博士学位论文，中央民族大学，2013年。

王济民等：《改革开放四十年我国粮食安全：成就、问题及建议》，《农业经济问题》2018年第12期。

王君芳：《中国小麦的进口依赖与进口安全分析》，《经济视角（下）》2013年第7期。

王瑞峰等:《中国粮食进口安全综合评价研究——基于超效率 DEA 模型》,《浙江农业学报》2018 年第 3 期。

王祥等:《全球农产品贸易网络及其演化分析》,《自然资源学报》2018 年第 6 期。

王孝松、谢申祥:《国际农产品价格如何影响了中国农产品价格?》,《经济研究》2012 年第 3 期。

王雪生、陈培丽:《ASON 技术在天津电力通信网中的应用》,《电力系统通信》2009 年第 3 期。

王彦:《保障我国粮食安全的目标体系及其治理机制》,《求实》2015 年第 6 期。

王宗水等:《社会网络研究范式的演化、发展与应用——基于1998~2014 年中国社会科学引文数据分析》,《情报学报》2015 年第12 期。

魏霄云、史清华:《农家粮食:储备与安全——以晋浙黔三省为例》,《中国农村经济》2020 年第 9 期。

肖伶俐、李敬:《网络分析视角下中国与中东欧国家的贸易竞争与贸易互补关系研究》,《西南大学学报》(社会科学版)2019 年第6 期。

肖琴:《转基因作物生态风险测度及控制责任机制研究》,博士学位论文,中国农业科学院,2015 年。

谢孟军:《中华文化"走出去"对我国出口贸易的影响研究》,《国际经贸探索》2017 年第 1 期。

新华社:《中央农村工作会议举行习近平、李克强作重要讲话》,中华人民共和国农业农村部 (2013 - 12 - 25) http://www.moa.gov.cn/ztzl/nygzh2013/2013nian/201312/t20131225_3723455.htm.

邢长明、刘方爱:《基于 Sierpinski 分形垫的确定性复杂网络演化模型研究》,《物理学报》2010 年第 3 期。

熊启泉、邓家琼:《中国农产品对外贸易失衡:结构与态势》,《华中农业大学学报》(社会科学版)2014 年第 1 期。

徐振伟、张晓龙:《友谊的代价:美国对韩国的粮食援助及影响

（1945—1979）》，《武汉大学学报》（人文科学版）2015 年第 6 期。

许和连、李爱萍：《文化差异、地理距离对我国各省分国别（地区）出口贸易的影响——基于空间面板数据的实证研究》，《湖南大学学报》（社会科学版）2015 年第 4 期。

颜志军等：《小麦国际贸易关系的演化：1988—2014》，《商业研究》2016 年第 6 期。

杨焕璐等：《国际大豆进口贸易的社会网络分析》，《现代管理科学》2019 年第 11 期。

杨建利、雷永阔：《我国粮食安全评价指标体系的建构、测度及政策建议》，《农村经济》2014 年第 5 期。

杨军等：《日韩粮食消费结构变化特征及对我国未来农产品需求的启示》，《中国软科学》2013 年第 1 期。

杨磊：《我国粮食安全风险分析及粮食安全评价指标体系研究》，《农业现代化研究》2014 年第 6 期。

杨青龙、刘培：《2003—2012 年国际资源性商品贸易格局的社会网络分析——以煤炭、焦炭为例》，《国际经贸探索》2015 年第 4 期。

杨文琴等：《基于民族文化与贸易网络关系视角研究宁夏扩大对阿拉伯国家清真食品出口》，《宁夏社会科学》2015 年第 6 期。

姚成胜等：《中国粮食安全评价指标体系构建及实证分析》，《农业工程学报》2015 年第 4 期。

姚梦汝等：《中国—东盟旅游流网络结构特征与重心轨迹演变》，《经济地理》2018 年第 7 期。

姚毓春、李冰：《生产、贸易与储备：东南亚粮食安全与中国—东盟粮食合作》，《东南亚研究》2021 年第 2 期。

尹成杰：《后疫情时代粮食发展与粮食安全》，《农业经济问题》2021 年第 1 期。

袁红林、辛娜：《中国高端制造业的全球贸易网络格局及其影响因素分析》，《经济地理》2019 年第 6 期。

詹淼华：《"一带一路"沿线国家农产品贸易的竞争性与互补性——基于社会网络分析方法》，《农业经济问题》2018 年第 2 期。

张立杰等：《棉花流通体制改革后国际贸易对国内棉花价格影响分析》，《农业技术经济》2012 年第 7 期。

张利庠、张喜才：《外部冲击对我国农产品价格波动的影响研究——基于农业产业链视角》，《管理世界》2011 年第 1 期。

张莲燕、朱再清：《"一带一路"沿线国家农产品贸易整体网络结构及其影响因素》，《中国农业大学学报》2019 年第 12 期。

张相文、黄娟：《中国农业贸易自由化的环境效应分析》，《农业经济问题》2012 年第 6 期。

张秀生、张树淼：《关于我国粮食安全的几点认识》，《宏观经济管理》2015 年第 2 期。

张仲芳等：《中国在国际煤炭市场定价格局中的地位与策略——基于贸易网络"核心—边缘"结构分析》，《学习与实践》2015 年第 7 期。

赵国钦、万方：《世界贸易网络演化及其解释——基于网络分析方法》，《宏观经济研究》2016 年第 4 期。

赵景瑞、孙慧：《中国与"一带一路"沿线国家贸易关系演进研究》，《国际经贸探索》2019 年第 11 期。

赵哲：《美国金融危机对全球贸易网络影响的测度研究》，《宏观经济研究》2016 年第 2 期。

郑沃林：《经济快速发展地区留用地流转政策探讨——基于广东省广州市的实践》，《中国土地》2017 年第 10 期。

周胜利，耿显民：《具有真实网络一般特性的复杂网络模型》，中国运筹学会不确定系统分会论文，重庆大学，2009 年。

周政可、梁育填：《中美商品贸易格局及网络特征演变》，《地理科学进展》2019 年第 10 期。

朱庆华、李亮：《社会网络分析法及其在情报学中的应用》，《情报理论与实践》2008 年第 2 期。

Alanoud et al. , "Spillovers between Food and Energy Prices and Structural Breaks", *International Economics*, Vol. 150（C），Aug 2017, p. 18.

Alatas V. et al. , "Network Structure and the Aggregation of Information: Theory and Evidence from Indonesia", *Social Science Electronic Publishing*, Vol. 35, Aug 2012, p. 3.

Almog A. et al. , "Enhanced Gravity Model of Trade: Reconciling Macroeconomic and Network Models", *Quantitative Finance*, Vol. 7, Feb 2019, p. 55.

Almog A. et al. , "The Double Role of GDP in Shaping the Structure of the International Trade Network", *International Journal of Computational Economics and Econometrics*, Vol. 7, No. 4, Jan 2017, p. 381.

An H. et al. , "Features and Evolution of International Crude Oil Trade Relationships: A Trading – based Network Analysis", *Energy*, Vol. 74, No. 5, Sep 2014, p. 254.

Anderson J. E. , "A Theoretical Foundation for the Gravity Equation", *American Economic Review*, Vol. 69, No. 1, Feb 1979, p. 106.

Anderson J. E. and Douglas M. , "Insecurity and the Pattern Oftrade: An Empirical Investigation", *The Review of Economics and Statistics*, Vol. 84, No. 2, May 2002, p. 342.

Anderson J. E. and Wincoop E. , "Gravity with Gravitas: A Solution to the Border Puzzle", *American Economic Review*, Vol. 93, No 1, Mar 2003, p. 170.

Andrés Murcia et al. , "International Trade Networks and the Integration of Colombia into Global Trade", *BIS Papers chapters*, Vol. 100, No. 7, Jan 2018, p. 105.

Antràs P. , "Firms Contracts and Trade Structure", *The Quarterly Journal of Economics*, Vol. 118, No. 4, Nov 2003, p. 1375.

Baldos U. and Hertel T. W. , "The Role of International Trade in Managing Food Security Risks from Climate Change", *Food Security*, Vol. 7, No. 2, Apr 2015, p. 275.

Barabasi A. L. and Albert R. , "Emergence of Scaling in Random Networks", *Science*, Vol. 286, No. 5439, Oct 1999, p. 509.

Barabási and Albert – László, "Scale – Free Networks: A Decade and

Beyond", *Science*, Vol. 325, Jul 2009, pp. 412-413.

Barabási et al. , "Evolution of the Social Network of Scientific Collaborations", *Physica A: Statal Mechanics and its Applications*, Vol. 311, No. 3, Aug 2002, p. 590.

Barigozzi M. et al. , "Identifying the Community Structure of the International-trade Multi-network", *Physica A Statistical Mechanics & its Applications*, Vol. 390, No. 11, Jun 2011, p. 2051.

Baron R. and Kenny D. , "The Moderator-Mediator Variable Distinction in Social Psychological Research: Conceptual, Strategic, and Statistical Consideration", *Journal of personality and Social Psychology*, Vol. 51, No. 6, 1986, p. 1173.

Barrat A. et al. , "The Architecture of Complex Weighted Networks", *Proc Natl Acad Sci USA*, Vol. 101, No. 11, Mar 2004, p. 3747.

Basile R. et al. , "The Impact of Trade Costs on the European Regional Trade Network: An Empirical and Theoretical Analysis", *Review of International Economics*, Vol. 26, No. 3, Sep 2017, p. 578.

Baskaran T. et al. , "The Heckscher-Ohlin Model and the Network Structure of International Trade", *International Review of Economics & Finance. Physica A*, Vol. 20, No. 2, Apr 2011, p. 135.

Baxter T. et al. , "How Small States Acquire Status: A Social Network Analysis", *International Area Studies Review*, Vol. 21, No. 3, May 2018, p. 191.

Benedictis L. D. and Tajoli L. , "Comparing Sectoral International Trade Networks", *Aussenwirtschaft*, Vol. 65, Apr 2010, p. 167.

Benedictis L. D. and Tajoli L. , "The World Trade Network", *World Economy*, Vol. 34, No. 8, Aug 2011, p. 1417.

Benedictis L. D. et al. , "Network Analysis of World Trade Using the BACI-CEPII Dataset", *Global Economy Journal*, Vol. 14, No. 3-4, Aug 2013, p. 287.

Bhattacharya K. et al. , "The International Trade Network: Weighted

Network Analysis and Modelling", *Journal of Statistical Mechanics Theory & Experiment*, Vol. 41, No. 707, Feb 2008, p. 139.

Bhattacharya K. et al., "The International Trade Network", *New Economic Windows*, Vol. 41, No. 4, Jul 2007, p. 139.

Blázquez L. and González-Díaz B., "International Automotive Production Networks: How the Web Comes Together", *Journal of Economic Interaction & Coordination*, Vol. 11, No. 1, Jan 2016, p. 119.

Brown Lester R., *Who will Feed China?* (*Cover Story*), New York: W. W. Norton & Company, 1994.

Burt Ronald S., "The Network Structure Of Social Capital", *Research in Organizational Behavior*, Vol. 22, Jan 2000, p. 345.

Caie J. et al., "Social Networks and the Decision to Insure", *American Economic Journal: Applied Economics*, Vol. 7, No. 2, Apr 2015, p. 81.

Canova F. and Sala L., "Back to Square One: Identification Issues in DSGE Models", *CEPR Discussion Papers*, Vol. 56, No. 4, May 2009, p. 431.

Carvalho V., "From Micro to Macro via Production Networks", *Journal of Economic Perspectives*, Vol. 28, No. 4, Oct 2014, p. 23.

Cassi L. et al., "The Evolution of Knowledge and Trade Networks in the Global Wine Sector: A Longitudinal Study Using Social Network Analysis", *Economic Geography*, Vol. 88, No. 3, Jun 2009, p. 311.

Chakraborty A. and Manna S., "Weighted Trade Network in a Model of Preferential Bipartite Transactions", *Phys Rev E*, Vol. 81, No. 1, Jan 2010, p. 016111.

Chaney T., "The Gravity Equation in International Trade: An Explanation", *Journal of Political Economy*, Vol. 126, No. 1, Aug 2017, p. 150.

Chinazzi M. et al., "Post-mortem Examination of the International Financial Network", *Journal of Economic Dynamics and Control*, Vol. 37, No. 8, Aug 2013, p. 1692.

Cingolani I. et al., "Discovering Preferential Patterns in Sectoral Trade

Networks", *Plos One*, Vol. 10, No. 10, Jul 2015, p. 16.

Costinot A. , "On the Origins of Comparative Advantage", *Journal of International Economics*, Vol. 77, No. 2, Apr 2009, p. 255.

Distefano T. et al. , "Shock Transmission in the International Food Trade Network", *PLOS ONE*, Vol. 13, No. 8, Aug 2018, e0200639.

Dunning and John H. , *The Theory of Transnational Corporations*, London: Routledge, 1993.

Erdos P. and Renyi A. , "On Random Graphs", *Publications Mathematicae*, Vol. 6, Nov 1959, p. 290.

Fagiolo G. et al. , "The Evolution of the World Trade Web: A Weighted-network Analysis", *Journal of Evolutionary Economics*, Vol. 20, No. 4, Jul 2009, p. 479.

Fagiolo G. et al. , "On the Topological Properties of the World Trade Web: A Weighted Network Analysis", *Physica A*, Vol. 387, No. 15, Jun 2008, p. 3868.

Fagiolo G. et al. , "World-trade web: Topological Properties, Dynamics, and Evolution", *Physical Review E*, Vol. 79, No. 3, Mar 2009, p. 19.

Feenstra R. C. et al. , "Using the Gravity Equation to Differentiate among Alternative Theories of Trade", *Canadian Journal of Economics Revue Canadienne Déconomique*, Vol. 34, No. 2, Feb 2001, p. 430.

Freddy Cepeda-López et al. , "The Evolution of World Trade from 1995 to 2014: A Network Approach", *Borradores De Economia*, Vol. 985, No. 2, Jan 2017, p. 39.

Freeman L. C. , "Centrality in Social Networks: Conceptual Clarification", *Social Network*, Vol. 1, No. 3, Jan 1979, p. 215.

Friedmann J. R. , *Regional Development Policy: A Case Study of Venezuel*, Cambridge: MIT Press, 1966.

Garlaschelli D. and Loffredo M. I. , "Patterns of Link Reciprocity in Directed Networks", *Physical Review Letters*, Vol. 93, No. 26, Dec 2004, p. 4.

Garlaschelli D. and Loffredo M. I. , "Structure and Evolution of the

World Trade Network", *Physica A Statistical Mechanics & Its Applications*, Vol. 355, No. 1, Sep 2005, pp. 138-144.

Hafner-Burton E. M. et al., "Network Analysis for International Relations", *International Organization*, Vol. 63, No. 3, Jul 2009, p. 559.

Hayati B. et al., "Sales Force Leadership during Strategy Implementation: Asocial Network Perspective", *Journal of the Academy of Marketing Science*, Vol. 46, No. 4, Aug 2017, p. 612.

Helpman E. and Krugman P., "Market Structure and Foreign Trade: Increasing Returns, Imperfect Competition, and the International Economy", *MIT Press Books*, Vol. 1, No. 381, Mar 1987, p. 543.

Hymer S., *The International Operations of National Firms: A Study of Direct Foreign Investment*, Cambridge, MA: The MIT Press, 1960.

Ignaciuk A. et al., "Competition between Biomass and Food Production in the Presence of Energy Policies: A Partial Equilibrium Analysis", *Energy Policy*, Vol. 34, No. 10, Jul 2006, p. 1127.

Ikeda Y. et al., "Community Structure and Dynamics of the Industry Sector-Specific International-Trade-Network", *Tenth International Conference on Signal-Image Technology and Internet-Based Systems*, IEEE, Marrakech, 2014, pp. 456-461.

Ji Q. et al., "Identification of Global Oil Trade Patterns: An Empirical Research Based on Complex Network Theory", *Energy Conversion & Management*, Vol. 85, No. 9, Sep 2014, p. 856.

Kadir M. K. A. et al., "Food Security Risk Level Assessment: A Fuzzy Logic-based Approach", *Applied Artificial Intelligence*, Vol. 27, No. 1, Jan 2013, p. 50.

Kilian L. and Vgfusson R. J., "Do Oil Prices Help Forecast U. S. Real GDP? The Role of Nonlinearities and Asymmetries", *Journal of Business and Economic Statistics*, Vol. 31, No. 1, Jun 2013, p. 78.

Kleshchevskiy Y. N. and Kazantseva E. G., "Assessnent of Food Security in a Country", *Food Processing Techniques & Technology*, Vol. 34,

No. 3, Sep 2014, p. 163.

Kostova T., "Country Institutional Profiles: Concept and Measurement", *Academy of Management Proceedings*, No. 1, Aug 1997, p. 180.

Krapohl S. and Fink S., "Different Paths of Regional Integration: Trade Networks and Regional Institution-Building in Europe, Southeast Asia and Southern Africa", *Jcms Journal of Common Market Studies*, Vol. 51, No. 3, Jan 2013, p. 472.

Krugman Paul, "Increasing Returns and Economic Geography", *Journal of Political Econom*, Vol. 99, No. 3, Jun 1991, p. 483.

Kundu A. and Chakrabarti S., "Implication of Changing Agrarian Regime on Rural Non-farm Economy", *Journal of Land and Rural Studies*, Vol. 3, No. 1, Apr 2015, p. 66.

Lankhuizen M. et al., "The Trade-Off between Foreign Direct Investments and Exports: The Role of Multiple Dimensions of Distance", *World Economy*, Vol. 34, No. 8, Jun 2009, p. 1395.

Levchenko A., "Institutional Quality and International Trade", *The Review of Economic Studies*, Vol. 74, No. 3, Jul 2007, p. 791.

Li E. L. et al., "Analyzing Agricultural Agglomeration in China", *Sustainability*, 9, No. 2, Feb 2017, p. 313.

Li X. et al., "Complexity and Synchronization of the World Trade Web", *Physica A-Statistical Mechanics & its Applications*, Vol. 328, No. 1, Oct 2003, p. 287.

Linnemann H., *An Econometric Study In International Trade Flows*, Amsterdam: North Holland Publishing Company, 1966.

Macauslan I. and Farhat M., "Review of Urban Food Security Targeting Methodology and Emergency Triggers", *Oxfam*, July 1, 2013.

Magee Christoper S. P., "New Measures of Trade Creation and Trade Diversion", *Journal of Inter-national Economics*, Vol. 75, No. 2, Jul 2008, p. 349.

Marie M. et al., "Regional Integration and Trade: A Panel Cointegration approach to Estimating the Gravity Model", *The Journal of International Trade & Economic Development*, Jan 2011, Vol. 20, No. 1, p. 53.

Massimo R. et al. , "Global Networks of Trade and Bits", *Journal of Economic Interaction and Coordination*, Vol. 8, No. 1, Aug 2012, p. 33.

Mattoscio N. and Furia D. , "A Multidimensional Model Analysis in Cultural Economics: The Italian Case", *Tourism Economics*, Vol. 16, No. 3, Sep 2010, p. 565.

Melitz J. , "Language and Foreign Trade", *European Economic Review*, Vol. 52, No. 4, May 2008, p. 667.

Mohrman S. A. et al. , "The Role of Networks in Fundamental Organizational Change: A Grounded Analysis", *Journal of Applied Behavioral Science*, Vol. 39, No. 3, Sep 2003, p. 301.

Myrdal G. , *Economic Theory and Under Developed Regions*, London: Duckworth, 1957.

M. ángeles Serrano et al. , "Patterns of Dominant Flows in the World Trade Web", *Journal of Economic Interaction & Coordination*, Vol. 2, No. 2, Nov 2007, p. 111.

Newman and Ej M. , "From the Cover: The Structure of Scientific Collaboration Networks", *Proceedings of the National Academy of Sciences*, Vol. 98, No. 2, Jan 2001, p. 404.

Nonhebel S. , "Global Food Supply and the Impacts of Increased Use of Bio Fuels", *Energy*, Vol. 37, No. 1, Jan 2012, p. 115.

Nunn N. , "Relationship - specificity, Incomplete Contracts, and the Pattern of Trade", *The Quarterly Journal of Economics*, Vol. 122, No. 2, May 2007, p. 569.

Pappi F. U. and Scott J. , "Social Network Analysis: A Handbook", *Contemporary Sociology*, Vol. 22, No. 1, Jun 1993, p. 128.

Pöyhönen P. , "A Tentative Model for the Volume of Trade between Countries", *Welwirtschaftliches Archiv*, No. 90, 1963, p. 93.

Rauch J. E. and Trindade V. , "Ethnic Chinese Networks in International

Trade", *Review of Economics and Statistics*, Vol. 84, No. 1, Feb 2002, p. 116.

Reyes J. , "International Trade and Financial Integration: A Weighted Network Analysis", *Quantitative Finance*, Vol. 10, No. 4, Jan 2010, pp. 389-399.

Rosen S. and Meade B. , "International Food Security Assessment: Past Progress and Prospects through 2025", *American Political Science Review*, Vol. 67, No. 4, Oct 2015, p. 390.

Rouquette A. et al. , "Emotional and Behavioral Symptom Network Structure in Elementary School Girls and Association With Anxiety Disorders and Depression in Adolescence and Early Adulthood: A Network Analysis", *JAMA Psychiatry*, Vol. 75, No. 11, Nov 2018, p. 1173.

Ruzzenenti F. et al. , "Space filling in the World Trade Web: Measures and Null Models", *Phys. Rev. E*, Vol. 86, No. 6, Jul 2012, p. 13.

Sartori M. and Schiavo S. , "Virtual Water Trade and Country Vulnerability: A Network Perspective", *Iefe Working Papers*, Vol. 69, No. 35, Oct 2014, p. 521.

Schwedler U. et al. , "The Protein Network of HIV Budding", *Cell*, Vol. 114, No. 6, Oct 2003, p. 701.

Schütz M. H. and Palan N. , "Restructuring of the International Clothing and Textile Trade Network: The Role of Italy and Portugal", *Journal of Economic Structures*, Vol. 5, No. 1, May 2016, p. 29.

Selmier W. T. and Oh C. H. , "The Power of Major Trade Languages in Trade and Foreign Direct Investment", *Reviewof International Political Economy*, Vol. 20, No. 3, Jun 2013, p. 486.

Serra T. , "Volatility Spillovers between Food and Energy Markets: A Semi - parametric Approach", *Energy Economics*, Vol. 33, No. 6, Nov 2011, p. 1155.

Serrano M. A. and Boguã M. , "Topology of the World Trade Web", *Phys. Rev. E. Stat Nonlin Soft Matter Phys*, Vol. 68, No. 2, Aug 2003, p. 634.

Sims C. , "Macroeconomics and Reality", *Econometrica*, Vol. 48, No. 1, Jan 1980, p. 1.

Smith D. A. and White D. R. , "Structure and Dynamics of the Global Economy: Network Analysis of International Trade 1965 – 1980", *Social Forces*, Vol. 70, No. 4, Jun 1992, p. 857.

Snyder D. and Kick E. L. , "Structural Position in the World System and Economic Growth, 1955 – 1970: A Multiple – Network Analysis of Transnational Interactions", *American Journal of Sociology*, Vol. 84, No. 5, Mar 1979, p. 1096.

Squartini T. et al. , "Randomizing World Trade: A Binary Network Analysis", *Physical Review E*, Vol. 84, No. 4, Oct 2011, p. 10.

Subrahmanyam S. , "Rivalry and Conflict: European Traders and Asian Trading Networks in the 16th and 17th Centuries", *Journal of Imperial & Commonwealth History*, Vol. 37, No. 2, Jun 2009, p. 356.

Söderström and Jannice, *Cultural Distance: An Assessment of Cultural Effects on Trade Flows*, Sweden: Jönköping University, 2008.

Thompson B. et al. , "World Food Insecurity and Malnutrition: Scope, Trends, Causes and Consequences", *Springer Netherlands*, Jan 2012, p. 21.

Tinbergen J. , *Shaping the World Economy*, New York: The Twentieth Century Fund, 1962, p. 20.

Urata S. and Kiyota K. , "The Impacts of an East Asia Free Trade Agreement on Foreign Trade in East Asia", *NBER–East Asia Seminar on Economics*, Vol. 14, Aug 2005, p. 217.

Utsa P. , "Origins of the Food Crisis in India and Developing Countries", *Monthly Review*, Vol. 61, No. 3, Jul 2009, p. 63.

Wagner D. et al. , "Immigration and the Trade of Provinces", *Scottish Journal of Political Economy*, vol. 49, No. 5, Nov 2002, p. 507.

Wang M. et al. , "Rural Industries and Water Pollution in China–Science Direct", *Journal of Environmental Management*, Vol. 86, No. 4, Mar 2008, p. 648.

Watts D. J. and Strogatz S. H. ，"Collective Dynamics of 'Small-world' Networks"，*Nature*，No. 393，Jun 1998，p. 440.

Wei, S. J. ，"Corruption, Composition of Capital Flows, and Currency Crises"，*Policy Research Working Paper Series*，Vol. 66，No. 3，Oct 2000，p. 259.

Wellman B. and Berkowitz S. D. ，"Social Structures：A Network Approach"，*American Political ence Association*，Vol. 83，No. 4，Jan 2003，p. 1404.

White R. and Tadesse B. ，"Immigration Policy, Cultural Pluralism and Trade：Evidence from the White Australia Policy"，*Pacific Economic Review*，Vol. 12，No. 4，May 2010，p. 489.

Wilhite A. ，"Bilateral Trade and 'Small-World' Networks"，*Computational Economics*，Vol. 18，No. 1，Aug 2001，p. 49.

Wu F. and Gudu H. ，"Global Maize Trade and Food Security：Implications from a Social Network Model. " *Risk Analysis*，Vol. 33，No. 12，Dec 2013，p. 2168.